Galgenvögel.

Galgenvögel.

Mord in Sankt Gallen und andere Geschichten (2).

Théo Buff.

Cover: Maskerade im Foyer des ehrwürdigen Stadttheaters am Bohl (1971 abgebrochen). Oder am Ort des Geschehens ... Bild des Sankt Galler Künstlers Willi Koch, Öl auf Leinwand, undatiert. Privatbesitz.

Willi Koch (1909 - 1988), geboren in Stein am Rhein, lebte seit 1934 als freischaffender Künstler in Sankt Gallen und lehrte auch am Lehrerseminar in Kreuzlingen. Er wohnte und arbeitete an der Hinterlauben 6 in einem der repräsentativsten spätgotischen Bürgerhäuser der Stadt. Zusammen mit Johann Linder (1896-1972) war Willi Koch eine der treibenden Kräfte der Sankt Galler Fasnacht in den 1950er Jahren. Zusammen realisierten sie viele Schnitzelbankblätter für Linders legendäre Auftritte im Café Seeger von 1951 bis 1961. Jubiläumsausstellung 1980 im Waaghaus.

Covergestaltung: Die Gestalter AG, Sankt Gallen.

Unterstützt durch: Ortsbürgergemeinde Sankt Gallen.

2. Auflage: August 2021

Herstellung und Verlag: BoD – Books on Demand, Norderstedt. Deutschland.

ISBN 9783751979153

Inhalt

Kriminalistisches Auge?

Rechtsmedizinerin Céline Fröhlich ist alleinerziehende Mutter und macht sich Sorgen um ihren Sohn Jerry, der gerade wacker pubertiert. Das soll aber nicht unsere Sorge sein, hier. Was den Assistenten von Kommissar Häfeli, Max Kraienbühl, mehr beschäftigt ist, wer der Vater von Jerry sein könnte. Es gibt nur eine Lösung. Dr. Fröhlich kennt sie – rückt aber mit der Sprache nicht heraus, obwohl Kraienbühl immer wieder fragt. Weshalb bleibt offen.

Wie heisst Jerry's Vater? Finden Sie's mit etwas Fantasie, Gespür und Tierliebe heraus und gewinnen so den 3. Band der Trilogie Mord in Sankt Gallen: «Gespenster. Im Tröckneturm.»

Senden Sie bis zum 24. Dezember 2020 ein Mail mit dem Namen des Vaters an theo.buff@bluewin.ch. Die fünf Gewinner werden ausgelost und erhalten die «Geisterstunde» geschenkt. Der Rechtsweg ist ausgeschlossen.

Wettbewerbsauflösung «Endzeitzauber»: Auf welcher Seite ist der Name von Max Kraienbühl bewusst falsch geschrieben? Seite 142.

Prolog: Lästerzungen.

Verliebt.

Verrückt. Vergeblich. Verwirrt.

Verrucht. Verloren. Verwunschen.

Verspielt.

Ist das Leben. Mit seinen Geschichten, seiner Ironie, seinen Akteuren. Seinen Schauspielerinnen. Lusttöterinnen. Clowns. Versagern. Hochstaplern.

Gedankenlosen Mitspielern.

Manchmal.

Trotz allem: Das Leben ist schön!

Ein Geschenk.

Trotz Galgenvögel.

Lästerzungen-Roman. Mit Mordscharakter und anderen Geschichten. Aus Sankt Gallen. Personen und Handlungen sind frei erfunden. Ähnlichkeiten mit lebenden oder verstorbenen Personen wären zufällig und nicht beabsichtigt. Die Voliere im Stadtpark ist eine wichtige Kulisse; ein Zusammenhang mit ihren Mitarbeitern und Mitarbeiterinnen besteht explizit nicht.

Herzlichen Dank allen, die mitgeholfen haben, dieses Buch zu veröffentlichen, allen Fabuliererinnen und Ideenlieferanten unfreiwilliger Realsatire, die täglich stattfindet und die ich so liebe. Dazu braucht's weder Zauberer noch Hexen. Aber Hofnarren und Lästerzungen. Galgenvögel?

Am Galgen. Im Galgentobel.

Ach ja, noch rasch etwas zum Zivilstand der Mitspielerinnen und Mitspinner, der heute sowieso nicht mehr so wichtig und oft auch nicht immer nachvollziehbar ist, allenfalls noch für das Portemonnaie, und hier nur erwähnt wird, wenn er von Bedeutung erscheint – alles ist möglich: Unglücklich verheiratet, glücklich geschieden, echt schwul oder lesbisch, von mir aus auch nur zur Zierde, weil es gerade passt oder chic und in ist. Glücklich allein singelnd, ohne weitere unnötige Kostenstellen, todunglücklich mit drei Geliebten, autark, alleinerziehend oder was auch immer.

Flexibel oder unabhängig unanständig. Anständig.

Unanständig anständig.

Und die Kinder?

Marginal. Oder doch nicht ganz?

Sankt Gallen. Die Komplizierte. Die sich gerne versteckt. Und dann doch beleidigt ist, wenn man sie nicht wahrnimmt. Oder unterschätzt. Die mit den hohen Steuern – im Vergleich zu den Umlanden. Und die kräftig daran arbeitet, diese hoch zu halten, bis nur noch der Stadtrat in dieser Stadt wohnt. Zusammen mit den eifrigen Frauen und Mannen der Stadtkanzlei. Na ja. Ob das ausreicht?

Ballenberg in der Ostschweiz.

Endlich mehr Mut und Ideenreichtum täten dir gut, glauben wohlmeinende Kritiker. Lästerzungen, Zynikerinnen und Besserwisser äussern sich etwas pointierter. Deftiger.

Ist doch keine Hexerei. Oder doch lieber ein paar Galgenvögel zusätzlich?

Gut. Dann halt nicht.

Aber etwas weniger brötig[1]?

Und dafür ein bisschen mehr Humor.

Verspätet. Verbockt. Verblödet. Wollen wir nicht.

Viel Spass!

---

[1] *Dialekt: trocken, langweilig.*

Ertrunken.

Bert Häfeli, Kommissar und Chef des Kommissariats 2 der Sankt Galler Stadtpolizei[2], schlief oft schlecht, gelegentlich miserabel, vor allem, wenn er bei kniffligen Fällen, die an seinen Nerven zerrten, nicht wunschgemäss vorwärtskam. Dann träumte er wirres Zeug. Manchmal auch Spannendes, Erotisches, Lustiges, sodass er am liebsten weiterschlafen wollte.

Häfeli sah sich am Rande des Voliere-Weihers[3] im Stadtpark stehen, der hässliche Maschendrahtzaun – wie in einem Gefängnis, war verschwunden. Modriger Geruch von fauligem Wasser und Vogelkacke drängte sich ihm in die Nase. Süsslich penetrant. Aber was war das dort draussen, das aussah wie ein Gepäckstück, länglich und grau? Eine fette Ente, ebenfalls grau, hockte auf der oberen Seite, im fahlen Licht nur vage zu erkennen. Ein Koffer? Häfeli kniff die Augen zusammen, jetzt sah er es genau: Nein, kein Koffer, das war doch…, eine Leiche. Ein Mann, soviel stand fest, das Gesicht war zwar weitgehend durch das braune Wasser verdeckt, Konturen waren jedoch sichtbar, ein dunkler Schnauz, die Haare? War das nicht Waldvogel, der schmalzige Präsident des Voliere-Fördervereins, oder gar Stadtbaumeister Ueli Meisterhans-Abendruh? Der erinnerte ihn immer an den Grill-Ueli, der im Schweizer Fernsehen bei jeder Gelegenheit mit seinen Würsten brillierte. Auch so ein Übergesprächiger. Showman. Aber gut durchschaubar.

Unwillig stellte Häfeli den Wecker ab. Noch schlaftrunken versuchte er den Traum zu reflektieren, was war da eigentlich

---

[2] Das Hauptquartier der Stadtpolizei ist in diesem Buch bewusst immer noch im pittoresken Amtshaus angesiedelt, mitten in der Altstadt, weil es so praktisch ist. Und schön. Passend. Die verschiedenen Akteure, das Büro des Kommissars usw. werden in «Endzeitzauber», dem ersten Teil dieser Trilogie, hinreichend beschrieben.

[3] Stadtparkweiher, erstmals 1830 nachgewiesen, allerdings in einer völlig anderen Form; er reichte fast bis zum Historischen Museum. Die alte, achteckige Voliere entstand 1892.

geschehen? Flüchtig machte er sich einige Notizen auf dem Block, der neben ihm auf dem Nachttischchen lag.

Früher hatte er noch ein Traumtagebuch geführt. Heute freute er sich unverkrampft an seinen Träumen – und vergass sie meist wieder, zerronnen wie angeflogen. Unglaubliche Geschichten, von denen man sich kaum mehr lösen konnte und hoffte, sie würden nie aufhören … Im Traum. Wie Märchen, als Kind. Staunen. Sich freuen, oder fürchten, oder fallen, ins Nichts.

Wieso fanden gerade *diese* Geschichten, *diese* Menschen, diese Frauen, *diese* Albträume, den Weg in sein Schlafzimmer, erstaunlich und unmotiviert, glaubte er. Tatsächlich?

Träume sind Schäume. Schäumen. Und werden die schönen, aufregenden, lustigen Träume im falschen Moment unterbrochen, von irgendeinem Hinz, der den Kunz sucht. Schade. Im schlechteren Fall die bösen, angsteinflössenden eben nicht, oder nur durch die Nothaltetaste. Manchmal gelang es Häfeli in seltenen Fällen, den Faden eines Traums wieder aufzunehmen, vorwärts zu spinnen. Wie geht es jetzt weiter? Und wieso ist das «Ende» so, und nicht anders?

Träume.

Zufällig. Fürchterlich. Spielerisch. Exotisch. Erotisch. Aus einer anderen Welt. In jedem Fall aber überraschend und faszinierend! Komisch willkommen.

Häfeli freute sich bereits auf die nächste Nacht.

Mann wird älter.

Aufstehen. An die Arbeit. Schon wieder. Auferstehen.

Und wo blieben die Träume, was machen sie jetzt, spinnen sie ihr Spiel weiter?

Wunschträume.

Im Stehen trank er hastig einen Kaffee und verabschiedete sich von Sabrina, seiner Frau: «Bis zum Abend, ich komme am Mittag nicht nach Hause.

Tschüss!»

Irgendwann wolltesollte er mit seiner Frau sprechen. Über ihre Ehe, nicht die Ehe an sich und im Allgemeinen, ihre gemeinsamen Pläne, die schon lange nicht mehr existierten, oder nicht mehr dieselben, gemeinsamen waren, spätestens seit Roberto und Patrizia begannen, sich abzunabeln, selbständig zu werden. Ein normaler Prozess. Eigentlich. Auch eine Chance, für die «Alten». Wenn man das so sehen wollte, oder konnte. Sprechen. Diskutieren. Über das Älterwerden, seine eigenen Projekte, Projektionen, die Pensionierung in Sichtweite, *sein* Theater, über ihre Ideen, die Halbtagsstelle, welche sie suchen wollte und wo es auch nicht immer ganz einfach sein würde, *ihr* Theater – aber nicht im selben Ensemble, die Tanzkurs-Performance in Amsterdam. Wieso gerade Amsterdam?

Eine Erlösung.

Aber für wen eigentlich?

Ein Ausrutscher?

Dann und dort!

Irgendwie hatte er das Gefühl, sie hätten sich aus den Augen verloren, auch die gemeinsame Sprache. Schauten sich sprachlos zu. Und an. Auch hilflos. Gelegentlich. Und immer weniger direkt in die Augen. Seit wann eigentlich?

Seit irgendwann.

Nur schlecht kaschiert.

Eigentlich wäre es dringend. Dieses Gespräch.

Einen Moment noch. Momente können ewig dauern. Und dauern. Und …

Und dieses Inserat für die Halbtagesstelle in der Kita globiundmaus? Er wollte Sabrina bei der Bewerbung helfen. Tatsächlich ging es aber auch hier nicht vorwärts.

Wollte sie, oder wollte sie nicht, oder nur halbherzig.

Oder was?

Erwürgt?

Kaum hatte Kommissar Bert Häfeli auf seinem Bürostuhl im Amtshaus Platz genommen, schellte das Telefon. Eindringlich. Trotzdem. Hier lässt es sich gut leben, und überleben. «Nimm du mal ab», brummelte er zu Max Kraienbühl hinüber, seinem Assistenten. Häfeli nahm meist die Treppe in den dritten Stock, nicht den Lift. Und er hasste es, wenn gleich, noch bevor er sich setzten konnte und die Strassenschuhe ausgezogen hatte, das Telefon läutete, oder ein aufgeschreckter Morgengeist ins Büro tappte. Womöglich hellwach. Unverschämt. Am frühen Morgen.

Nicht eigentlich erfreut nahm Max Kraienbühl den Anruf entgegen. «Stadtpolizei Sankt Gallen, Kommissariat 2. Grüezi.»

Pause.

«Was, einen toten Pelikan, in der Voliere …? Aha. Eine Leiche, sind Sie sicher? Ein Mensch. Umso besser. Äh …, gut, wir kommen, sofort. Bleiben Sie dort. Vielen Dank. Adieu.»

«Was war denn das schon wieder», fragte Häfeli. «Wir sind hier doch noch im Aufwachraum, Blödmann. Und jetzt diese Aufregung. Der Pelikan, Max hiess er glaube ich, wie du, ist schon lange tot. Vermutlich eine Herzattacke. Böse Schüler der nahen Oberstufenschule Bürgli[4] hatten manchmal mit Schneebällen nach ihm geworfen. Irgendwann wurde das seinem Herzen zu viel, und so verabschiedete er sich halt. Entrüstet stürmte der Schulvorsteher die Klassenzimmer, um den oder die Täter zu überführen. Ohne Erfolg. Max, dem Pelikan, hätte es nichts mehr genützt, gell Max.»

Kraienbühl schüttelte den Kopf.

Pause.

---

[4] Früher zentrales Schulhaus für städtische Sekundarschüler, Buben, vis-à-vis des heutigen Athletik-Zentrums. Die Mädchen gingen in den nahen Talhof.

«Also, was ist jetzt?»

«Eine Leiche, ein Selbstmörder oder ein Betrunkener, der in den Weiher im Stadtpark gefallen ist. Oder etwas anderes – ein Mordopfer? Komm, lass uns selbst nachschauen! Wellenberg und die Spusi sollen gleich mitkommen, das erleichtert uns einiges. Ich rufe rasch in der Kriminaltechnik an, und den Bestatter.»

«Wir gehen zu Fuss, ist ja nicht weit vom Amtshaus entfernt, und etwas Bewegung am frühen Morgen soll bekanntlich gesund sein.»

«Aber Wellenberg darf den Leichenwagen schon mal mitbringen, oder soll er die Leiche mit seinem Gehülfen in die Pathologie rüber tragen? Ist ja nicht weit, und etwas Sport …»

«Aff, mach nicht den Affen. Dafür ist es noch zu früh. Los! Und der Club heisst offiziell immer noch Institut für Rechtsmedizin.»

Toupet im Wasser.

Als sie bei der Voliere eintrafen waren schon alle da: Streifenwagen, Bestatter Wellenberg, die Kriminaltechnik unter der Leitung von Tom Wichtelmann und etliche Zuschauer. Die Polizisten waren zusammen mit Hilfsweiherwart Paolo D'Abruzzi damit beschäftigt, mit einem an einer langen Stange befestigten Haken die Leiche ans Ufer zu ziehen. Dabei liess es sich nicht vermeiden, dass der Kopf des Toten immer wieder unter Wasser geriet – und dabei die Haare verlor. Ein schmuddeliges gelbliches Haarteil, um das sich bereits zwei Enten zankten, dümpelte im bräunlichen Wasser. Ärgerlich.

Mehrmals entwischte ihnen die Leiche unter dem Gezeter einer stattlichen Entenschar, die sich zwar an den Rand des Weihers in Sicherheit gebracht hatte, die Sache aber interessiert mitverfolgte. Ganz abgesehen von den Zuschauerinnen und Zuschauern am Ufer. Wieder spritzte Wasser in die Höhe, fast wie im Sprudelbad. Endlich schafften sie es, den leblosen Körper ans Ufer und schliesslich aus dem Teich zu ziehen. Das zerzauste Haarteil blieb zurück.

«Wellenberg walten Sie Ihres Amtes», befahl Häfeli, «die Leiche muss in die Rechtsmedizin. Sofort. Und du Kraienbühl sorgst mit den Kollegen subito dafür, dass die Zuschauer mit ihren Handys verschwinden. Blitzartig. Und fischt endlich das Toupet heraus, sonst gibt's daraus noch ein Vogelnest.

Kein Respekt vor den Toten.

Wichtelmann, deinen Bericht schnell, gell.

Danke.»

«Hey, was ist denn das dort drüben?» fragte Kraienbühl und zeigte ins Wasser. Tatsächlich: Hinter dem Inselchen schwamm ein weisses Ding, Füsse nach oben, schwarz, Kopf nach unten. «Auch so ein Vogel, der sich nicht mehr bewegt… Los, herausfischen», befahl Häfeli.

Inzwischen beugte er sich über den metallenen Sarg: «Ein Mann, sieht eigentlich ganz harmlos aus, auf den ersten Blick …». Der Kommissar wollte nicht unbedingt von seinen Träumen erzählen und fragte daher, ob jemand die Leiche, den Mann da, kenne.

«Ja, das ist oder war Dr. Franz-Josef Waldvogel, der Präsident des Fördervereins der Voliere, und praktizierender Zahnarzt an der Spisergasse», sagte Hilfsweiherwart D'Abruzzi. «Brauchen Sie einen Zahnarzt? Waldvogel war auch da nicht schlecht. Gestern Abend habe ich ihn hier noch gesehen. Lebendig. Durchaus. Mein eigentlicher Chef ist allerdings Oberweiherwart und Vogelschützer Patrick Weiss. Er weiss fast alles, über Vögel sowieso, aber auch sonst. Die Strukturen hier sind etwas verwirrend, und verworren.»

«Das ist ja schon mal was; merkwürdig sind aber die seltsamen Verfärbungen am Hals. Würgemale? Vielleicht findet die Spusi noch etwas im Wasser oder im Stadtpark, abgesehen von dem Haarteil. Oder im Historischen Museum. Eine Besichtigung dort, eine kulturelle Auffrischung, würde Ihnen allen nicht schaden. Exgüsi! Übrigens: War Waldvogel krank?»

«Nein, nicht dass ich wüsste», sagte der Hilfsweiherwart. «Vielleicht geisteskrank.»

«Sie da, Herr D'Aborti, Sie kommen gleich mit uns ins Kommissariat, für eine erste Befragung. Auf geht's.»

«D'Abruzzi, Paolo», warf dieser verlegen ein.

Ok. Ist doch fast dasselbe, dachte Häfeli verärgert.

«Passt schon.»

«Halt, wartet noch, seht mal, was wir hier haben!» Kraienbühl hielt den Rumpf eines grösseren Vogels in den Händen, weiss, schwarze Schwimmfüsse. Aber der Kopf und ein grosser Teil des Halses fehlten.

«Wellenberg soll dieses Ding gleich in die Rechtsmedizin mitnehmen, abklären lassen. Aber wo ist der Kopf?»

Hochstapler?

«Was ist nun mit diesem Zahnarzt und Vogelschützerpräsidenten, Franz-Josef Waldvogel? erzählen Sie mal, Herr D'Abruzzi, nur zu. Oder wollen Sie zuerst einen Kaffee, wir haben hier im Büro ausgezeichneten Kaffee. Machst du das»? fragte Häfeli seinen Assistenten.

Franz-Josef Waldvogel, ein komischer Name.

Wenig später sassen alle drei vor ihren Kaffeetassen, die Lena Rabenschwarz Bölsterli gebracht hatte, zusammen mit Schokoladekugeln. Heute war sie gnädig gestimmt, die beste Sekretärin im Haus und Büro-Fee des Polizeivorstands[5]. Paolo D'Abruzzi langte kräftig zu, bei den Schokoladekugeln. Nachdem er Lena einige Sekunden zu lange angestarrt hatte.

«Franz-Josef Waldvogel», begann D'Abruzzi, «der ist die Graue Eminenz, so sagt man doch, führt den Laden aus der Ferne. Trotzdem ist er häufig hier, oft zusammen mit seiner Praxishilfe, Priska Flückiger-Klein, sie ist die Aktuarin im Förderverein.» Waldvogel regiere den Förderverein und letztlich den ganzen Betrieb wie ein König, selbstherrlich, autoritär und selbstzufrieden und… Na, ja.

---

[5] Angesichts der hektischen Umbenennungseuphorie von Verwaltungsabteilungen und Chargen verwende ich bewusst altgediente Begriffe und Titel, so zum Beispiel Polizeivorstand oder Schulverwaltung.

«Sie meinen wie ein Kaiser – Franz-Josef, Österreich. Die Habsburger ...»

«Aha, ich verstehe nicht ganz, aber von mir aus. Waldvogel war auf jeden Fall ein Ekel, nichts konnte man ihm recht machen, unfreundlich, pedantisch genau, unfroh, ein ganz Schlauer, meinte er selbst; rechthaberisch, wusste wie immer alles besser … schlicht und einfach: Ein schwieriger Mensch! Zudem hatte er eine völlig falsch verstandene Tierliebe: Jeden Spatz und jede Taube mit gebrochener Feder meinte er retten zu müssen, womöglich noch mit dem Helikopter. So ein Schwachsinn! Einmal drehte ich einer Taube, die beide Beine gebrochen hatte und von einer Katze gebissen worden war, hinter seinem Rücken rasch den Hals um.» D'Abruzzi machte eine entsprechende Handbewegung.

«Der hätte mich entlassen, fristlos, wenn er mich erwischt hätte. Na ja, ich hatte Glück. Diese Taube auch.

Dagegen war die Zusammenarbeit mit Patrick Weiss, dem Oberweiherwart geradezu erfreulich. Ein angenehmer, ruhiger Mann. Ledig. Auch diese Praxishilfe war …»

«Was, bitte schön?» fragte Kraienbühl.

«Sagen wir es so, zumindest etwas anstrengend. Und fordernd». D'Abruzzis Augen blitzten kurz auf. «Und wie soll ich das sagen, äh … Doch lassen wir das.»

Waldvogel – geschieden, das auch noch, seine Kinder seien schon längst über alle Berge davon – habe bei jeder Gelegenheit über den Stadtbaumeister, Ueli Abendbrot – ein seltsamer Name, nicht? und den Chef des Gartenbauamtes, Bruno Grünpeter, geschimpft. «Vor allem mit dem Grünpeter hatte er dauernd Streit, gut, der ist auch nicht ohne, etwas cholerisch halt, aufbrausend; auf jeden Fall gerieten die beiden bei jeder Gelegenheit aneinander. Und dann flogen die Fetzen so richtig. Ein Kampf unter Turmfalken. Verstehen Sie?»

«Äh …, wir versuchen, die Übersicht zu erlangen. Der Stadtbaumeister heisst übrigens Ueli Meisterhans-Abendruh», sagte

Häfeli. «Nun, wurde einer der beiden Vögel irgendwann handgreiflich?» fragte Kraienbühl

«Hier in der Voliere nicht, aber ich bin auch nicht immer dabei, ich bin nur der Hilfsweiherwart. Aber viel fehlte dazu nun auch wieder nicht, manchmal sind sie sich beinahe an die Gurgel gegangen. Grünpeter hätte gegen den wesentlich grösseren Waldvogel ohnehin keine Chance gehabt. Daher hielt er sich mit dem Zugreifen etwas zurück.»

«Worum ging es denn bei diesen Auseinandersetzungen? War Waldvogel auch für die Tiere zuständig, als Zahnarzt?»

«Nein, natürlich nicht – oder nicht direkt; die diskutierten dauernd um dieselben Themen, eigentlich ätzend», erzählte D'Abruzzi ungeniert und lautstark weiter. Um die Fütterung der Vögel halt, insbesondere die Enten. Wir fütterten die Tiere zu oft und zu stark, das führe dann eben zu überdurchschnittlich viel, äh, Nebenprodukten; zudem kämen so immer neue hinzu, aus der ganzen Region und vom Bodensee, dazu noch die Tauben, die alles verscheissen. Der Weiher sei überbevölkert und daher dauernd dreckig. Verschissen halt. Und nun ist es dem, wie sagten Sie vorhin, Kaiser, selbst verschissen gegangen, in dieser Kloake. Die Stadt müsse zu viel Trinkwasser liefern, und das auch noch bezahlen. Man sollte die Enten pasteurisieren ...»

«Äh ..., Sie meinen Sterilisieren, Herr D'Abruzzi.»

«Von mir aus auch Uperisieren und Homogenisieren. Auf jeden Fall hatten die beiden keine Ruhe miteinander. Selten bis nie waren die einer Meinung.»

«Pasteurisieren. Uperisieren. Thermisieren. So, so. Waren Sie in einem früheren Leben Milchmann, oder in der Molkereibranche beschäftigt? Ein seltenes Vokabular haben Sie.»

«Ja, ich arbeitete in Thun und Zürich, aber das ist schon Jahre her, bei der Toni Molkerei[6], als Stapelfahrer, da gab's gratis

[6] 1977 eröffnete der Milchverband Winterthur die Toni Molkerei an der Förrlibuckstrasse; diese galt als grösster Milchverarbeiter Europas. Übernommen von Swiss Dairy Food wurde der Betrieb 2000 in Zürich geschlossen und nach Gossau SG verlegt. Heute Hochschul-Campus.

Pastmilch. Vollmilch. Jederzeit. Aber die existiert nun schon seit Jahren nicht mehr. Toni ist nicht mehr in.»

Ein Stapelfahrer als Hochstapler? ging dem Kommissar durch den Kopf. Laut sagte er: «Wie war das mit dem Präsidenten des Fördervereins und dem Stadtbaumeister genau?»

«Wissen sie, heute bin ich arbeitslos, schwer vermittelbar, wie die beim Arbeitsamt sagen, arbeite hin und wieder als Clown, das ist ein Hobby von mir, und als Hilfsweiherwart. Ich muss vorsichtig sein, möchte meinen Job nicht verlieren. Wie gesagt, die Streitereien zwischen Franz-Josef und dem Stadtbaumeister waren ebenfalls schlimm. Die beiden stritten sich über Gebäude und Gehege, Toiletten und Wasserzufuhr, den Futterkeller, die Vorratshaltung und eindringendes Wasser, über alles Mögliche, hier ist das meiste, na ja, etwas desolat, die Stadt sollte endlich Geld in die Hand nehmen.»

«Wir klären das ab. Können Sie sich vorstellen, dass einer der beiden etwas mit äh …, dem Ableben des Herrn Dr. Waldvogel zu tun hat?»

D'Abruzzi zuckte mit den Schultern. Das sei schwer zu sagen, in der Voliere im Stadtpark sei alles möglich, hier gebe es genug Vögel und Spinner.

Vogelgrippe.

«So, wir unterbrechen hier, uns reicht es im Moment, vielen Dank Herr D'Abruzzi. Wir rufen Sie an, wenn wir weitere Fragen haben. Das wird recht bald wieder der Fall sein. Nebenbei: Was haben Sie denn da an Ihrem Arm gemacht?» Häfeli zeigte auf den weissen Verband, der am rechten Unterarm unter dem Hemd von D'Abruzzi hervorschaute.

«Eine Lappalie, gestern im Futterlager, ein rostiger Nagel, der hervorstand, zu Hause sauber desinfiziert, wegen der Vogelgrippe, Sie verstehen. Also dann, auf Wiedersehen, meine Herren.

Äh, übrigens: Bei diesem Ding, von dem Sie vorhin sprachen und das Sie aus dem Weiher fischten, handelt es sich höchstwahrscheinlich um einen Schwan. Aber wir hatten hier schon lange Zeit keine Schwäne mehr, na ja, früher mal einen betagten Pelikan, den Max.

Adieu.»

«Vogelgrippe! So ein Kamel!» Und zu Kraienbühl sagte er, nachdem der Hilfsweiherwart verschwunden war: «Komm, wir gehen etwas essen, fleischlos und fischlos, auch keine Vögel. Keine fette Peking-Ente, ich habe sie noch zu nahe im Genick, diese unermüdlichen Quaker. Oder meintest du Quäker oder Quacksalber? Ich nehme Pizza, oder Pasta.»

«Was sagst du zu diesem Hilfsvogelwärter, und dem Toten – Unfall, Mord, Selbstmord, Missverständnis. Lustgewinn durch Strangulieren? Etwas weit hergeholt.»

«Immerhin haben wir schon mal zwei Halbverdächtige, das ist besser als nichts: Zwei tüchtige und erst noch smarte Streithähne, den Chef des Gartenbauamtes und den Stadtbaumeister. Im Ernst, seltsam ist es schon: Ein Zahnarzt als Obervogel, dabei haben Vögel doch gar keine Zähne.»

Die beiden Polizisten hofften auf eine schnelle Aufklärung dieses unappetitlichen Vorfalls.

Max, der Pelikan, ernährte sich vorzugsweise von Fisch, den auch Häfeli nicht verschmähte. Manchmal nahm er eine dieser Omega3-Kapseln, Fischöl sei gesund. Aber Vegetarier werden, jetzt schon? Eher nicht. Trotz dieser unerhörten, grauenhaften und Kreatur verleugnenden Fernseh- und Zeitungsberichte von Bauernhöfen, Schweine- und Geflügel-Konzentrationslagern, auch in der Schweiz, von Pferdetransporten durch halb Europa bei 45 Grad Celsius, bis die meisten Pferde verdurstet waren. Von Pferde-Schlachthöfen in Argentinien und Uruguay, die jegliche Achtung und Respekt vor dem Leben und dem Tod vermissen liessen. Gnadenlos. Lebewesen, nicht irgendwelche Möbelstücke für das Brockenhaus oder Sperrmüll.

Solches geschah auch im Thurgau, wo ein Pferdehändler seine Tiere jahrelang vernachlässigen und misshandeln konnte, trotz rechtskräftiger Urteile. Der Amtstierarzt schaute zu, oder weg, hatte die Hosen offenbar gestrichen voll vor dem gewalttätigen Besitzer der Pferde, während diese weiter still vor sich hin litten, etwas anderes blieb ihnen auch nicht übrig, manche elendiglich zugrunde gingen und sich niemand für sie einsetzte. Ein Skandal. Eine Sauerei. Und wo waren da die Nachbarn und die Polizei?

Unter dem Teppich.

Wie tief sind wir gefallen, irgendwohin, in Abgründe, und in welcher Geschwindigkeit – alles nur des Geldes oder der Lust wegen. Täglich ein blutiges Steak aus Paraguay – zum Super-Preis. Filet für das Volk. AldiDennerLidl. Filet für alle. Muss das sein? Vegetarier werden wäre eine Alternative. Tatsächlich.

Er erinnerte sich an jenen Typen, der im TV ohne Hemmungen erklärt hatte, er bekäme nur dann einen Orgasmus, wenn er sich vorstelle, wie er ein Kleinkind töte (…), oder das selbst täte? Ein anderer Psycho bestellt 35 überzählige Kälber für 1500 Euro in seinen vergammelten Abbruch-Hof, einige davon erst wenige Wochen alt, 50 Franken das Stück, und lässt sie dort verhungern, verdursten, verrecken. Der Sehnsucht nach der Mutter wird so ein ungnädiges Ende gesetzt.

Zum Kotzen ist das. Sprachlosigkeit. Ungläubiges Realisieren. Keine Märchen.

Ein Psychopathen-Festival. Sind nicht die meisten Obergrüsel[7] Männer? Offiziell rechtschaffen, oder gar smart? Häfeli meinte, dringend auf die Toilette gehen und kotzen zu müssen, wenn er diese widerlichen Bilder aus dem Gedächtnis hervorkramte; ihm war warm und er glaubte, in einem zünftigen Morelli[8] zu versinken. Da gibt es nur eine Lösung: Wegparkieren, diese üblen Gedanken, um sich möglichst rasch zu erholen.

«Haben wir schon erste Ergebnisse aus der Rechtsmedizin?» fragte er Kraienbühl, der jedoch den Kopf schüttelte. «Céline, äh,

---

[7] *Dialekt: Sittenstrolch, Scheusal.*
[8] *Dialekt: depressive Stimmung, Anwandlung.*

ich meine Dr. Fröhlich ist im Stress. Die haben reichlich zu tun, in diesem heissen Sommer, so wie er sich abzeichnet, mit vielen Toten. Die Altersheime leeren sich.»

«Warts nur ab, bis du selbst dort landest, beim alten Eisen, mit Pensionsalter 70. Innerorts. Pass auf, was du sagst!»

«Dann gibt's das nicht mehr, solche Heime, aber vermehrt Hochregallager, für Demenzkranke. Oder Gefriersärge für Superreiche. Ab in die Kiste und so ins nächste Jahrtausend? Da will ich gar nie hin. Nie!» Kraienbühl überschlug im Kopf rasch, wie lange das bei ihm noch dauern würde und kam auf eine unmöglich hohe Zahl. Und schwieg. Es eilte noch nicht, mit dem Anständig werden. Vielleicht irgendwann im Altersheim? Oder dann erst recht nicht.

Kraienbühl wollte nicht immer brav und anständig sein, und vor allem nicht in ein Heim, ins Pflegeheim schon gar nicht.

Punkt!

Häfeli lehnte sich in seinem zugegebenermassen recht bequemen, graublauen Bürostuhl zurück, schaute auf die Uhr.

Pleite am Buffet.

Heute war doch diese ungfreute[9] Einladung bei seinem «Lieblingsnachbarn», Gottfried P. Hugelshofer. 30 Jahre Hochzeitstag und einen runden Geburtstag dazu! Das auch noch. Sehr ärgerlich. Aber was sollte er dabei, er konnte ja nichts dafür, und hatte genug mit seinen eigenen runden Geburtstagen. Und den Pfunden dazu.

«Da müssen wir unbedingt hingehen», meinte Sabrina, «du könntest dir bei dieser Gelegenheit einen neuen Anzug leisten.»

«Chabis. Einen Scheiss müssen wir ..., immer müssen, müssen. Tagein tagaus. Wir müssen gar nichts!»

Und Hochzeitstage sind meist streng, dachte er, mit falschen Erwartungen geschwängert und überhaupt, oder überflüssig, wie

[9] *Dialekt: unerfreulich.*

der Sankt Veits-Tag oder so, der mit den unfreiwilligen Blumen, auch so ein Schwachsinn.

«Und ein neuer Anzug, das auch noch. Kommt gar nicht in Frage.»

Häfeli riss sich für einmal zusammen. Er freute sich zwar nicht über diese Einladung, aber es blieb ihm nichts anderes übrig, als diese Fete über sich ergehen zu lassen, wie vieles andere auch. Merde va.

Wie erwartet erlebte er die Party als bemerkenswert mühsam und anstrengend, im Gegensatz zu Sabrina, die sich fröhlich geschminkt, dezent zwar, einigermassen, und im Übrigen wacker herausgeputzt hatte. Offenbar fand sie Spass an diesem virtuosen Treiben. Häfeli musste, da er kaum einen passenden Anzug für diese Veranstaltung in seinem Kleiderschrank fand, die Konfirmationskleidung war inzwischen definitiv zu klein geworden, einen grauen Kittel – für Beerdigungen halbwegs geeignet – mit dunkelblauer Cord-Hose anziehen. Kein eigentlicher Hingucker unter der aufgekratzt vergnügt gackernden Schar von Pfauen und Pfauinnen, Gockeln und Hühnern, alle bestens und meist auffälliger gekleidet als notwendig, meinte er. Sabrina fiel wenigstens nicht negativ auf, was Hugelshofer gnädig und mit einem leicht anzüglichen Bonmot quittierte – Häfeli hatte das läppische Wortspielchen bereits wieder vergessen. Solchen Unsinn sollte man nicht abspeichern, das belastet die Festplatte unnötig.

Trotz des lauten und grellen Festes mit diesen unmöglichen Gestalten und Gesellinnen und Nebengeräuschen, Nebenschauplätzen, war er zumindest etwas stolz auf Sabrina, die sich recht geschickt und diskret in der illustren Runde bewegte. Und wenn sie diesen doofen Tanzkurs in Amsterdam tatsächlich durchstieren wollte? Na, ja, von mir aus! Amsterdam war immer eine Reise wert, zweifellos, auch für ihn. Die Grachten und so. Und so kam Bewegung in die Sache, in ihre Beziehung. Das wäre bitter notwendig, wie es ihm schien. Nächste Woche konnte sich Sabrina in der Kita globiundmaus vorstellen. Toll. Häfeli war gespannt, ob sie den Job annehmen würde. Wenn sie ihn denn erhielt.

Erwartungsgemäss setzte sich die Gästeschar aus Gutbetuchten, Finanzern und Wirtschäftlern zusammen, der Raiffeisen-Chef war diesmal nicht dabei. Eine relativ kleine, aber sorgfältig ausgesuchte Schar, unterbrochen eigentlich nur durch die Häfelis und zwei weitere Nachbarn, Dorothea Engels, immer noch Single oder Singelin, wohl forever, überdies eine gute Vorsängerin und Sammlerin von Weihnachtsschmuck aller Art, mit dem sie zu gegebener Zeit ihren Garten voll pflasterte, passt schon. Und Sebastian Vonwanz-Zirkel mit seiner Frau Valéry, er pensionierter Lehrer, Pfingstler[10] oder Freimaurer, irgend sowas; sie Speditionsfachfrau, einige Jahre jünger, einige Jahre aktiver und einige Jahre attraktiver, zudem impulsiver, das auch noch, ferner einige Mitarbeitende aus dem mittleren Bank-Kader. Zu Häfelis Überraschung erschien leicht verspätet auch noch der Schulvorstand und erzählte vom bevorstehenden Kinderfest. Mehrdeutig und in ausgewählten Worten, gar philosophisch, schöne Gedanken, etwas gestelzt, wie es Häfeli dünkte, zitierte fleissig Max Weber, Jürgen Habermas, Theodor Adorno, was zwar niemanden eigentlich interessierte. Aber quantitativ hinreichend war es in jedem Fall. Und abgehoben. Und dann kam zu guter Letzt auch noch Adam Smith ins Spiel, der klassische Begründer der Nationalökonomie und Philosoph, um 1787, also nicht der Schulvorstand, der National-Komiker und Bilanz-Aufklärer. Als Finale. Die Defizite waren jedoch heute vorhanden, und die hohen Steuern ebenfalls.

Der Schulvorstand dozierte über den allgemeinen Wettbewerb, nicht beim CSIO[11] und auch nicht in den städtischen Schulen, oder mit der «Flade»[12]. Vom Wettbewerb als Generalrezept, als Grundlage einer zu gesellschaftlichem Reichtum und Ruhm führenden Arbeitsteilung. Allerhand! Und der freie und ungehinderte Verkehr bewirke nicht nur eine sinnvolle und begrüssenswerte Verteilung von Ressourcen und Arbeitskräften, Lehrerin-

---

[10] Evangelikale Bewegung.
[11] Sankt Galler Pferdesporttage.
[12] Dialekt: Katholische Sekundarschule.

nen und Lehrern, und finanziellen Mitteln, sondern auch den vermittelnden Ausgleich von Preisen und Gewinnern und als Supplement die Förderung des Gemeinwohls, auch am Kinderfest. Super. Durchdacht. Nur, wer das nun meinte, Adam Smith oder der Schulvorstand, oder beide, war nicht klar. «Nächstes Mal erzähle ich euch von Friedrich Nietzsche.»

Eigentlich hatte gar niemand zugehört. Intellektuelles Gesäusel interessierte an dieser Party niemanden – die Interessen waren hier anders gelagert. Handgreiflicher. Schliesslich war alles vorhanden. Feines Essen und Trinken. Connecten als Ziel. Und Zupacken. Irgendeine Loge als Auf- oder Ausstiegsmöglichkeit aus der gähnenden Leere und Langeweile des Alltags. Oder ein überflüssiger Service-Club.

Alles vorhanden. An Hugelshofers Party. Im Überfluss. Überall. Chabis.

Smalltalk hüben und drüben, Gelächter und Gekicher, vielsagende Blicke, da und dort ein Witz, mal gelungen, mal scharf an der Gürtellinie. Da und dort verlegenes Schnaufen. Schweissperlen. Hier ein Blick ins offene Décolleté, oder zwei, dort eine feuchte Hand am falschen Ort, wie zufällig, temporär ausharrend, oder mindestens ein Momentchen zu lange, am falschen Po, das auch noch. Feine Häppchen, süffige Getränke, Mini-Cremeschnitten vom Gschwend am Marktplatz. Häfeli liebte sie über alles; alles da. Grosszügig, der Gottfried P. Hugelshofer. Tatsächlich. Das musste Häfeli neidlos zugeben, und schob sich eine dritte Cremeschnitte in den Mund. Sabrina sah mit missbilligendem Blick zu. Sie würde sich schon noch einmischen. Rechtzeitig. Keine Angst!

Hugelshofer begann mit seiner Festrede, umständlich wie eh und je, sie seien nun 100 Jahre alt, zusammen, hätten x-mal Hochzeitstag hinter sich, und niemals vergessen, niemals ein böses Wort, gell Trudeli. Die Kinderchen begännen, dem warmen Nestchen zu entfliehen, flügge zu werden, wie man so schön sagt, was natürlich auch Vorteile habe, im Studium, und für das immer noch junge Ehepaar, Synergien und vermehrte Ungestörtheit …, äh, gell Trudeli. Auch beim Reisen und am Sonntagmorgen. Ha, ha. Gelächter aus dem Publikum. Laut. Playback oder was? Etwas anzüglich.

Häfeli hörte nicht mehr zu und wurde später von einem herzlich unüberhörbaren «greift zu und lasst es euch schmecken, die Schlacht am Buffet ist eröööfffnettt. Zum Wooohooohl!» aus seinen Gedanken gerissen. Gertrude liebte es, wenn ihr Göttergatte im Zentrum stand, Gottfried selbst auch. Und seine Frau, Sabrina?

Wie sich später herausstellte, hatte Gottlieb Pierin Hugelshofer extra für dieses Fest auf dem Einwohneramt vorgesprochen – er wollte seinen zweiten Vornamen in Pierot umwandeln und das der Festgemeinde stolz verkünden. Eine ganz grosse Überraschung: Pierin sei nicht mehr standesgemäss und Bank würdig schon gar nicht. Das Gesuch wurde abgelehnt. Somit blieb alles beim Alten. Der Bankier nannte sich fortan wie früher, wenn es gestelzt wirken sollte, Gottfried P. Hugelshofer, «unter Freunden doch einfach Gottfried.» Von Pierin war nicht mehr die Rede.

«So komm jetzt endlich, wir holen uns auch etwas von den Köstlichkeiten», murrte Sabrina, «ich habe Hunger – oder soll ich etwas vortanzen? Wenn du jetzt nicht spurst, ich warne dich, hole ich mir später den Gottfried für einen Tango.» Häfeli liess sich nicht beeindrucken und verspürte keine übertriebene Eile, sich unter die Buffetjäger zu mischen, der Hunger war ihm schon längst vergangen, auch beim Anblick der erlesenen Delikatessen: Lachsbrötchen, mit Mayonnaise drapiert, nicht zu knapp, Kaviar, Wachteleier und Froschschenkel, Cocktailsaucen à discretion, wäh! China-Nudeln mit Hundegehacktem, doch lieber Känguru oder gar Krokodil-Steaks? Schampus vom Feinsten – einige Gäste sprachen von «Nuttendiesel»[13] und konnten die Gläser doch nie voll genug bekommen, Weisswein, Rotwein, edel und teuer. Auch Bier. Aber kein Mostbröckli, kaum richtiges Brot, von Bratwürsten ganz zu schweigen.

---

[13] *Abschätzig: Sekt.*

Häfeli wollte zunächst die eitle, aufgekratzte Schar etwas genauer betrachten, beobachten, eine seiner Lieblingsbeschäftigungen, nicht nur von Amtes wegen. Ein besonders lautes Exemplar stach ihm schnell ins Auge: Ein Wichtigtuer erster Güte, overdressed und mit einer auffallenden roten, verspiegelten Sonnenbrille, und einer etwas älteren Frau, eine Mischung zwischen Barbie und Sankt Gallens next Top Model, dafür aber eigentlich auch schon wieder zu alt, mit vielen offensiv und ungeniert zur Schau gestellten, geschickt modellierten Reizen, gut drapiert, im leuchtend roten Kleid aus Sankt Galler Spitzen. Spitze! Gewagt. Schön, unbedingt. Aber alles künstlich.

«Meine Creation, so quasi ha, ha!», sagte der braungebrannte Schönling, der sich als Jürg Admiral vorstellte. Dabei zeigte er mit der linken Hand, auch diese mit diversen Siegelringen schwer behängt, lässig auf seine Ehefrau: Brigitte. «Ich bin Spezialist für schöne Frauen, für Spitzen, Stickereien und exquisite Damenunterwäsche sowieso, Import und Export. Wenn du mal was Besonderes möchtest, für eine heisse Liebesnacht, schwarz, oder lieber lindengrün oder mauve, ein Straps, oder so, melde dich ungeniert; ich habe stets was für dich parat.» Sabrina lief tiefrot an. Der schöne Jürg liess sich nichts anmerken und nahm einen kräftigen Schluck aus dem edlen Champagnerglas, schlürfte entsprechend, liess die Zunge dazu unanständig spielen, sah sich im Mittelpunkt, wie es sein solltemusste. Und war mit sich zufrieden.

Frivoles Stricken.

«Oder ich nehme dich mal mit ins Textilmuseum[14], dort kann Mann sich auch schön inspirieren lassen», zwinkerte er diesmal Hugelshofers Frau zu, und Brigitte mit dem tiefen Décolleté, das dabei noch eine Spur tiefer rutschte, sagte mit schiefem Lächeln, «aber, aber Jürg, du bist ja heute wieder ein ganz Lustiger, mein wilder Jürg, ha, ha.»

---

[14] *Textilmuseum an der Vadianstrasse 2, 1878 gegründet. Beherbergt eine der bedeutendsten Sammlungen an Textilien, Stickereien und Fotografien. Von der Handstickerei bis zur industriellen Produktion. Und viele Musterbücher in der Textilbibliothek im selben Haus. Absolut sehenswert.*

«War ich gerade etwas zu frivol für euch …, ihr Päpste? Antilust-Pharisäer. Wir sind hier doch unter uns, unseresgleichen, oder nicht? Kinder sind auch keine anwesend, obwohl, Kinder sind immer wieder ein heikles Thema, gell Brigitte. Wie dem auch sei, du hast ja deine Pferde. Zum Schmusen. Und mich. Also: Zum Wohl! Lassen wir es uns gut gehen, wir sind in Gottfrieds Hand – und geniessen es. Denn wir wissen nicht, was morgen ist, gell Häfeli. Oder weisst du es schon, im Voraus?»

Zieh doch deine penetrant verspiegelte Sonnenbrille ab, wenn du mit mir sprichst, hätte Häfeli am Liebsten gesagt. Dem Frieden zuliebe und aus Rücksicht auf den Gastgeber schwieg er. Ob dieser widerliche Kerl seine Sonnenbrille wenigstens im Bett abzog, oder trug er auch dort zumindest temporär eine 3-D-Brille?

Dann erzählte der mit viel Gelbgold und Platin an Fingern und auf der haarigen Brust geschmückte und überdekorierte, verdächtig an Harry Hasler[15] erinnernde wilde Jürg von seinen Erfolgen im asiatischen Raum; kommerziell, aber auch dort gebe es schöne Frauen und Top-Modelle, durchaus, von seinem neuen Ferrari, diesmal eben nicht rot, das waren die letzten drei, sondern silber-schwarz, wie originell. Von seinen Drohnen in allen Lüften und aufregenden Jagdtrophäen, nun meinte er Löwenzähne, Tigerfelle, und Elefantenohren, und dass er demnächst wieder auf die Jagd gehe, nein, nein, diesmal nicht mit dem König von Burkina Faso, Don Crallos, oder so, hiess der, nein, in seinem eigenen Stadt Sankt Galler Revier. Er habe dort kürzlich einen kapitalen Bock entdeckt, den er erledigen müsse. Unbedingt. Und zeitnah.

«Der hat hier nichts zu suchen», sagte Jürg Admiral. «Ich dulde keine kapitalen Böcke neben mir, gell Brigitte, ha, ha.»

Ob der Herr Kommissar gerne seine kapitale Waffensammlung ansehen möchte, das liesse sich problemlos einrichten. Häfeli lehnte höflich dankend ab, im Moment sei das nicht möglich, möglicherweise später, gerne. Und Autos interessierten ihn eben-

---

[15] *Klamaukfigur von Viktor Giacobbo. Typ Vorstadt-Zuhälter.*

falls nicht, Ferraris schon gar nicht, da könnten sie sich ebenso gut über Fussball unterhalten. Oder Skirennen.

«Alles Chabis!»

Jürg Admiral verzog den Mund, die Augenbrauen erstaunt nach oben. Verärgert, beleidigt, auch etwas enttäuscht: «Über Chabis mag *ich* nun nicht reden, vielleicht später dann …»

Pause.

«Aber einen Jägermeister trinkst schon noch mit, oder zwei, vergiss nicht, ich bin hier der Jäger-Meister, Meisterjäger aller schönen Frauen und Creativ-Designer für Stickereien auf BH's und Slips, hauchdünnen Bodys, auch bei Männern stark im Aufwind, in allen Farben, soll ich's euch zeigen? Seht mal alle her …» Der flotte Jürg begann bereits seinen Gürtel zu lösen.

«Stopp! Das ist nun wirklich nicht nötig», sagte Hugelshofer pikiert. «So geht das nicht. Das ist mein Fest! Und ich möchte hier keine Strip-tease-Party. Mach das gefälligst zu Hause!»

«Dort habe ich zu wenig Zuschauerinnen, gell mein Schatz. Und du mein lieber Gottfried bist halt ein bisschen altmodisch. Ich lerne das zu akzeptieren. Aber einen oder zwei Jägermeister trinken wir schon noch, oder Alpenbitter? Gottfriedli und Bertoldi, ein gutes Schlückchen kann niemand verwehren?» Der wilde Jürg wurde von Minute zu Minute zutraulicher, wenn man das so sehen wolltekonnte.

Häfeli verwies auf seine Arbeit im Kommissariat, die morgen früh auf ihn warte, da könne er nicht so viel trinken … Man sollte eigentlich nie Duzis machen, mit solch zwiespältigen Gesellen. Individuen. Saublöd. Nun, der braungebrannte Jürg war auch hier sehr offensiv gewesen. Impertinent. Zweiiifellooos.

«Lass sie warten, die Arbeit, die rennt dir nicht davon, schon eher die Sabrina, ha, ha», blökte der aufundangesäuselte, immer wieder grusig[16] schniefende Jürg. Ein Nasenproblem. Ob da gar

---

[16] *Dialekt: widerlich.*

Schnee im Spiel war, und das im Sommer? Brigitte kicherte. Und schminkte sich die Lippen nach. Karminrot. Diese Farbe gefiel Häfeli ausserordentlich gut, obwohl sie – wie er erst kürzlich gelesen hatte – zumindest ursprünglich von Cochenilleschildläusen gewonnen wurde. Läuse. Wäääh! Ob die Frauen das wussten, die sich das Zeug auf die Lippen schmierten?

Und die Männer, die diese Lippen küssen. Dann doch lieber diesen lausigen Lausextrakt auf den Lippen, zum Küssen, als Terchloridbenzolquecksilbercadmiumsäurehaltigen Lippenstift oder was auch immer aus dem reichhaltigen Giftkabinett griffbereit ist. Zugreifen. Bitte sehr. Abschlecken verboten.

Er hätte den Schnorrer erwürgen können. In jedem Fall. Zerquetschen, wie eine Laus. Doch so was tut man nicht. Oder doch. Situativ erlaubt?

Hinzu kam oder besser stand da noch Jürgs Bruder, Rudolf Admiral, etwas ruhiger, etwas weniger schön und goldig geschmückt, aufgemacht – und Single, wie er betonte, «zurzeit und vorübergehend nur, auch auf der Jagd, ein Mann für das Gröbere – Stickereien, bahh. Zaumzeugs. Unnötig. Dekadent! Bagger und Lastwagen, das ist mein Leben. Ich bin ein Kran-Tänzer, mit Ballett hat das gar nichts zu tun, lieber Jürg.»

Häfeli beschlich das Gefühl, es stimme da etwas nicht mit den Haaren, silbern meliert, oder zebrafarbig, also nicht jene auf der Brust des schönschrillen Jürgs, auf dem Kopf des Kran-Tänzers.

«Wir sind halt zumindest *etwas* verschieden», bemerkte der schöne Jürg, «und ich mache mir die Finger meist nicht dreckig, auch nicht auf der Jagd.»

Hühnchen-Party.

«Bevor ich es vergesse», begann der aufgekratzte Jürg von neuem, «ich feiere dieses Jahr meinen Geburtstag auf See, auf dem Bodensee. Dort habe ich eine Jacht, apart und stark, auf der ich oder wir, gell mein Schatz, manchmal ganz prickelnde Festchen inszenieren, Partys, zwanglos entspannt; alles ist möglich, sagen wir, mit vielen braungebrannten Hühnchen und Hähnchen, manchmal ganz ohne Textilien. Lecker sage ich euch. Wollt ihr auch mal dabei sein?»

Sein Publikum schwieg. Ergriffen oder peinlich berührt?

«Dieses Jahr miete ich ein Kursschiff, die Jura, diesen alten Raddampfer, oder eine Fähre, die Schussen, tönt spannend, nicht? Nur für mich und unsere Freunde, schliesslich feiere ich einen fast halbrunden Geburtstag. Eine Schnapszahl. Du, Godi, ich nehme noch einen Schnaps oder gleich einen Doppelten. Gerne. Und danke.

Also: HaseOstwald und sein Orchester spielen auf, ganz gross, Essen und Trinken in Hülle und Fülle, auch ohne Hüllen möglich, Tanzen, wie gesagt. Ein Spiegelsaal und selbstverständlich ein Darkroom, mit diversen Überraschungen. Der Renner, ich sage euch das ganz offen. Offenherzig wird es, nichts für Verklemmte!» Dabei schaute er in die Runde, doch niemand reagierte, oder wollte sich adäquat angesprochen fühlen. «Ein Liege- und Entspannungsraum für Verspannte und Verklemmte. Massagen – alles was das Herz begehrt, sogar ein Swimming-Pool. Hot. Natürlich. Ihr kommt doch auch?

Über die Geschenke können wir später noch reden.»

Wieder betretenes Schweigen.

Hugelshofer räusperte sich, entschied sich jedoch für Schweigen. Verzog das Gesicht zu einer blödsinnigen Fratze. Aus Ratlosigkeit? Aus Verlegenheit.

«Märchenstunde! Das ist ja unausstehlich hier, komm wir gehen nach Hause, da haben wir wirklich nichts verloren. Die Jura und die Schussen[17] gibt's doch schon lange nicht mehr», raunte Häfeli Sabrina zu, die lieber noch etwas geblieben wäre. Der schöne Jürg zwinkerte ihr ungeniert und süffisant zu – und Sabrina war wieder einmal mehr verlegenbeleidigt, oder beleidigtverlegen, schmollte, aber das war er sich ja gewohnt. Pauschal wünschten

[17] *Das unter bayrischer Flagge fahrende DS Jura versank 1864 nach einer Kollision mit dem DS Stadt Zürich bei dichtem Nebel vor Münsterlingen im Bodensee, die Motorfähre Schussen der DB wurde 1983 ausgemustert.*

sie allen eine gute Nacht und verabschiedeten sich etwas gar früh, etwas gar eilig, von den Hugelshofers mit einem eher lieblosen Händedruck und dem Hinweis auf den kapitalen Bock, der in ihrem Gehege weide.

«Ein toller Scherz, mein lieber Hügeli, so gut», trällerte Trudeli unbekümmert daher, bereits wacker angeheitert. Ausnahmsweise. Generell trank sie kaum Alkohol. «Das schadet meinem Teint!», sagte sie jeweils. Hugelshofer selbst schien von diesem Witz weniger begeistert zu sein.

«Also dann, gute Nacht, und kommt bald wieder! Wie wär's morgen zum Rasenmähen, die kleinen Wiesenborte? Du weisst ja, den Rest macht, genau …»

Der meint das ernst, dachte Häfeli und verzichtete auf eine Antwort. Sabrina ebenfalls. Sie sparte sie für zu Hause auf. Häfeli befürchtete ein Gewitter. Ein Sommergewitter. Gewaltig. Aber bitter nötig. Der Regen. Die Abkühlung. Geplant. Von den Wetterpropheten, aber nicht eingetroffen. Abkühlung?

Um Hugelshofers Fest machte er sich keine Gedanken mehr. Er hörte bereits das Donnergrollen. Dabei wünschte er sich nur eines: Eine ruhige, ungestörte Nacht. Über die Halbtagsstelle in der Kita globiundmaus könnten sie auch morgen noch sprechen, oder streiten, oder nächstes Wochenende. Globimäuse – ein saublöder Name!

Das Gewitter war vorbeigezogen. Aber über dem Galgentobel, wetterleuchtete es seltsam. Geheimnisvoll.

Trocken. Trocken. Trocken.

Der Sommer blieb überdurchschnittlich heiss und dachte nicht daran, sich eine Pause zu gönnen. Die Ufer des Bodensees waren nun plötzlich weit vom Wasser entfernt.

Häfeli ärgerte sich am nächsten Morgen über den verlorenen Abend. Mürrisch strich er sich ein Honigbrot und trank lauwarmen Kaffee. Am meisten ärgerte ihn jedoch, oder entsetzte ihn, wenn er ehrlich war: Sabrina hatte die quirlige Party mit allem

Drum und Dran bei seinem Nachbarn gar nicht so schlecht gefallen. Was heisst hier *gar nicht so schlecht* – Chabis. Aufgeblüht war sie, seine Sabrina. In diesem lauten Tohuwabohu. Grässlich.

Wer hätte das gedacht.

Wie lange kannten sie sich nun eigentlich schon, und kannten sich immer noch nicht. Offenbar. Wie es schien.

Kopfschütteln. Schon wieder, sollte er sich versöhnlich zeigen?

«Du Schatz, wir könnten wieder einmal fein essen, im Facincani, am Gallusplatz, Nachtessen. Gemütlich. Gediegen. Dort gefällt es uns, und wenigstens mir wesentlich besser als bei Hugelshofers. Nicht? Morgen …»

«Morgen geht nicht», antwortete Sabrina, ebenfalls übel gelaunt. «Morgen ist Pilates, das solltest du nun endlich wissen, oder kapieren. Männer!

Und wie meinst du das? Gemütlich? Mach keine Witze!»

Sabrina spielte sich wieder mal in Hochform. Überaus ärgerlich für die betreffenden Betroffenen. Weghören als probates Rezept?

Pause. Gott sei Dank! Aber nur kurze Zeit.

«Und wieso gehst du mit mir eigentlich nie ins Café Scherrer[18]? Das würde mich interessieren. Hat es dort eine gluschtegi[19] Serviertochter?»

Häfeli schwieg. Der Tag hatte grau begonnen, würde er ebenso grau enden?

---

[18] *Confiserie, vis-à-vis der St.Laurenzenkirche.*
[19] *Dialekt: verführerisch.*

Entglitten.

Galgentobel[20], ein geheimnisvoller Name. Schrecklich? Ein Teil des Steinachtobels, ein wilder, etwas verwunschener Ort, urtümlich schön! Der Name geht auf den äbtischen Hochgerichtsgalgen zurück, der sich im frühen 17. Jahrhundert auf der Kuppe über dem Tobel, dort wo heute die evangelisch-reformierte Kirche Heiligkreuz steht, befunden hatte.

Orte des Grauens?

Das Galgentobel ist einsam, urchig – vor allem auch am Ufer der Steinach, und stets für eine Überraschung gut: Ein kleiner Fuchs, der zwischen den Bäumen verschwindet, ein Rudel Rehe auf dem Weg, nach einer Kurve, die den Spaziergänger erstaunt mit grossen Augen anblicken. Ein Eichhörnchen, das versucht, den Bach trockenen Fusses zu überqueren, hin und her rennt, bis es sich aufrafft und zum grossen Erstaunen der Zuschauer das andere Ufer problemlos schwimmend erreicht. Wunderbar! Ein kleiner Vogel mit weisser Brust taucht im Bach nach Insekten. Ein Spatz? Eine Wasseramsel.

Traf sich nicht hier kürzlich eine Delegation rechtsbürgerlicher Parlamentarier mit pensionierten Sozialdemokraten, um zu überlegen, zu besprechen, gegebenenfalls zu nötigen – wer wen auch immer – wie ihr Geld auf den Anlagekontos der Stadt (mit den vermeintlich überhöhten Zinsen) zu parkieren sei. Ein prächtiger Deal. Diskret. Im verschwiegenen Tobel.

Hexenhaus.

Als Kind war Häfeli an der Hand seines Vaters und später mit der eigenen Familie oft dem Bahndamm entlanggewandert, etwas unterhalb der evangelischen Kirche Heiligkreuz, bei der Lukasstrasse, ist der Einstieg ins Tobel. Alles dem Geleise entlang,

---

[20] Im Osten Sankt Gallens, im Galgentobel, entflieht die Steinach ihrem Korsett und fliesst ausserhalb der Stadtgrenzen meist idyllisch frei dem Bodensee entgegen, wo sie ihn – wie originell – in der Ortschaft Steinach auch erreicht. Das Galgentobel, wild und überraschend, wird von der SBB-Strecke nach Rorschach traversiert.

damals noch einspurig, der Fahrtwind der Züge blies die Kinder fast weg. Der Weg war nicht ungefährlich, aber aufregend für Bahn- und Naturfreaks gleichermassen.

Blumen, Insekten, Züge.

Ein toter Fuchs auf den Schienen, oder ein Igel.

Dem Lokführer zuwinken, manchmal gab's dafür ein Pfeifsignal, als Antwort. Von St.Fiden via Mörschwil nach Steinach wandern, vorbei an Bahnwärterhäuschen, Hundezwingern, Wäldern, da und dort ein Blick auf die Steinach, Gesteinsabbrüche an Felswänden, oberhalb Häuser, die bedrohlich nahe am Abgrund stehen, entwurzelte Bäume. Felsbrocken. Oder Waten im Bach, mutterseelenallein, im Tobel. Galgentobelweg wurde der Weg – streckenweise eher ein Pfad – schon damals genannt, inoffiziell; seit die SBB die Strecke zweispurig ausbaute, musste auch dieser verlegt werden. Kein Platz mehr, zu gefährlich den Geleisen entlang zu spazieren[21]. Der Sage nach war Gallus, Sankt Gallens Stadtgründer[22], irgendwo hier im Tobel der Steinach entlang gekraxelt. Häfeli an der Hand seines Vaters in der Gegenrichtung. Farbig und spannend, in der Erinnerung. Häfeli wollte keinen Gallus als Sohn. Roberto reichte vollständig, hinzu kam später Patrizia. Und Gipsy, das Katzenmädchen. Seine Lieblinge.

Beinahe hätte das Parlament den Wanderweg aus der städtischen Investitionsplanung gestrichen. Zu teuer! Unnötig. Angeblich nicht ausreichend frequentiert. Beinahe. Glücklicherweise fand sich schliesslich eine Lösung – ohne Hexerei. Etwas guter Wille reicht manchmal. Und die Hexen sind wohl schon längst in Pension gegangen. Früher angeblich auf dem Studegüggi, heute besser als Freudenberg bekannt, tätig; hoch über St.Georgen, am Rütiweiher, im Galgentobel und anderswo.

---

[21] *Die 15 Kilometer lange Eisenbahnstrecke von Sankt Gallen nach Rorschach wurde 1856 von der Sankt Gallisch-Appenzellischen Eisenbahngesellschaft gebaut und ist mit einer Steigung von 22 Promille sehr steil. Verstaatlichung 1902. Der Kriechhang im Tobel gefährdete die Strecke immer wieder.*

[22] *Gallus, ein irischer Wandermönch, wanderte im Jahre 612 gemäss Legende der Steinach entlang und errichtete seine Klause ungefähr am heutigen Standort der Mühleggbahn-Talstation.*

Der Galgentobelweg ist heute ein beliebter und offizieller Wanderweg von Sankt Gallen an den Bodensee, auch für Biker geeignet, aber lassen wir die Velofahrer in Ruhe. Rücksichtsvoll. Manchmal auch etwas weniger. Die Velofahrer.

Bei einer Fahrt mit dem Zug von St.Fiden nach Rorschach hatte er kürzlich auf der linken Seite zuerst die Steinach und den Galgentobelweg betrachtet, dann kurz vor dem gleichnamigen Viadukt ein altes, verlottertes, rotbraunes Bahnwärterhäuschen, das ihm aus seiner Kindheit bekannt vorkam: eine Ansammlung von Annexbauten, Häuschen, ein Stall, eine Werkstätte oder Remise, alles reichlich vergammelt, rechterhand das alte Bahntrasse dem Hang entlang, das bis 1975 in Betrieb war. Rutschungen in diesem «bewegten» Teil der Steinachschlucht hatten die neue Betonbrücke notwendig gemacht. Der Zugang zu diesem Abschnitt war nun bahnpolizeilich verboten, Häfeli hatte die Tafel gesehen. Trotzdem wollte er sich dieses Hexenhausensemble gelegentlich genauer anschauen, Erinnerungen auffrischen, und dann auf dem früheren, alten Trasse weiter spazieren. An sich nicht empfehlenswert, und für Väter mit Kindern schon gar nicht!

Wer wohl in diesem romantischen Bahnwärterhäuschen am Waldrand mit seinen Remisen gewohnt, gearbeitet, gelebt hatte, vielleicht sogar mit Kindern? Fast wie im Paradies. Türen und Fenster waren nun mehr oder weniger gut verrammelt.

Lenas Storch.

Die Stimmung zwischen Kommissar Häfeli und Lena Rabenschwarz Bölsterli, der Vorzimmerfachfrau von Polizeivorstand Edmund Freiluft-Dieterle – kurz EFD genannt – blieb kühl, unterkühlt. Eigentlich schade. Und ungewohnt. Wenn er ins Büro seines Vorgesetzten ging oder befohlen wurde, passierte er ihr in eisiges Schweigen gehülltes Reich. Eiszapfen wuchsen noch keine von der Decke herunter. Ob sie sich erkälten wollte, oder andere?

Eiszapfen im Sommer, bei dieser glühenden Hitze? Eigentlich eine Wohltat. Leicht erhöhte Körpertemperaturen – kühle Köpfe waren gefragt.

An der Beerdigung von Lenas Vater konnte Häfeli nicht teilnehmen – ein Polizei-Kongress in Bern, an dem er meinte, teilnehmen zu müssen. Wie es sich gehörte, schrieb er ihr eine Trauerkarte. Stilvoll. Taktvoll. Liebevoll. Sogar relativ lesbar.

Häfeli konnte schreiben, Stadtratsbeschlüsse, Trauerkarten, die richtigen Worte finden. Meistens. Im Alltag war das etwas anders und auch nicht zwingend notwendig, seiner Ansicht nach. Sein Fernbleiben an der Beerdigung wurde nur schlecht goutiert. Da und dort durchbrach ein versteckter Vorwurf die an sich bedrückende Sprachlosigkeit. Eigentlich war er sich keinerlei Schuld bewusst. Vielleicht wäre es ein Neuanfang gewesen, geworden.

Frauen sind manchmal so wahnsinnig komisch, tun so als ob sie wollen – was auch immer, jetzt – und dann wieder nicht, und plötzlich ist alles falsch, oder anders, oder negativ, auch wenn's positiv ist, das soll mal einer verstehen. Häfeli hatte das schon längst aufgegeben.

Nichts zu machen.

Weiter machen.

Courant normal.

«Was machen Sie denn schon wieder bei uns, Herr Kollege?» fragte EFD den Schulvorstand, der in seinem Vorzimmer herumstand und sich mit Lena unterhielt, in letzter Zeit recht häufig. «Wollen Sie zu mir, lieber Walter?» Eigentlich seltsam, dass EFD den Schulvorstand mit «Sie» und Vorname ansprach. Wie Gymnasiasten. Unüblich. Schon fast unanständig; offenbar konnte er den Kollegen nicht ausstehen – beste Voraussetzungen für die Regierungsarbeit im «Kollegium».

«Vermissen oder suchen Sie etwas, oder ist es etwa … Oder brauchen Sie einen schönen Rotwein, Sie wissen, ich habe stets ein gutes Tröpfli[23] auf Lager.» Der Schulvorstand verneinte, er trinke nicht jeden Tag Wein, blieb jedoch an seinem Ort stehen, wie angewurzelt, mit hochrotem Kopf. Ohne Motiv, wie es schien, oder besser: Der Grund dafür war nicht ganz klar.

---

[23] *Dialekt: gute Flasche Wein.*

«Dann will ich nicht weiter stören. Vergessen Sie die Stadtratssitzung nicht ..., mein lieber Walter, wird wieder spannend! Wir rätseln über das Budget der Schulen und die Sanierung der Schwimmbäder, das wird Sie interessieren.» Freiluft-Dieterle lächelte, und schloss die Türe, merkwürdig leise, wie er hereingekommen war. Jeden Dienstagmorgen war Stadtratssitzung.

Rätseln. Raten. Rumpeln.

Lena war in letzter Zeit auffallend häufig krank, überraschend, immer wieder, wurde dabei etwas rundlicher und noch etwas weiblicher, ihre Figur, das Gesicht noch etwas bleicher. Und insgesamt noch eine Spur launischer, worunter nun aber vor allem der Polizeivorstand zu leiden hatte. So bescherte sie Häfeli unbeabsichtigt Schmunzeln – wenn es ihn nicht betraf. Hie und da und da und dort. Häfeli kannte das Phänomen bestens. Schadenfreude?

«Lena ist wieder schwanger», sagte er zu seinem Assistenten. «Ich wette darauf!»

«Von Dir?», Kraienbühl lachte.

«Chabis!»

Einige Tage später eröffnete EFD Häfeli, seine Mitarbeiterin sei erneut «in guter Hoffnung», wie er sich ausdrückte, gewählt; eigentlich hoffnungslos, eine kleine Panne? Gott sei Dank, so unausstehlich wie sie nun geworden sei – und wechsle nach dem Mutterschaftsurlaub zu den Technischen Betrieben, eine Halbtagesstelle.

«Nein, es ist nicht wegen Ihnen, Häfeli, da kann ich Sie beruhigen. Lena hat sich auch nicht beschwert. Übrigens: Ist was? Was schauen Sie so komisch? Ich bin noch nicht so alt, nur damit Sie es wissen!» Fahrig fuhr sich der Polizeivorstand über die Haare.

Haare?

Häfeli verzog keine Miene, während sein Chef unbedarft weiter plauderte. Er isch eifach en Laferi, en Liiri-Benz[24], dachte der Kommissar, hörte aber interessiert zu, mindestens dieses eine Mal. So schien es. Und jetzt trägt er auch noch ein Toupet. Toupet zum zweiten. Sensationell. Peinlich.

«Es ist besser so, für uns alle. Frau Rabenschwarz Bölsterli war doch manchmal etwas, äh …, wie soll ich sagen, speziell, streng, und launisch, mit ihren roten Haaren. Rabenschwarz halt. Manchmal sogar frech, zu Ihnen doch auch, Häfeli, geben Sie's zu. Manchmal war sie recht nett und hilfsbereit, schon fast reizend. Das muss ich zugeben. Aufreizend, äh ...»

Pause.

«Ist sie Ihnen eigentlich auch entglitten? Na, ja, äh ... Aber jetzt, wenn sie noch mehr Kinder in die Welt setzen will – das ist ja an sich sehr erfreulich, für unsere AHV, und die Schulverwaltung, nur damit keine Missverständnisse entstehen; aber bei uns geht das so wirklich nicht. Wir müssen den Laden in Schwung halten, wo kämen wir sonst hin. Und es reicht schon, wenn neuerdings auch Stadträte dauernd schwanger sind.»

Dauernd, mit was? Mit guten Ideen, wollte Häfeli fragen, verzichtete dann aber darauf.

Freiluft-Dieterle fuhr sich sorgenvoll mit der Hand über seine neue Haarpracht.

«Wie in einer geschützten Werkstätte, wo jeder nur noch für seine Interessen schaut. Äh… Aber zurück zu Lena: Bei den Technischen Betrieben findet sie ihre Ruhe, Erfüllung, was weiss ich. Wir gönnen ihr das. Und uns ebenfalls, sehr verehrter Häfeli.»

«Wer übernimmt ihren Job?» erkundigte sich der Kommissar.

«Das wird sich weisen, ich bin auf der Suche nach einer gfreuten Lösung. Einfach wird es nicht. Wäre das nicht eine Möglichkeit

---

[24] *Dialekt: Schwätzer.*

für Ihre Frau, die Qualifikation würde doch ungefähr stimmen. Was meinen Sie dazu?»

Häfeli spürte, wie er unmerklich zusammenzuckte. Rein innerlich natürlich. Musste das sein? Andererseits ..., na ja. Es wäre eine Lösung für einige private Probleme, nicht mehr und nicht weniger. Neue Scherereien würden entstehen. Zweifellos. Und die Folgen? Vielleicht bekam Sabrina ja die Halbtagsstelle in der Kita globiundmaus – das wäre nun bereits als Glücksfall zu betrachten, auch finanziell, angesichts der Perspektive, dass Roberto und Patrizia studieren wollten. So bliebe etwas mehr Geld für die Winterferien.

«Ja», fuhr der Polizeivorstand weiter, «wir haben hier hohe Ansprüche, das habe ich alles bereits mit Fridolin Büttikofer, unserem lieben Polizeisekretär, besprochen. Der vertritt übrigens dieselbe Meinung wie ich, wie meistens. Eigentlich langweilig, nicht? Aber praktisch. Na ja, bei Ihnen, Häfeli, ist das etwas anders, wie wir beide wissen.

Also: Interimistisch übernimmt Claudia Wunderlich einen Teil der Arbeit. Etwas wunderlich, zugegeben, aber eine bewährte Kraft, Sie kennen sie ja bestens. Oder jemand anders, später dann. Wir müssen das gut überlegen. Im Fall der Fälle. Nichtwahr.»

Häfeli schwieg.

Die Wunderlich? Eine etwas gar rustikale Lösung, dachte der Kommissar. Ok, wir werden sehen.

«Sie sind so schweigsam, Sie sind doch nicht etwa traurig?

Ich sage Ihnen nochmals, das wäre *die* Chance für Ihre Frau. Ein eleganter Wiedereinstieg. Und sie hätten endlich wieder etwas mehr Zeit zusammen. Im Büro.»

Häfeli, sagte auch dazu nichts, der Chabis blieb im Raum stehen, viel mehr noch im Hals stecken. Er stand auf und verliess den Polizeivorstand und sein Vorzimmer, grusslos.

Im Winter den Schneeflocken nachjagen, sich gemeinsam in den Schnee fallen lassen, also nicht mit dem Polizeivorstand, die goldbraunen Blätter im Wald vor sich hertreiben, vierblättrige Kleeblätter suchen, das alles war zwar schon längst vorbei.

Und anderes auch.

Like an old time movie.

Von wem war dieser Song schon wieder? Scott Mc Kenzie, genau, etwa 1966. Lena wurde in diesem Jahr geboren.

Movie. Old time movie.

So, so.

«Ich hatte im Fall Recht», knurrte er Kraienbühl an, der ihm im Gang begegnete.

«Du hast doch immer recht! In welchem Fall meinst du jetzt? Aha … Herzlichen Glückwunsch!»

«Wozu?

Chabis!»

Und nach einer kurzen Pause: «Gratuliere Freiluft-Dieterle, der trägt neuerdings wieder Haare. Ein Toupet. First-Class. Echthaar. Haarig. Hast du es noch nicht gesehen?»

«Das darf doch nicht wahr sein … Bist du sicher?» Kraienbühl lachte.

Ob er Lena im Spital besuchen sollte, oder musste, oder wollte?

Wenn ihr viertes Kind angeflogen kam. Häfeli seufzte.

Eher nicht.

Er wollte nicht Storch sein, niemals!

Die Kinder hiessen übrigens alle Rabenschwarz, von Bölsterli war keine Rede mehr. Ob das ein gutes Omen war? Und wer war der Vater ihres vierten Kindes? Noch mehr hätte ihn interessiert, zugegeben eine unorthodoxe Frage, wo die Lust sie diesmal übermannt, äh, überfallen hatte: Büro oder Lift? Im Espenmoos[25]. In

---

[25] *Früher Stadion des FC Sankt Gallen, heute für Breitensport genutzt.*

der Küche des neuen Lovers. Im Darkroom. In der Kirche oder in der Säntisbahn? Wer weiss.

Herrgottine[26].

Wieder ein Volltreffer! Definitiv. Im Amtshaus. Im Keller, auf dem alten, lindengrünen Coiffeursessel? Ja, der schöne alte Sessel hatte es in sich. Bequem wie ein Fauteuil. Was der wohl alles erzählen könnte, aus seinem langen Leben im Coiffeursalon im Erdgeschoss, nun parkiert im Archiv, zusammen mit Dossiers und Schlafmützen. Soviel zur Aktenlage.

Endgültig.

Oder auch nicht.

Aber spannend in jedem Fall.

Die Akten.

Vielleicht auch nur peinlich.

Geschichten halt. Wie jene von Tante Berta und Onkel Hans, entfernten Verwandten. Entrückt. Inzwischen.

Latent depressiv.

Früher war alles anders. Onkel Hans, 1899 noch knapp im Plan jenes Jahrhunderts geboren, wanderte in jungen Jahren unglücklich verliebt nach Brasilien aus. Anfangs der 1920er-Jahre. Die Angebetete, einige wenige Jahre jünger als er, aber schon damals nicht gerade schlank und nicht besonders attraktiv, später durchaus ungepflegt, blieb ledig zurück, verbittert und vergrämt. Abstinent. Das kam noch hinzu.

Tante Berta.

Also: Die Berta – oder eher ihr Vater? – waren mit dieser «Beziehung» nicht einverstanden gewesen. Die Tochter eines Gemeindehauptmanns im Appenzellischen wandert doch nicht nach Brasilien aus, mit einem armen Lohnsticker[27], jämmerlich, in die die Irre. Häkeln daheim im Lehnstuhl, das war knapp möglich,

---

[26] *Dialekt: Herrgott nochmal.*

[27] *Lohnsticker und -weber arbeiteten im Appenzellerland in ihrem Stickereilokal auf eigene Rechnung und betrieben daneben oft noch etwas Landwirtschaft.*

aber Arbeiten ausser Haus und erst noch im Ausland, das kam nicht in Frage, anfangs des 20. Jahrhunderts: Nicht standesgemäss! Nicht zu viel Sonne, das ist schlecht für die milchige Haut, und nicht zu viel Bewegung. Das gehört sich nicht, das ist was für Bauernmädchen.

Onkel Hans brach daher in den 1920ern zu neuen Ufern und Liebschaften auf, entwickelte sich auch wirtschaftlich prächtig, durchaus erfolgreich, mit eigener Firma in der neuen Welt, blieb ebenfalls ledig und fand seine Ruhe. Irgendwann. Offenbar. Und wenn es nur das Alter gewesen wäre. Inzucht wäre es mit der Berta in jedem Fall nicht gewesen, war er doch gar kein richtiger Onkel, jedenfalls nicht blutsverwandt.

Die frustrierte und latent depressive Berta wurde mit zunehmendem Alter immer dicker und unappetitlicher, wie Onkel Hans bei seinen seltenen «Heimaturlauben» feststellen konntemusste. Zu übersehen war das nun definitiv nicht mehr, und so wollte er sie gar nicht mehr heiraten. Ein Faltenbündel, wie er im Übrigen auch, inzwischen. Hundert Kilo, oder mehr? Sie habe zunehmend Mühe, sich selbst aus der Badewanne hoch zu stemmen, ob Hans ihr dabei helfen möchte. Doch dieser wollte nicht recht, er bringe sich selbst kaum mehr hoch, und überhaupt, das sei alles nicht mehr seine Sache. Früher vielleicht, gerne. Aber heute sei er für solche Sachensächelchen zu alt, zu müde, zu schwach. Verliebt waren sie mal, beide, aber die Liebe war inzwischen längst verschwunden. Pulverisiert.

Immerhin schlug Onkel Hans Tante Berta vor, sie könnten sich auch nach dem Tode noch vereinen, oder gar vereinigen, ein Paar werden, wie echt, wenn sie wolle: Virtuell, oder so. Dazu sei es nie zu spät. Und lieber spät als gar nie. Eine Glanzidee! Onkel Hans hatte stets überraschende Einfälle.

«Wenn der Tag gekommen ist, an dem es uns reicht, …, oder uns nicht mehr braucht, später dann, dann lassen wir uns ausstopfen, und sitzen gemeinsam am Küchentisch – oder noch besser: Liegen im Bett, endlich, ganz wie du möchtest. Unkompliziert!» In Brasilien gebe es hervorragende «Ausstopfer», Präparatoren nenne sich das, unglaubliche Techniken, absolut seriös und authentisch, x-mal erprobt, bei Vögeln und anderem Getier. Einmalig. Günstig. Einwandfrei. Da stinke es nicht wie in der Rechtsmedizin oder so.

«Vielleicht schaffen wir es so sogar in irgendein Völkerkundemuseum, oder in eine Reality-Show. Giftig? Na, ja, vielleicht, ein bisschen. Wer weiss das schon so genau.» Aber Berta solle sich keine Sorgen machen.

Doch davon wollte nun Tante Berta nichts wissen. Auf ihr eigenes Begräbnis verzichten? Das komme überhaupt nicht in Frage. Sie wollte dabei sein. Einmal wenigstens, sie habe in ihrem Leben schon genug verpasst.

Return to sender? – das hätte ein Schmäh aus Kraienbühls Feder sein können, doch der schrieb nur so viel, wie unbedingt notwendig war. Häfeli musste bei diesem Gedanken lachen. Leise.

Onkel Hans reiste wenig später wieder nach Brasilien ab – und kehrte nie mehr zurück. Auch nicht als Exponat.

Adieu und tschüss liebe Familie in der Schweiz, begütert geworden, wäre er nun ein valabler Schwiegersohn für die inzwischen verstorbenen Schwiegereltern.

Zu spät. Endgültig zu spät.

«Komm, wir genehmigen uns einen Kaffee», sagte Kraienbühl zu seinem Chef, der etwas gelangweilt an seinem Pult sass. «Und weisst du was? Das muss ich dir unbedingt noch erzählen, obwohl, etwas intim ist es schon.» Die beiden machten sich auf den Weg ins Café am Blumenmarkt. Sie zogen es vor, ihren Kaffee nicht unbedingt in der Cafeteria des Amtshauses zu trinken, oder immer weniger, da dieser kurz gesagt, ungeniessbar war. Mindestens für Kaffeeliebhaber.

«Oh, wieder eine deiner Bettgeschichten. Die neuste Folge!» Häfeli stöhnte. «Nun gut, aber fass dich kurz, wir müssen noch arbeiten, gell.»

«Du weisst, ich bin schnell, nicht nur mit der Pistole, im Schiessstand, ich komme gerne schnell zur Sache, bin schnell auf hunderttausend.

Gestern traf ich Tina, eigentlich Bettina. Ich spürte sofort, das ist wieder mal was Richtiges, für den schnellen Ritt …, äh, eine schnelle Nummer, absolut giggerig[28]. Eine Bett-Tina vom Feinsten, dachte ich. Nun gut, nicht mehr ganz jung, aber das passt, gibt weniger Ärger, in der Folge; geschieden, nicht mehr alles ganz echt, Second Hand halt, aber durchaus greifbar. Irgendwie aufregend, so kurz vor dem Sonnenuntergang.»

Pause.

Walking Dildos?

Peinlich, diese Männergeschichten. Oder nicht?

Andererseits kannten sie sich schon lange Zeit, waren miteinander vertraut. Freunde geworden. Da liegt schon einiges drin, ohne sich zu schämen. Ohne Peinlichkeiten.

Häfeli und Kraienbühl.

Vertrauen.

Vergnügen.

Verborgen vergnügen?

Alles nahe beieinander.

Eine Männerfreundschaft halt, für einmal ohne Fussball und schnelle, teure Autos, das interessierte beide nicht besonders. Na ja, blieben die Frauen. Und die Arbeit. Die Kinder. Familienfeste. Die Pensionierung in 20 Jahren oder so.

Und was sonst noch?

Bier.

Das mochten sie beide. Gerne.

---

[28] *Dialekt: lüstern, geil.*

•

«Nun gut, zuerst gingen wir ins Seeger, assen was Kleines, nicht übel, tranken was Kleines, na ja, mehrere feine Halbkleine. Plauderten, gut, wir redeten uns ziemlich feucht. Und dann gingen wir zu ihr nach Hause. Nett. Heiss waren wir beide. Zuerst. Äh, ja .... Und dann ging es los, sie war schon fast wie Eva, damals, ohne Kostüm; sie zog mir die Hose aus, meine Unterhose flog durch die Wohnung, sie kniete sich vor mich hin, nahm meinen Allerliebsten in den Mund, schwarz angemalte Lippen, das gefällt mir, Finger- und Zehennägel ebenso – fühlte sich gar nicht schlecht an, tiefer und noch tiefer.

Ah … Ich wollte schon abwinken, da höre ich Tina etwas murmeln. Undeutlich. Was stöhnt denn die? Ich bin doch noch gar nicht im Einsatz, schaue hinunter, auf ihre blonden Haare, du weisst, ich mag blond, in diesem Fall nachgefärbt, von mir aus auch blondgrau. Und was sehe ich da? Da hängt …, nein, nicht was du meinst, ich kann es immer noch fast nicht glauben, du errätst es nicht!»

«Also komm jetzt bitte zur Sache», brummte Häfeli und kaute an seinem Gipfeli. Hellbraun und knusprig.

«Du, das ist mir noch nie passiert. An meinem aufgeweckten, treuen Freund …

Herrgott.

Es war wie im Zirkus: Abbruch der Premiere!

Tina packte ihre Oblate, äh, Oberlade[29] und verschwand damit blitzartig im Bad, nackt, ich suchte meine Unterhose und fand sie nicht, stieg überstürzt in meine Filzhose.

Wir haben uns dann recht rasch voneinander verabschiedet; ich verzichtete darauf, nach technischen Details zu fragen – an sich nicht uninteressant, oder nach dem Zahnarzt, wohl ein ausgewiesener Pfuscher. Vielleicht Dr. Waldvogel?

Nichts wie weg, dachte ich, nicht ohne zuvor noch an die Badezimmertüre geklopft zu haben, ohne Unterhose in der Hose.

---

[29] *Gemeint ist ein Zahnersatz, Dritte Zähne, im Oberkiefer.*

‚Tschüss Tina! Du, äh …, danke. War schön mit dir, und vor allem: Speziell!‘ Unauffällig schloss ich die Türe. Mit hochrotem Kopf, wie mir schien. Wo bin ich hier denn gelandet? Und in der Filzhose kratzte es. Überall. Auf der Treppe begegnete mir eine andere Frau, etwas dicklich, da ein Schwimmgurt und dort, eher klein, und hübsch war sie auch nicht, das war es aber nicht, was meine Augen anzog, es war das T-Shirt: ‚I'm Fleisch!‘ Oder: ‚I'm Fisch!‘

Was jetzt, Fisch oder Fleisch, oder Fett?

Englisch oder Deutsch?

Wer trägt denn ein Shirt mit der Aufschrift, ich bin fett, oder knausrig, oder ich bin eine Flasche, mit Fischgesicht, nur schwer nachvollziehbar. Dass die Frau dick war, sah man von weitem. Eine unerfreuliche Erscheinung, in jeder Hinsicht. Ich hörte sie spanisch oder portugiesisch telefonieren. Oder so ähnlich. Schnattern. Thailändisch? Könnte sein. Eine Schnattergans mit Schwimmgurt.

Eine Fremde, die sich hier fremd fühlt.

Eine Prostituierte?

Wer wollte denn da schon …

Zugreifen. Oder so.

In diesem Haus.

Und Bettina?

Eigenartige Gestalten gibt's. Und immer mehr.

Gschpässig[30].

Im Treppenhaus roch es nach aufgewärmten Essensresten und verkochten Kochkünsten, welche die Nase beleidigten. Wieso hatte ich das vorher nicht bemerkt? Endlich stand ich auf der Strasse und sog die frische Luft ein. Eine Wohltat für meine Lungen. Ich griff mir zwischen die Beine. Ja, ich weiss, so was tut man nicht. Not in public! Äh, aber etwas störte da unten, massiv.

[30] *Dialekt: seltsam.*

Die Unterhose fehlte, meine blauen Boxershorts. Eigentlich unüblich. Und überhaupt.

Und wenn es ‚I'am so selfish' geheissen hätte? Genau, so muss es gewesen sein. Ich hatte mich getäuscht, nicht mit dem Fett, nur bei der Aufschrift auf dem T-Shirt. Egoistisch sah die Frau schon aus, hässlich sowieso, harte Gesichtszüge. Nicht alt, höchstens dreissig. Aber verlebt, irgendwie unappetitlich. Und abgewrackt.

Eine traurige Figur.

Und ich fand's auch nicht lustig!»

«Versuchs doch mal mit einer Brille, du machst mir Sorgen, Freundchen.»

Kraienbühl ging nicht darauf ein und erzählte weiter: «Und ihre eigene Geschichte? Die niemand interessiert, wohl nicht einmal sie selbst, mit der sie nichts anfangen kann, die sie nicht an sich heranlässt. Eine Null-Geschichte. Alles. ‚Wenn ich nur nicht geboren worden wäre. Und in diesem fremden Land, habe ich nichts zu suchen, wenn ich ehrlich bin.'

Aber wer ist schon ehrlich, heute. Und zu sich selbst?»

«Woher weisst du das alles?» fragte der Kommissar.

«Ich vermute. Die Frau hatte einen ganz traurigen Blick, so hoffnungslos. Aber muss sie sich denn auch noch so anschreiben, ich bin eine Egoistin.

Bravo!

Diese Erkenntnis.

Wenn's denn hilft?

Fragt sich nur wem.»

Pause.

«Die Hose wetzte weiterhin unermüdlich zwischen meinen Beinen, ich bin jetzt noch ganz wund, dort unten.

Du. Und plötzlich stand da eine andere Frau neben mir, wesentlich attraktiver, auch mit einem auffälligen T-Shirt. Orange. Zwischen den Brustwarzen, die sich raumgreifend durch den dünnen

Stoff bohren wollten, stand: No bra, no pants! Oben stimmte es, und unten konnte ich es nicht überprüfen. Oder hätte ich es doch tun sollen, ich meine, wir hatten ja beide keine … äh. Genau.»

«Du bisch eifach en unmögliche Siech[31]». Hatte Häfeli nicht kürzlich in einer Opernbesprechung gelesen, Männer seien eigentlich lediglich als Walking Dildos und Spermientransporter zu betrachten (und zu gebrauchen), eine etwas starke Reduktion auf den Unterkörper, aber wenn man das so sehen wollte, mit Kraienbühl vor Augen …, na ja. Häfeli seufzte. Und MeToo – da war doch noch dieser komische Gartenzaun.

Gartenzaun? Überoderuntendurch. Aber irgendwie.

Höchste Alarmbereitschaft.

Und Vooorsicht!

Auch mit den Zähnen, und fremden sowieso,

«Mann beisst nicht, hat mir meine Mama gesagt, auch nicht gegenseitig. Hat dir das *deine* Mutter nicht beigebracht?

Komm, wir nehmen noch einen Kaffee mit Gipfeli.»

«Für mich nur noch Wasser, ich muss auf meine Figur achten.»

«Du und deine Weibergschichten». Häfeli konnte es sich nicht verkneifen: «Hat nicht Polizeivorstand Freiluft-Dieterle kürzlich behauptet, unsere Arbeit sei im Moment zumindest *etwas* zahnlos – und du? Du hast plötzlich Zähne für zwei. Gut, nicht alle am richtigen Ort. Wann warst du letztes Mal beim Zahnarzt, zur Kontrolle?»

Kraienbühl schwieg.

«Du, aber was mich wirklich interessieren täte, das Testosteron, das macht die Männer so wild, andere sagen spitz, oder erfolgreich, und Frauen so glücklich, manchmal, lässt du dir das eigentlich zuspritzen, oder was? Wir haben ja keine Geheimnisse voreinander, oder fast keine, denke ich mal.»

---

[31] *Dialekt: Kerl.*

«Du äh …, du meinst spritzen? Ich spritze gar nichts. Weder irgendwelche Medikamente, noch Insulin, Gott sei Dank; keine Designerdrogen oder sonst etwas, und dein Testostegration schon gar nicht. Weiss du was?» Kraienbühl wartete eine Antwort gar nicht erst ab: «Wichtig ist die Ernährung – und ich bin smart, *etwas* jünger als du, das musst du zugeben, und kraftvoll, trainiert. Eben kein Softie, das mögen Frauen letztlich überhaupt nicht, das war nie mehr als ein Gerücht, ein Gag; und ich bin immer, äh …, na ja, du weisst schon. Startklar. Heute sind echte Männer gefragt.»

Na ja, jünger bist du auf jeden Fall! Aber da bin ich gar nicht traurig, dachte Häfeli. Erfahrungen, spannende, anstrengend, manchmal. For ever young? Das alles noch einmal durchleben, durchkämpfen, durchleiden? Nein danke!

«Weisst du, was mich am meisten erstaunt, immer wieder», sagte er, «dass du dich bei all dem, was dir so wichtig erscheint, nicht auch noch für Fussball und schicke Autos interessierst! Das würde doch passen. Irgendwie. Aber lassen wir das, Schwamm drüber – und gehen wieder an die Arbeit.»

Wenn es denn sein muss …, dachte Kraienbühl.

Fröhlich währt am längsten.

«Du, jetzt hat gerade diese Ärztin von der Rechtsmedizin angerufen, Céline Fröhlich, die kennen wir ja inzwischen schon etwas besser», sagte Kraienbühl, «während du auf dem Klo warst, gell. Warst du wenigstens erfolgreich?» Häfeli kam gar nicht zu Wort.

«Nun, mir gefällt sie. Trotz ihres rustikalen Charmes, oder gerade deswegen. Also, Franz-Josef, der Waldvogel und Zahnarzt wurde stranguliert, vielleicht mit seiner Krawatte, das glaubst du nicht, circa um 19 Uhr an jenem Abend, an den Händen und Armen hatte er Spuren von Gewaltanwendung, eventuell Fesseln, Fesselspiele? Könnten aber auch Schläge oder so gewesen sein, mit einer Peitsche. Erst dann wurde der Kaiser in den Vogelweiher gestossen. Gestorben sei er allerdings an einem Herzinfarkt, bevor er im Wasser ertrunken wäre. Eine sehr merkwürdige Geschichte, sagt die Fröhlich. Zudem hatte er kurz vor seinem Tod Geschlechtsverkehr …! Diverse Spuren, und DNA's. Und weisst du was? Als er in seiner Voliere baden ging, trug er keine Unterwäsche. Und auch keine Badehose. Nur einen Bademantel. Und eine Windel, um den Hals.»

«Na ja, so haben wir ihn doch aus dem Weiher gezogen. Aber bitte: Unten ohne, reisst das nun überall ein? Ich finde das irgendwie unappetitlich. Du, Moment mal, ich verstehe nicht ganz: Der Franz-Josef ist tot, das wissen wir. Gestorben an einem Herzchriesi[32], bevor er ertrunken wäre, nachdem er Sex hatte und dabei gewürgt wurde. Oder hatte er zuerst Sex, dann wurde gewürgt und gekämpft, dabei machte sein Herz nicht mehr mit und er wurde danach ins Wasser geworfen. Von wem und Geschlechtsverkehr mit wem? Wer hat da wen gewürgt?

Chabis!»

«In der exakten Abfolge ist sich Dr. Fröhlich leider auch nicht ganz sicher, sie war ja nicht dabei, sagt sie, und die verschiedenen Handlungen müssen innert kurzer Zeit ‚getätigt' worden sein. Das lässt sich alles im Nachhinein nicht mehr mit absoluter Sicherheit klären, der gute Franz-Josef lag doch eine ganze Nacht im Stadtparkweiher. Die Ärztin tendiert auf einen halbwegs natürlichen Tod, etwa mit folgender Abfolge: Würgen – Sex mit mehreren Partnern, durchaus fröhlich. Oder umgekehrt: Sex, mit mehreren Partnern, durchaus fröhlich – Würgen. Herzinfarkt – Entenweiher – Enten.

Zudem hat die Fröhlich Blut einer Fremdperson gefunden. Nicht viel, aber immerhin. Den definitiven Obduktionsbericht erhalten wir in den nächsten Tagen.»

«Vermutlich. Tendiert. Möglich!

Dann ist wieder mal alles denkbar. Und möglich. Von Herzinfarkt, Ertrinken bis Mord! Prima!

---

[32] *Dialekt: Herzinfarkt.*

Mach bitte einen Termin mit diesem D'Abruzzi und der Aktuarin des Fördervereins des Kaisers, zunächst separat, möglichst bald. Danke. Und weisst du was? Zuvor befragen wir noch den Stadtbaumeister, Ueli Meisterhans-Abendruh, und den Obergartenzwergplaner vom Gartenbauamt, Bruno Grünpeter.»

Pause.

«Keine falsche Eile, jetzt. Keine Panik», sagte Kraienbühl.

«Du Häfeli, diese Céline Fröhlich ist doch alleinerziehend, sie hat mir schon oft von ihrem Sohn erzählt, Jerry, ein ganz Schwieriger, ein Früchtchen halt. Manchmal ist sie mit den Nerven ganz schön oben, durch den Wind, und ich hole sie wieder herunter, dann gehen wir miteinander Mittagessen. Klar, ohne Jerry, wenn sie Zeit hat. Und Musse.

Was ich mich immer wieder frage und keine Antwort finde, wer ist der Vater von Jerry? ‚Finde es selbst heraus, du bist doch der Kommissar hier', hat sie zu mir gesagt. Und: ‚Warst du damals nicht auch dabei, an dieser Fasnachtsparty? Wir waren noch per Sie.' Aber ich tappe immer noch im Dunkeln. Weisst du mehr?»

Der Kommissar schüttelte den Kopf. «Das interessiert mich nicht wahnsinnig, und ist für uns auch nicht wichtig. Na, ja. Ein bisschen schon. Frag' sie doch selbst nochmal! Wenn sie müde ist, oder auf der Palme sitzt. Du musst halt schön artig sein, oder sie überraschen ...»

Pause.

«Was war eigentlich mit diesem Schwanentorso, hat Dr. Fröhlich da ebenfalls etwas erzählt, äh, herausgefunden?»

«Ja, sicher, die Fröhlich ist gut! Obwohl das eigentlich nicht ihr Kerngeschäft sei, Schwäne zu obduzieren – das zu sagen konnte sie sich doch nicht verklemmen. Du könntest ihr gelegentlich eine schöne Flasche Rotwein vorbeibringen, meinte sie. Offenbar handelt es sich hier um ein Unfallopfer, der Schwan wurde von einem Auto angefahren, da war der Kopf aber noch dran. Weshalb jemand diesen später abgetrennt hat, konnte auch die Fröhlich nicht nachvollziehen. Eine rituelle Handlung? Auf jeden Fall eine Schändung. Stören der Totenruhe. Soll ich mal bei den Tierschützern nachfragen? Im Theater lief doch kürzlich ein Musical, Schwanentee, vielleicht hat es damit etwas zu tun.»

«Chabis. Du meinst Schwanensee, von Tschaikowski. Ein Russe. Kein Musical – Ballett. Übrigens: Im Kasten haben wir noch einen Franzosen, den trinken wir nie, wir bringen ihn bei Gelegenheit Frau Fröhlich vorbei. Bei uns wird der nicht besser.

Ein Schmarren ist das alles.

Item.

Aber weisst du was? Ich mache jetzt Feierabend, ist ja Wochenende. Es soll endlich Regen geben, und für mich ein Lesewochenende, hoffe ich. Und freue mich.

Tschüss!»

Kraienbühl brummte etwas, das sich wie Lesen im Bett sei ungesund für den Kreislauf oder ähnlich anhörte.

Leseratten.

Als Jugendlicher hatte Häfeli viel gelesen, Märchenbücher, später auch Zeitungen. Robinson Crusoe, Huckleberry Finn, die Rote Zora; Karl May, z.B. das Buschgespenst, das in Böhmen sein Unwesen trieb, die bitterarmen Weber und Stricker am Hungertuch bis aufs Blut schikanierte und aussaugte, quälte und sich mit Schmuggeltouren durch den Böhmischen Wald im strengsten Winter ganz fein über Eis hielt – und allen alles diktierte. Stickereien, Spitzen, Bordüren, feine Stoffe. Aber nicht aus Sankt Gallen. Aus Böhmen.

Karl Mays Indianer und ihre Geschichten waren irgendwann out, nicht mehr zeitgemäss, wie vieles andere auch. Oder gar rassistisch? Nur: Die Indianer, Indigenas, oder wie wir sie heute nennen, mussten sich neue Lebensentwürfe suchen, ohne Karl May und Old Shatterhand. Im Amazonas zum Beispiel, oder in Australien. Ohne Leonardo Boff und Dom Hélder Câmara, brasilianische Befreiungstheologen und Rufer in der Wüste – von Rom zurückgepfiffen. Redeverbot? Am falschen Ort. Wäre doch eine sinnvolle Therapie für Bolsonaros und Co. Schwierig.

Überwältigende Ignoranz.

Der freie Fall.

Ein fatales Phänomen, das sich wiederholt. Da und dort.

Heute las Häfeli, wenn er überhaupt Zeit fand und nicht nach den ersten zwei Seiten einschlief, Krimis. Möglichst lokale, möglichst spannend und witzig geschrieben. Aus dem Allgäu, Grufti oder Gruftlinger, hiess der Kommissar, oder so, etwas langatmig, aber meist erfolgreich. Aus dem Bodenseeraum. Bündnerland. Der Steiermark. Schweizer Literatur. Von Glauser über Dürrenmatt und Frisch bis zu Suter. Und anderes mehr. Zeitungen, wenn sie gut waren. Kein Ramsch. Keine 25 Minuten und keine Boulevard-Geschichten.

Und Märchen. Immer wieder.

Märchen für Erwachsene.

Manchmal las er den ganzen Sonntag durch, hörte klassische Musik, zwischendurch Philip Maloney und seine haarsträubenden Fälle auf SRF3, oder die Platten seiner alten Wurlitzer Musikbox, na ja, nicht mehr ganz Stereo, aber trotzdem sorgte die Musik aus den 1960ern und 70ern bei Sabrina immer wieder für Ärger, vor allem die Lautstärke. Roberto und Patrizia störte das weniger. Im Gegenteil: Wenn Papa liest, Musik hört und in seinen Büchern verschwindet, hat er keine Zeit, sich um uns zu kümmern – oder uns irgendwie zu kontrollieren. Dann stört er uns nicht, dachten sie. Köstlich.

Häfeli war auch leidenschaftlicher Spieler, also nicht im Casino Sankt Gallen, daheim. Mit der Familie. Wer ist heute der Schwarze Peter, wer eilt am schnellsten beim Weile mit Eile, macht die besten Geschäfte beim Wildlife oder dem Monopoly, dem Spekulanten-Spiel, oder würfelt cleverer beim Yatzy? Verlieren wollte gelernt sein. Häfeli beherrschte dieses Spiel.

Das waren die schönsten Wochenenden, wenn es regnete oder schneite, was das Zeug hergab. Das Wasser auf die Dachfenster prasselte und Gipsy, das Katzenmädchen, auf seinen Knien schlief und schnurrte: Musik für die Seele. Und das Herz.

Schon fast romantisch.

Und dazu noch einen kräftigen Schluck italienischen Rotwein?

Unbedingt!

Herrlich unbeobachtet.

Herrlich ruhig.

Entspannt.

Friedlich.

Eine Sauhitze war das, von Regen keine Rede. Ein Jahrhundertsommer im Jahre 20YX? Im Jahre XYZ der selbst verschuldeten Klimaerwärmung. Abkühlung wäre dringend notwendig, nicht stoisches Zuwarten, Verdrängen, Zaudern.

Zaudern?

Zauderer kommen meistens zu spät. Oder immer. Das gilt nicht nur für Sankt Gallen und seine eifrigen Politiker und Politikerinnen. Das ABC zu lernen sei nur ein einfacher, aber frühzeitiger Beginn aller kognitiven Möglichkeiten und Fähigkeiten, hatte Kraienbühl heute in der Zeitung gelesen. Der Anfang, nicht das Ende. Das gelte im Übrigen für Alle.

Zauderer erwischen auch den letzten Zug nicht mehr.

Abkühlung wäre dringend erforderlich. Überall.

Duschen. Schlafen im Garten. Auf dem Trampolin. Die Sterne zählen. Den Mond küssen. Auf den Dachs warten. Manchmal mit den Kindern. Oder der Katze. Gipsy war immer dabei. Und freute sich. Schnurrte. Fleissig. Lernte sie gerade das ABC auswendig?

Flauschig. Glücklich.

Geborgen.

Verschwunden.

Alle drei Jahre ist in Sankt Gallen Kinderfest[33] – ein Fest für die Kinder der städtischen Schulen? Ein Stadtfest, vielleicht das einzige mit Tradition – und Stil. Offenbar. Generationen und Familien verbindend. Dank den Kindern, wegen den Kindern, ohne die Kinder; bei dem Kinder gezeugt oder vergessen werden. Aber nur alle drei Jahre, es könnte sonst zu viel werden. Für die Kinder. Oder die Lehrer? Zu viele Feste sind ungesund.

Keine Spur.

Und nun das: Vier Kinder oder besser Jugendliche der Oberstufe seien verschwunden. Der Polizeivorstand hatte Häfeli spät am Abend angerufen, als dieser gerade und ausnahmsweise etwas Fernsehen schauen wollte, SRF Konsumentenschutz, wo wieder einmal von Gammelfleisch in einigen Läden die Rede war. Preisgünstig, momol. Bon Appetit. Und Alarmstimmung bei den Häfelis. Am Sonntag wollte der Kommissar höchstpersönlich den Holzkohlegrill beaufsichtigen, und dabei nicht unbedingt beim Fleisch danebengreifen. Also: In Ruhe den Kassensturz schauen, da schellte unverhofft das Telefon: Hugelshofer, oder Tante Jule? Schlimmer noch: Freiluft-Dieterle; was wollte der zu dieser späten Stunde?

«Häfeli, schon wieder beim Käfeli? Im Ernst: Ein Notfall. Vier Jugendliche sind von zu Hause abgehauen, offenbar wegen dem Kinderfest. Oder so. Der Schulleiter ist sehr besorgt. Heribert Müggli, heisst der. Klären Sie morgen früh sofort als erstes ab, ob es etwas Ernstes ist. Das Müggli ist sehr aufgeregt. Und der Schulvorstand mit seinen Weisen ebenfalls. Ich erwarte morgen schnellen Bericht und Vorschläge, was wir tun sollen. Die Sache ist delikat. Gute Nacht, Käfeli, äh …, bis morgen.»

Ein Witz. Ein Versprecher. Sind nun alle senil geworden?

---

[33] *Erstmals am 28. September 1824 durchgeführt; es entstand aus verschiedenen älteren Festbräuchen im Verlauf der Schulreform des beginnenden 19. Jahrhunderts. Vgl. Josef Weiss: «Schulstadt St.Gallen», 2004.*

Das Sankt Galler Kinderfest, seit 1824 in diesem Programm. Zweifellos etwas anders als damals. Der Umzug, wie eine militärische Parade – oder Parodie? Dank der Sankt Galler Stickerei- und Textilindustrie in ihrer Blütezeit wurde er farbiger, der Kinderfestumzug: adrette Frauen mit extravaganten Kleidern und Hüten, bis heute, in schlechten Zeiten aus finanziellen Gründen gestrichen, das Kinderfest, gelegentlich auch mal wegen eines nationalen Jodlerfestes. Zwei so grosse Feste vertragen sich nicht, in Sankt Gallen. So mussten sich nicht die Sänger gedulden, nein, die Kinder; der «Kinderevent» fand dann ein Jahr später statt. Immerhin. Wie immer eröffnet mit zünftigen Böllerschüssen von der Falkenburg und der Menzlen herunter, zwei der Hügel hoch über der Stadt, damit es nun jeder und jede realisierte: Heute ist Kinderfest!

Nicht einfach nur Besäufnis und Bratwurst-Party. Eben nicht. Nur ein bisschen. Auch nicht wie andere wichtige Volksfeste, das Sankt Galler Fest, New-Orleans-Jazz, zum Beispiel, und natürlich die OLMA[34], im Oktober.

Zu diesen Hoch-Zeiten im Festkalender trat jeweils Willfried-Roger Bischof-Staubler, Event Manager und Chefzampano enorm in Erscheinung. Organisatorisch und so. Bischof-Staubler, ein smarter Mittfünfziger; aber auch der ordinierte Bischof wusste einen guten Tropfen sehr zu schätzen, selbstverständlich neben der eigentlichen Tätigkeit. Bierfässer wurden allerdings jeweils durch den Stadtpräsidenten angestochen, für Geniesser. Nichts da, Angestochene. Im Übrigen wurde die St.Galler Bratwurst an solchen Festivitäten zunehmend in die World-Ecke gedrängt, angesichts der unzähligen Verpflegungsstände mit Vegis, Veganis, Spiess- und Kebab-Lovern, Brathähnchen-Spezialistinnen, Asiatischen Nudel-Köchinnen und so weiter, die ein Durchkommen in den Gassen eher erschwerten. Aber eben: Gegessen wird immer. Und getrunken ebenfalls. So.

[34] *Schweizer Messe für Landwirtschaft und Ernährung,1943 gegründet.*

Doch jetzt war erst Juni, Kinderfestzeit! Na ja. Schwelgen in alten Erinnerungen, den eigenen Kindern am Umzug zuwinken, oder den Grosskindern, der Musik zuhören, Freunde treffen, sich an den Darbietungen der Schülerinnen und Schüler auf den drei Bühnen Centrum, Ost und West erfreuen. Am blauen Himmel, wenn das Wetter durchhielt. Dieses Jahr wurde häufig verschoben, das Fest angesagt und wieder abgeblasen. Eine einzige Chance hätte es gegeben, das Festkomitee nahm die Sache nicht auf die leichte Schulter, das Wetter war überaus unzuverlässig und instabil. Die Motivation von Lehrern und Kindern sank derweil spürbar in den Keller, verschwand da und dort sogar; zumindest etwas. Kurz vor Torschluss, das heisst vor den Sommerferien, konnte das Kinderfest endlich stattfinden. Leider verschwanden wenige Tage davor vier Jugendliche der Oberstufe Ost, die am schönsten Sankt Galler Fest eben nicht teilnehmen wollten. Die Schulleitung hatte diskret die Polizei aufgeboten, welche ihrerseits überaus diskret ermittelte, mit ihren besten Leuten, und beschloss, nichts zu tun.

Üble Sache, so kurz vor dem Fest. Der Sommer hatte doch erst richtig begonnen. In Sankt Gallen.

«Wenn nur die Medien keinen Wind davon erhalten …!», sagte Müggli auffallend häufig, der Schulleiter Heribert. Schweiss rann ihm in Strömen über die Backen, das weisse Hemd verfärbte sich an neuralgischen Stellen. Grau. Schulalltag. Diskretion. Das sei der Schulleitung überaus wichtig, die das Schulamt fürchtet wie der Teufel das Weihwasser, oder der Wurm den Habicht, den Schulvorstand, die Medien, die Eltern. Eigentlich alles und vor allem, nichts mehr als die Frage: Wo waren die verschwundenen Kinder? Häfeli schüttelte innerlich den Kopf. Das geht sehr wohl.

«So en Chabis, ausgerechnet jetzt. Und fast keine Spuren, was meinsch Chraie?»

«Die kommen schon wieder zum Vorschein, braucht halt etwas Zeit – und Geduld.»

Die Schulleitung des Oberstufenzentrums Ost war konsterniert und ratlos. Jede Menge verhaltensauffällige Kinder, in diesem

Alter. Sachbeschädigungen. Sprayereien. Irgendwo. Mal besser, mal schlechter. Piercings. Und Tattoos an den unmöglichsten Stellen sowieso. Selbstmordversuche. Sozialer Unfriede. Streit. Jugend-Gangs. Senioren-Gangs. Männerchöre. Und jetzt auch noch das: Vier Jugendliche – spurlos verschwunden!

Lehrermobbing. Hatte ein Lehrer oder eine Lehrerin die Nothaltetaste gedrückt, um sich Ärger vor und am Fest zu ersparen? Eigentlich plausibel. Möglich. Oder eher unwahrscheinlich?

Andererseits …

Ruhe bewahren.

Die vier Elternpaare wurden ins Schulleiterbüro bestellt, Häfeli und Kraienbühl bemühten sich ebenfalls ins Schulhaus. Paare waren längst nicht mehr alle, eher Streithähnehennenensembles ohne Auftrag zum Streiten, die sich ständig darüber stritten, wer die letzten faulen Eier gelegt habe. Die Eltern seien extrem besorgt über das Verschwinden ihrer Kinder, hatte der Schulleiter gesagt. Doch an der Krisensitzung erschien niemand. Eigentlich sei das heutzutage normal. Oft verstünden die Eltern die Aufträge halt nicht, und so käme es dann zwangsläufig zu Missverständnissen, Irrtümern, Meinungsverschiedenheiten infolge Unverständnis und nix verstanden.

«Rufen Sie uns wieder, wenn Sie glauben, einen neuen Termin gefunden zu haben, an dem dann alle erscheinen können, bitte schön», sagte Häfeli dem Schulleiter. «Sonst macht das keinen Sinn. Aber erzählen Sie uns jetzt etwas über die vier Kinder, alles, was Sie wissen, vermuten, glauben, was weiss ich.»

«Es handelt sich um Angelina, Simon, Himba und Barki, ich komme gleich darauf zurück, die kulturellen und familiären Hintergründe und so, die schulischen Leistungen», begann Heribert Müggli und schlug mit einem Dossier nach einer Wespe, erwischte sie aber nicht. «Ich setze mich überall für Insekten ein, und ihren Erhalt, ihr Überleben – abgesehen von Flöhen, Läusen und Kakerlaken natürlich. Das ist wichtig, auch für die Nahrungskette. Dieses Jahr geht es aber eindeutig zu weit, hat es besonders viele Wespen in den Schulzimmern, man kann eigentlich wenig dagegen tun, ausser sich ruhig zu verhalten. Das empfehle ich auch den Kindern.» Der gelb-schwarze Flieger setzte zu neuen Höhenflügen an, und zu Sturzflügen, landete auf Kraienbühls Arm und stach zu. Unerbittlich. Ohne ersichtlichen Grund. Frohgemut. Nicht Kraienbühl, der fluchte, fuchtelte mit dem Arm in der Gegend herum – und hielt diesen dann unters kühle Wasser im Brünneli[35] des Schulleiterbüros.

«Ich habe Ihnen doch gesagt, Ruhe bewahren, das ist das Wichtigste», sagte Müggli und fuhr mit seiner Rede fort: «Unter dem Pult von Angelina haben wir etwas gefunden, ein interessantes Dokument, eine Geschichte, erstellt im Rahmen der aktuellen Projektarbeit, an der die Jugendlichen dran sind, noch nicht ganz fertig. Hier, lesen Sie selbst.»

Häfeli nahm das Papier entgegen, auf dem Cover ein Totenkopf, darunter stand in blutroter Schrift: Die Rache! Und packte es ein. «Also gut, erzählen Sie mal von ihren Schützlingen, alles was Ihnen einfällt, nur zu ...»

«Es ist so», begann der Schulleiter, «Asse sind an unserer Schule selten, aber es gibt sie immerhin. Gelegentlich. Angelina, Simon, Himba und Barki gehören definitiv nicht in diese Kategorie, aus welchen Gründen auch immer; andererseits haben sie keine grosse Mühe mit dem Notenschnitt, sind nicht dumm, eher unmotiviert. Na ja, oft liegt's an der elterlichen Fürsorge und Förderung, obwohl, man kann auch zu viel wollen und fördern, Nachhilfestunden da und dort, und dann reicht's doch nicht für eine höhere Schule, oder sie fallen wieder zurück, in die Relegationsrunden, so quasi. Schmerzhaft. Und dabei stets die fördernden, fordernden, liebevoll anstrengenden, fürsorglich kontrollierenden Eltern im Rücken.

Im Rücken?

Nervensägen. Irgendwie müssen sich die Jugendlichen doch abreagieren. Befreien, die Schlingpflanzen austricksen, überlisten,

---

35 *Dialekt: Lavabo.*

ausrupfen. Und die Lehrer? Wir haben es natürlich nicht einfach. Und lustig schon gar nicht.» Müggli war nicht zu bremsen.

«Da kann ich Sie trösten», brummte Kraienbühl. «Wir Polizisten auch nicht! Aber weiter im Text ...»

«Sie sollten einmal mit der Klassenlehrerin der vier Kinder, äh Jugendlichen, sprechen. Frau Géraldine Vetter. Eine hervorragende Lehrkraft, Sie werden sehen.»

«Gute Idee», sagte Häfeli. «Wir kommen darauf zurück.»

«Also: Angelina mit binationalem, schwierigem Elternhaus, lebt mit ihrer Schwester bei der Mutter; der Vater ist Magaziner von Beruf, heute heisst das anders, Logistiker, glaube ich.

Simon, mit konservativen Eltern, eher überbehütet und überfordert, alle drei. Ein Einzelkind. Vater Bankbeamter mit höheren Zielen. Mehr oder weniger bewusst gibt er diesen Druck an seinen Sohn weiter, der darunter leidet, weil er den Ansprüchen seines Vaters nicht genügt. Grässlich. Eigentlich.

Himba und Barki stammen beide aus Immigrantenfamilien, sprechen recht gut Deutsch, im Gegensatz zu ihren Eltern, mindestens die Mütter verstehen praktisch nichts, die eine arbeitet als Putzfrau, die andere nichts, die Väter wollen manchmal nicht so recht, verstehen, meine ich. Wie heisst es schon in der Bibel: Die Frau sei des Mannes Untertan, oder so. Bei uns ist es inzwischen ja eher umgekehrt, äh, das war für Sie als Witz gedacht ...»

Pause.

«Man kann es aber auch übertreiben, mit den Zitaten, aus der Bibel, oder dem Koran, oder dem kommunistischen Manifest.» Müggli schüttelte besorgt den Kopf und Häfelis Gesicht wirkte eher erstaunt als verärgert. Sonderbarer Kauz, dieser Heribert Müggli.

«Tatsächlich funktioniert wenig in der Kommunikation zwischen vielen Eltern und der Schule, die Kinder sind auf sich selbst gestellt. Das erleben wir zunehmend häufig bei bildungsfernen Elternhäusern. Ob es das Schulamt wahrhaben will oder nicht. Sehr schwierig, würde ich sagen, das Ganze.» Müggli seufzte.

«Früher haben wir gelegentlich Dolmetscher eingesetzt, das war aber auch nicht die richtige Lösung. Ein teurer Flop, wenn wir ehrlich sind. Nun wechseln die Lehrerinnen, Männer hat es ja in diesem Job ohnehin kaum mehr, also, wechseln nun noch etwas häufiger die Stelle, reduzieren ihr Pensum, Teilzeit – oder gehen auf Weltreise. Und erscheinen nie wieder.»

Pause.

«Angelina, Simon, Himba und Barki sind jedenfalls miteinander befreundet, recht fest und stabil; so können wir uns gut vorstellen, dass sie miteinander abgehauen sind. Sie nennen sich Ost-Gang. Das ist Englisch.»

«Aha, Liebe unter Minderjährigen», stellte Kraienbühl fest.

«Wegen dem Kinderfest?» fragte Häfeli.

«Möglicherweise. Aber nicht was *Sie* meinen, das wissen wir nicht und uns sind da die Hände gebunden ... Klar, wir klären die Kinder auf, nicht die Eltern, und danach die Kinder ihre Eltern. Funktioniert aber meist nicht. Obwohl es bitter nötig wäre, wie mir scheint. Sicher ist nur eines: Wenn die vier nicht bald wieder auftauchen, gibt es Ärger, gewaltig; denken wir an die Medien. Sie kennen das doch auch! Ehrlicherweise muss ich sagen, im Moment wissen wir nicht so recht, was wir tun sollen.

Die Eltern weigern sich, Vermisstmeldungen bei der Polizei zu deponieren. Der Vater von Simon ist der Rädelsführer, ein ganz besonderer Querulant. Beamter übrigens.»

«Dann können wir nur wenig für sie tun, unsere Patrouillen darauf aufmerksam machen, aber Diskretion ist in diesem Fall offenbar wichtiger.»

Warze auf der Nase.

Häfeli lehnte sich in seinem Sessel zurück und wartete. Wie alt war dieser Müggli mit der grossen Warze auf der Nase in einem seltenen Graubraunton? So um die 45 Jahre alt, schlaksig, sportlich, ehrgeizig, die Hasenzähne im Mäusegesicht mit den angegrauten Haaren Pepsodent weiss. Deutscher Akzent – ah, dem gehört wohl der Audi mit dem Konstanzer Nummernschild. Der

Herr Schulleiter reist aus Deutschland an – nicht schlecht. Also, äh, schlecht muss das ja nicht sein, aber doch irgendwie speziell. Und die vielen Chefbeamten aus Teufen, Gais oder Dornbirn?

«Ja, natürlich. Diskretion ist uns wahnsinnig wichtig, umso mehr als der Schulvorstand langsam nervös wird, das Schulamt sowieso. Es geistert dort schon eine kuriose Idee in den Köpfen herum: Ja, genau, das Fest absagen!»

«Wahnsinn! Das würde ich nicht empfehlen … Der Skandal wäre Ihnen gewiss. Wir schauen mal, ob wir die Jugendlichen unauffällig zufällig finden können. Informieren Sie uns, wenn es etwas Neues gibt. Im Moment verzichten wir aufgrund Ihrer Einschätzungen darauf, mit den Eltern in Kontakt zu treten.

Wir wünschen Ihnen viel Freude dabei. Äh …, und Erfolg. Auf Wiedersehen.»

Häfeli erinnerte sich gut ans Kinderfest, mindestens dreimal war er erfolgreich mit dabei gewesen, mindestens dreimal wurde das Fest in Fahrt bereits wieder abgesagt. Einmal warteten die Kinder aufgekratzt und leicht nervös am Spisertor auf den Startschuss, der nie erfolgte. Donnergrollen und Blitze stoppten Umzug und Festlaune. In heller Aufregung löste sich das gesamte Ensemble auf, blitzartig. Im Platzregen. Die Kinder sprangen davon, ein herrliches Durcheinander. Fantastisch! Und einen freien Vormittag dazu. Ein andermal musste das Fest bereits nach dem Mittagessen abgesagt werden. Pech für die Wirte und Höckler[36]. Ein zünftiges Defizit auf sicher und im ersten Fall bei der Wiederholung aufgetaute Würste, aus denen Wasser herausspritzte, wenn man sie drückte. Eigentliche Spritzpistolen. Etwas grusig waren diese Würste schon, Cervelats und Stumpen. Die Bratwürste natürlich nicht. Na ja.

Schon damals brachte das Kinderfest Mehraufwand und Stundenplanumstellungen mit sich. Proben, Vorproben und Hauptproben, manchmal im Regen, meist zulasten der Turnstunden.

[36] *Dialekt: Gäste, die das Lokal nur ungern verlassen.*

Eine Bereicherung des Schulalltags, und sehr erfreulich, dünkte es Junghäfeli. Weniger Klausuren, weniger Hausaufgaben.

Weniger Schule. Und weniger Ärger mit dem Turnlehrer.

Abstinente Arbeiter.

Häfelis Vater hatte am Kinderfest für das Blaue Kreuz[37] zusammen mit den Abstinenten Arbeitern eine grosse Festwirtschaft betrieben, mit seiner Frau und vielen Helferinnen und ehemaligen Trinkern – ein riesiger Aufwand, nicht nur das Aufstellen des Festzeltes und der gesamten Infrastruktur: Bänke, Kaffeemaschinen, Würste und Brot bestellen, Nussgipfel und Getränke, Mohrenköpfe[38], Milch und Kaffeerahm, und alles was dazu gehörte. Diese Organisiererei, die ewige Verschieberei kostete Nerven, belastete den Vater stark: Haben wir genug von allem, findet das Fest statt oder wird es wieder abgesagt, was machen wir mit den vielen Nussgipfeln, wenn das Fest schon um 14 Uhr zu Ende ist, «veschiffet[39]» wird? Die Würste konnte er zurückgeben, immerhin. Sind die Grillstationen rechtzeitig in Betrieb, wer grilliert? Einmal hatte er einen Grilleur, der den Platz fluchtartig wieder verliess, als dieser bemerkte, dass hier kein Alkohol ausgeschenkt wurde: «Ohne Bier grillier ich nicht, hier, tschüss!» Ein Teilzeitalkoholiker? So musste der Diener selbst ran, Präsident Pfarrer Diener.

Am Schluss kam jeweils noch die Abrechnerei, Rechnungen bezahlen, wie gross ist diesmal der Überschuss, oder legen wir drauf? Alle hatten hart gearbeitet, «g'chrampfed», mit Freude und Schweiss, für eine gute Sache. Und nun das. Ein Defizit. Wer gute Nerven hat, für den passt das, vielleicht. Nicht jeder hat die Geduld, ein passabler Wirt zu sein.

Jedes Mal nach dem Fest sagte Vater zum Präsidenten, «du, das mache ich nicht mehr mit, das ist alles zu stressig für mich». Worauf der Diener zu seinem Diener sagte, «ach was, das schaffst

[37] *Suchthilfeorganisation auf christlicher Basis wurde am 21. September 1877 in Genf von Louis-Lucien Rochat gegründet. Anlass dafür war der stark gestiegene Schnapskonsum in der zweiten Hälfte des 19. Jahrhunderts.*
[38] *Heute teils verpöntes Wort für «Schokoküsse» oder so.*
[39] *Dialekt: verregnet.*

du schon wieder, nächstes Mal, du kannst doch so gut organisieren, das machst du toll. Zudem, wer sollte das denn packen, wenn nicht du?»

So musste er drei Jahre später doch wieder in den sauren Apfel beissen. Nein sagen war nicht sein Ding. «Du schaffst das», sagte der Diener. Enthusiastischer Diener vor dem Herrn, ein Original, klein, stramm, der mit leuchtend roter Glatze auf der Kanzel mit blitzenden Augen predigte. Eindringlich. Oder er radelte mit seinem Eingänger[40] einem Jugendlichen nach, der etwas verbrochen hatte, bis er ausser Atem war. War der Bub in der Religionsstunde gar eingeschlafen?

Früher gab's noch viele Originale - eines davon war dieser Diener, ein anderes Häfeli's Vater. Ebenfalls unterwegs mit dem Velo, einer schwarzen Motosacoche, der 1899 gegründeten Genfer Firma. Baujahr etwa 1940, wunderschön, mit einer grossen runden Lampe vorne. An manchen Sonntagnachmittagen besuchte er damit seine grosse Liebe im Kanton Thurgau. Schweisstreibend das Ganze. Vor allem die Rückfahrt.

Häfeli hatte als Jugendlicher ebenfalls ein Velo, mit dem er ins «Bürgli» fuhr, ein rotes Imholz. Kein Rennvelo für Draufgänger, ein Dreigänger, das reichte. Wurden diese Velos damals nicht im Osten Sankt Gallens produziert? Heute hatten alle Rennvelos zu Hause, selbst der Hamster erhielt eines zu Weihnachten. Als Geschenk. Weihnachten im Hamster-Käfig.

Irgendwann hatten die Abstinenten-Vereine kein Personal mehr, um die alkoholfreie Wirtschaft am Kinderfest zu betreiben, das heisst keine Frauen mehr, die sich um alles kümmerten, gratis, der guten Sache Willen, und Gottes Lohn, um die Nussgipfel, die Tischdecken und die Servietten, den Service, die Kaffeemaschine. Die älteren Frauen mit den freundlichen Gesichtern, manchmal verhärmt, aber fröhlich. Die sich über jeden mühsam eingenommenen Franken für die gute Sache freuten, auf dem Weg zum Ziel.

---

[40] *Velo mit nur einem Gang.*

Häfelis Vater war nicht unglücklich über das Ende dieses Kapitels, ihm war diese Festbeiz, dieses Vabanque-Spiel mit dem Wetter schon längst zu viel geworden, und Diener des Dieners zu sein ebenso, auch wenn es eine ehrenwerte Sache war, das Blaue Kreuz und die Abstinenten Arbeiter. Möglicherweise rentierte der Kraftakt nicht mehr so recht, die Abstinenten waren am Aussterben, alkoholfreie Restaurants sowieso, die Vereine lösten sich vielerorts auf. Auch der Männerchor Edelweiss und der Bürgerturnverein Oberer Strebelwald verschwanden ganz leise, ebenso die Polizeistunde und das «Ronden»[41]. Dank den Tankstellenshops kann nun die ganze Nacht durchzecht werden. Feiern nennt sich das. Auch wenn einem davon speiübel wird.

Die Alkoholverwaltung veröffentlicht nach wie vor ihre Jahresstatistik – Alkoholkonsum tendenziell abnehmend.

Tatsächlich?

Nun gut, die Abstinenten Arbeiter sind inzwischen wohl ausgestorben. Nicht aber die etwas weniger selbstlosen, dafür exquisitsmarten CEO's und Verwaltungsräte mit den unanständig hohen Salären und Tantiemen. Universitätsrektoren, Professoren, Bundesrichter mit ebenso unanständig deftigen Nebenbeschäftigungs- und Spesenabrechnungen bei tiefen Präsenzzeiten. Das kommt vor. Bei Gerichten, Universitäten, Banken. Bankdirektoren im Chefig[42]? Wieso nicht. Oder die Postauto AG, wo Bundesgelder nur so herumschwallern und dann irgendwo lautlos versickern?

Unser Postauto, das gelbe.

Ein nationales Symbol!

Darauf vertrauten wir, waren wir stolz, alle: Kinder, Alte, die gesamte glorreiche Aktivgeneration. Die Einfachen. Die einfach Gestrickten. Die Gutgläubigen. Die Braven. Die Depressiven. Und selbst die Betrüger. Alle.

Und dann das: Jeder betrügt jeden. Formidable!

---

[41] *Dialekt: Kontrolle der Polizeistunde in der Nacht.*
[42] *Dialekt: Gefängnis.*

Kopflos.

Lena rupfte Häfeli aus seinen Gedanken. Unerbittlich. Immer noch ein optischer Aufheller. Allerdings im Theatermodus, wieder einmal. Aufgekratzt ungeniert und etwas laut setzte sie sich auf seinen Pult, liess die Beine baumeln, gespreizt, fuhr sich mit der Zunge über ihre roten Lippen, carminrot geschminkt. Überraschend.

Hoppala, das hat's schon längere Zeit nicht mehr gegeben. Was jetzt? dachte der Kommissar. Ihren Schritt im Blick.

Die Stadtkanzlei habe soeben angerufen, sagte Lena. Dort sei ein Paket adressiert an den Stadtpräsidenten eingetroffen, mit einem, äh …, Schwanenkopf, tot natürlich, zusammen mit einem wirren Brief. Was sie damit tun sollen, lasse die Stadtkanzlei fragen.

«Wir überprüfen die Sache, heute noch. Komm Chraie.» Kraienbühl war nicht extrem begeistert von dieser Idee.

In der Stadtkanzlei schauten sie sich die sterblichen Überreste des verstorbenen Schwans an, das Ganze schon etwas modrig und miefig, vor allem aber den Bekennerbrief, der «Freunde des Vereins Tag-Eulen».

«Wir nehmen den ganzen Schmarren mit ins Amtshaus. Und melden uns wieder, gegebenenfalls. Guten Abend!»

Zuerst prüften sie den Drohbrief, allerdings ohne Absenderadresse und unsigniert:

«Sehr geehrter Herr Stattpräsident, es isst aus! Die Voliere zerfällt, in Ihre Einzelteile. Diese Zustände sind den armen Vögelis nicht meer zumutbar. Machen Sie entlich vorwärts im Stadtpark. Und nicht nur dort! Sofort. Sonst passiert etwas Schreckliches. Geniessen Sie den Anblick des toten Schwans, der Ihnen und den anderen Vögeln im Rathaus vorangegangen ist. Wir wünschen uns ein Tat-Haus! Rathaus war gestern.

Unsere Geduld ist zu Ende.

Mit freundlichem Entengruss:

Ihre Freunde des Vereins Tag-Eulen»

Die beiden Polizisten schauten sich verblüfft an. Kraienbühl konsultierte anschliessend recht auffällig seine Uhr. Häfeli schüttelte den Kopf: «Heute wird's *etwas* später, ich rufe gleich Sabrina an. Und du …? Den Schwanenhals mit samt dem Kopf sofort in die Rechtsmedizin überführen lassen. Körperzusammenführung. Und schau bitte mal im Internet nach, ob du etwas über diese Tag-Eulen findest. Danke.»

«Und was tust du zwischenzeitlich?» fragte Kraienbühl.

«Ich denke nach.»

Ihre Einzelteile – war das persönlich zu nehmen? Ein Schreibfehler. Möglicherweise. Und nicht der einzige.

Tathaus. Tatort. Tollhaus.

Und das alles im Rathaus?

Musste die Polizei diesen Brief ernst nehmen, plante jemand ein Attentat auf den Stadtpräsidenten und/oder das Rathaus? Und wer? Diese Tag-Eulen. Wer denn sonst?

Tag-Eulen.

Nacht-Eulen.

Wo war da der Unterschied?

Oder bestand ein Zusammenhang mit dem plötzlichen Ableben des Franz-Josef Waldvogel von der Voliere?

«Hier, ich hab's», Kraienbühl freute sich schon auf den Feierabend, der nun nicht mehr in allzu ferner Distanz liege, wie er meinte. «Die Tag-Eulen sind ein Verein, die eine schnelle Vogelambulanz aufziehen möchten, jederzeit verfügbar, notfalls per Helikopter. Alles digital. Präsident ist ein Jüst Kästli, pensionierter Veterinär und passionierter Igel-Schützer, wie hier zu lesen ist.»

Häfeli winkte ab. «Komm, wir rufen diesen Kästli gleich an, willst du?»

Kraienbühl nickte und setzte sich ans Telefon.

«Stadtpolizei Sankt Gallen, Adjutant Max Kraienbühl mein Name. Entschuldigung, wenn wir stören. Aber wir haben hier ein Problem, einen Schwan ohne Kopf, gefunden im Stadtparkweiher. Und einen Drohbrief. Wissen Sie etwas darüber, oder vermissen Sie einen Schwan?»

«Einen Schwan ohne Kopf? Das haben wir nicht. Nein», sagte der Eulen-Kästli. «Wir vermissen keine Schwäne, die leben frei und wild auf dem Bodensee, zum Beispiel. Allerdings mit Kopf.»

Pause.

«Wieso denn kopflos? Handelt es sich um ein Attentat?»

«Der Kopf wurde dem Schwan abgeschnitten und unserm Stadtpräsidenten zugesandt – etwas unappetitlich, und ungehörig. Zusammen mit einem Drohbrief. Waren Sie das und Ihr Verein, verehrter Herr Kästli? Geschmacklos! Also nicht eigentlich, es stank schon gewaltig nach Verwesung. Haben Sie unter Ihren Mitgliedern gewalttätige Individuen oder so, wie ist ihr Verhältnis zum Volieren-Club?»

«Petanque-Club, meinen Sie wohl, beim Bahnhof St.Fiden. Dort spiele ich mit, und bin Mitglied, seit über 20 Jahren. Wir suchen noch Mitwerfer, Laien willkommen. Kommen Sie doch zu einem Probe-Spiel, jederzeit, herzlich … Nein, mit Kegeln hat das nichts zu tun. Gar nichts!»

«Und meine Frage?»

«Wir sind absolut gewaltlos und friedlich. Wir sind Vogelschützer, keine Menschenschützer. Dieser Brief stammt zweifellos nicht von uns. Zur Voliere haben wir ein entspannt gespanntes Verhältnis – unaufgeregt aufgeregt, immer wieder; und zum Stadtpräsidenten und zur Verwaltung ebenfalls. Das sind ganz Schwierige, kennen Sie die?

Aber um was geht es hier eigentlich? Wer schneidet einem Schwan den Kopf ab? Das ist ja grauenhaft. Ich kann das alles nicht einordnen, was Sie mir da erzählen. War's das?»

«Im Moment schon, andernfalls melden wir uns wieder bei Ihnen. Auf Wiedersehen.» Kraienbühl legte den Hörer auf das

Gerät. Siemens. Immer noch gut. Das Telefon. Nicht der Ventilator, der ausdauernd vor sich hin schepperte und ruckelte. Überfordert von der schwülen Hitze des Hitzesommers. Auch in der Verwaltung hatte sich nicht extrem viel verändert. Sie wuchs, und wuchs, über Gebühren. Obwohl diese ständig stiegen, oder gerade deshalb?

«Alles Chabis. Wieder einmal!» Häfeli schüttelte den Kopf. «Und dieser famose Kästli, was machen wir mit dem? Hätten wir ihn ins Kommissariat bestellen sollen? Andererseits tönte er glaubwürdig. Der weiss vermutlich nichts.»

Kästli.

Kurios.

Köstlich!

Tag-Eulen. Ein seltsamer Name. Komisch? Häfeli mochte Eulen und Käuze. Nacht-Eulen. Witzige Vögel, und geheimnisvoll! Mystisch.

«Wussten Sie, dass auch Eulen Beine haben, wenn man ihnen unter den Rock schaut? Nicht nur auf die Füsse. Beine, fast wie wir», hatte Kästli gesagt und gelacht.

Und der Bekennerbrief? Chabis.

So schlecht war nun der Zustand dieses Vogel-Geheges im Stadtpark auch wieder nicht, wurde dieses doch vor etwa zwanzig Jahren mit fast einer Million Franken vergoldet.

Spinner.

Übereifrige Taubenaufpäppeler[43].

«Polizeischutz für den Stadtpräsidenten?» fragte Kraienbühl.

«Nein, im Moment verzichten wir darauf, ich schätze Wahrscheinlichkeit und Gefährlichkeit tief ein.»

«Des Stadtpräsidenten?»

---

[43] *Dialekt: Taubenpfleger, eher abschätzig.*

«Das auch. Wir könnten allerdings den Polizeivorstand und seinen Sekretär um Rat fragen. Dann wird es heute aber spät, möchtest du das? Ich schlage vor, wir vergessen diesen Eulen-Club, das wird das Beste sein. Aber wer hat dem Stadtpräsidenten den Schwanenkopf ins Büro geschickt?»

Pause.

«Anyway. Lassen wir das mal auf sich beruhen. Komm, wir gehen etwas Kleines essen. Im Restaurant Schweizer-Bund?»

«Ja von mir aus gerne. Aber du weisst schon, dort gibt es neuerdings nur noch China-Food, Kebab und so. Hin und wieder mag ich das sogar», sagte Kraienbühl und schmunzelte. «Aber du?»

«Aha, China, aha. China was? Dort auch noch. Und bald überall. Enten- und Schwanenhälse? Dann lassen wir es für heute. Ist ohnehin noch zu heiss. Der Appetit ist mir gerade vergangen.

Adieu.»

Polizeischutz für alle Schwäne in der Schweiz, dachte Häfeli auf dem Heimweg. Und schmunzelte.

Kraienbühl machte sich auf den Weg durch Sankt Gallens Nacht. Heute Abend war's definitiv zu früh, um nach Hause zu gehen. Ein Bier unter freiem Himmel, oder drei, im «Alt Sankt Gallen», in der Nördlichen Altstadt. Absolut sehenswert, vor allem die Guillotine, gut gesichert. Aber Vorsicht ist trotzdem geboten, unter der Guillotine zu sitzen. Heute hatte Kraienbühl kein Rendezvous eingeplant. Mal schauen. Die Nacht war noch jung, und wunderschön, in Sankt Gallen, in diesem fröhlich feucht frivolen Sommer. Mit den vollen Gläsern.

Prost.

Nachtruhestörung?

Grölen muss ja nicht immer sein. Und nicht bei jeder Gelegenheit. Süsser die Engel nie singen. Oder waren die Glocken gemeint, die klingen, die Kassen die wunderbar klingeln? Auf jeden Fall hatte das etwas mit Weihnachten zu tun.

Die Nacht war lauschig.

Vollmond.

Beinahe.

«Die Nacht überchonnt scho wieder rosaroti Ränder, franslet us ...», tönte es aus dem «Alt Sankt Gallen» auf die Metzgergasse hinaus. Patent Ochsner. Trybguet.

Die Nacht. Zu früh zu Ende.

Ins Bett gehen konnte er später noch. Schlafen.

Und im Büro sowieso.

Sommer. Heiss und feucht.

Jetzt kam aber zuerst das Kinderfest. Dann.

Wenn es der Sonne passte.

Verdorben.

Am nächsten Morgen schaute sich Häfeli im Büro Angelinas Geschichte etwas genauer an, blätterte im «Totenkopfpapier», von hinten nach vorne, begann da und dort zu lesen. Was er las, fand er überaus erstaunlich, kräuselte die letzten Haare auf seinem Kopf.

Die Rache.

«Jetzt ist es bereits zwei Jahre her, seit wir geflohen sind, und alles hinter uns liessen. Handys. Eltern. Freunde. Schule. Wir leben mitten im Wald, abseits jeglicher Zivilisation ...»

So endete der Text. Häfelis Augen zögerten sich auf dem Blatt nach ganz oben; er zwang sich weiterzulesen. Andererseits war er neugierig auf diesen Text:

«Sofie war nun tot und ihre Gedärme lagen vor uns auf dem Boden. Schön ausgebreitet. Armin und ich hielten uns an den Händen und sprangen darauf herum. Sofie war zwar längst nicht mehr am Leben, aber wir waren noch nicht mit ihr fertig. Wir sprangen auf ihren Därmen herum – bis nur noch eine matschige Pampe vor uns lag. Manfred sah uns zu, bis er sich übergeben musste. Es sah wirklich nicht sehr appetitlich aus, der ganze Raum war voller Blut und Eingeweide.

Nun war Manfred an der Reihe. Armin zielte mit der Nagelpistole zwischen seine Beine, und ich nahm die beiden Augen in die Hand: ‚Iss sie!', schrie ich ihn an. Manfred aber schloss seine Augen, da schoss Armin ihm in den Oberschenkel. Manfred öffnete nun widerwillig seinen Mund und ich steckte ihm eines der Augen hinein. Da er nicht zu kauen anfing, schoss Armin ihm einen Nagel in den anderen Oberschenkel. Endlich begann er zu kauen ...»

Sehr gewöhnungsbedürftig, dachte Häfeli, wer erfindet denn solche Geschichten, in der Schule, als Projektarbeit, ist das bereits Alltag? Ist das die Jugend von heute? Dann gute Nacht – oder frohes Gelingen! Er zwang sich weiter zu lesen, von hinten nach vorne, wie das Tagblatt, meist auch wenig erfreulich und mit manchen Fehlern, nun auf Seite 10 von 11, aber gutgeschrieben:

«Ich stach mit dem heissen Löffel in Guidos Augenhöhle, löffelte sein rechtes Auge heraus und legte es auf den Tisch. Darauf erhitzte ich den Löffel ein zweites Mal und machte dasselbe mit dem linken Auge. Guido lebte noch, aber mit schrecklichen Schmerzen und ohne Augen, aber er lebte. Seine Augen lagen vor ihm auf dem Tisch und starrten ins Nichts. Es sah lustig aus. So. Aber wir mussten die Sache doch noch richtig zu Ende bringen. So schoss ich ihm mit der Nagelpistole in die Augenhöhlen, in jede einen Nagel.»

Das kommt, wenn man von hinten zu lesen beginnt. Also: Zuerst wurden Guidos Augen ausgestochen und dann musste dieser Manfred sie essen. Wunderbar, diese Idee. Und wozu das alles, diese grauenhafte Geschichte, fragte er sich, hatte da jemand zu viele Horrorfilme geschaut? Die beinahe lustvoll erzählte brachiale Gewalt in diesem Text konnte er nicht nachvollziehen. Auch nicht als Auftragsarbeit. Was machte die Schule damit? Häfeli spielte mit einem roten Knet-Ball.

Bestand da gar ein Zusammenhang mit dem Erpresserbrief der Tag-Eulen, den überraschenden Anwürfen an die Adresse des Stadtpräsidenten?

Gschpässig!

«Ich warne Sie», hatte der Schulleiter gesagt, «das Mädchen ist in psychologischer Behandlung. Der Schulpsychologe sieht das Problem allerdings nicht bei diesem Text, sondern eventual anderswo. Aber wo? Bei den Eltern, den Freunden, der Gesellschaft? Sie werden sich wundern …» Müggli wirkte ratlos, sein Gesicht gräulich und fahl. Müde und abgespannt.

Der Kommissar wunderte sich. Trotz der vielen unerfreulichen Erfahrungen, die er in seinem Beruf bereits gemacht hatte – sinnlose Gewalt, die ihm, wenn auch nicht täglich, doch immer wieder begegnete, blieb für ihn absolut unverständlich und durch nichts zu entschuldigen. Er hatte vor, sich mit dem Polizeipsychologen darüber zu unterhalten, und der Klassenlehrerin. Häfeli begann die Rache-Geschichte von vorne zu lesen.

Die junge Autorin erzählte von einem Mobbing-Opfer, das sich nach zahllosen Verletzungen, Beleidigungen, Blossstellungen und allein auf weiter Flur zu wehren versuchte und sich an ihrer Klasse rächte. Brutal. Direkt. Konsequent. Und schauderhaft.

Häfeli legte das Paper weg, schloss es in seinem Pult ein. Er würde nochmals mit dem Schulleiter darüber reden müssen, allenfalls auch mit dem Schulpsychologen. War der Text autobiografisch gedacht und geschrieben? War das Mädchen in Gefahr? Vor sich selbst. Oder jemand anders?

Hatte Angelina diesen Text wirklich selbst geschrieben – oder aus dem Internet zusammengeschustert, kopiert, abgeschrieben wie andere ihre Doktorarbeit? Doch das hätten Müggli und die Lehrer eigentlich merken müssen.

Häfeli war plötzlich sehr müde.

Trotz des nahen Kinderfestes, auf das er sich freute.

Lieben lernen.

«Du, ruf mal deine Vetter[44] an», sagte Häfeli zu Kraienbühl, unwirsch und hässig.

«Welchen Vetter? Ich habe mehrere …»

«Chabis, die Géraldine Vetter, im Oberstufenzentrum Ost, wir kommen vorbei, frag sie, wann es ihr passt, aber noch vor dem Kinderfest. Es ist wichtig.»

Pause.

Kraienbühl legte den Hörer auf das Gerät zurück. «Also, *meine* Vetterin ist das nicht, nur damit du es weisst. Aber sie hat eine verführerische Stimme. Wir könnten jetzt gleich vorbeikommen. Es würde ihr grad passen, sie hat eine Freistunde. Los?»

---

[44] *Schweiz: Cousine oder Cousin.*

«Los.» Die beiden machten sich auf den Weg. Im Schulhaus angekommen, in die Jahre gekommener Beton, sanierungsbedürftig, suchten sie nach dem Zimmer von Géraldine Vetter. Schwierig war es nicht, sie stand in der offenen Türe, und lachte.

«Kommen Sie nur herein, ungeniert.» Sie zeigte auf eine kleine Sitzgruppe. Frau Vetter. Mitfünfzigerin, da und dort graue Haare, halblang, ursprünglich haselnussbraun, wirkte recht jugendlich. Wacher Blick. Lachfalten um Mund und Augen.

«Ich arbeite seit gefühlten 30 Jahren hier. Na, ja. Etwa 25 oder so. Unterrichte Englisch, Französisch und Spanisch. Die Arbeit mit den Jugendlichen macht mir immer noch Spass. Man muss sie verstehen, oder lernen zu verstehen, immer wieder. Lieben lernen. Eigentlich sind sie lieb. Die Kinder. Aber wieso sind Sie eigentlich hier, was möchten Sie wissen? Unser Herr Müggli hat da so einige Andeutungen gemacht, und vier Schüler meiner Klasse sind tatsächlich verschwunden. Eigenartig, so kurz vor dem Kinderfest. Oder auch nicht. Fragen Sie nur, bitte.»

«Freuen Sie sich eigentlich aufs Kinderfest, Frau Vetter – oder nicht so recht …»

«Äh …, ja, doch, ich freue mich, eigentlich. Obwohl ich diese Frage etwas seltsam finde. Überraschend. Nun, wir machen das alle ja nicht zum ersten Mal, und irgendwie ist es witzig, die Vorbereitungen, die Ideensuche, Auswahl der Stoffe und Accessoires, Farben, Gags und vor allem die Musik. Hier spüre ich am meisten, dass ich langsam alt werde. Das ist so. Trotzdem: Gelingt es uns, die Jugendlichen zu begeistern, so, dass der Funke überspringt, ihre eigenen Ideen zu integrieren, damit das Ganze zu ihrem eigenen wird? Und wenn wir das schaffen, wird es richtig spannend, und lustig. Wirklich. Ja, und wir sind auf gutem Weg, ich freue mich. Natürlich ist die Sache mit Angelina, Simon, Himba und Barki schwierig, das belastet uns, ein dunkler Schatten. Deshalb sind Sie doch hier, oder nicht?»

«Wissen Sie wirklich nicht, wo die Jugendlichen stecken, oder weshalb sie sich aus dem Staub gemacht haben?» fragte Kraienbühl unverblümt. Und: «Handelt es sich um eine dieser neumodischen Jugend-Gangs, die womöglich gefährlich ist oder noch wird, was meinen Sie?»

«Wird das nun zu einem Verhör, wie im Tatort oder so?» Geraldine Vetter lachte wieder. Ihr Lachen wirkte sympathisch, nicht schrill oder grell oder laut. Einfach nur Lachen. Herzlich.

Mit ihrem Lachen öffnet sie sich Türen und Herzen, bei den Kindern und auch bei Erwachsenen – wenn die das zuliessen, dachte Häfeli, leise begeistert. Du pass auf!

«Nein, ich weiss es nicht. Und Jugend-Gang? Das finde ich etwas gar übertrieben. Aber ja, es soll hier im Schulhaus verschiedene Gangs geben, so zum Beispiel eben die Ost-Gang. Es sind Jugendliche, die ihren Weg suchen, miteinander, ohne Erwachsene. Und genau das verstehen Erwachsene nicht oder nur ungern.

That's it.

Machen Sie sich nicht zu viele Sorgen bei der Polizei? Genau wie die Eltern. Na ja, wenigstens viele. Nicht alle. Manche gar nicht.»

Pause.

«Nun, ich finde es sehr schade, dass die vier am Kinderfest nicht dabei sind, zweifellos. Speziell. Wir haben alle miteinander das Motto entwickelt und ausgestaltet, viel Zeit investiert: Sonne, Mond und Sterne, die Farben, nicht einfach gelb, nein, nein: orange, olive, lindengrün, violett, rot, rosa, hellblau, pink, seegrün, wie ein Regenbogen. Alles ausser weiss, schwarz und braun. Und wir haben entsprechende Sonnenschirme bestellt. Das wird ganz schön farbig. Toll. Wir werden am Kinderfestumzug auffallen, die Farbigsten sein, und die Fröhlichsten! Herausstechen! Das wird ein Fest.»

Pause.

«Ausserdem waren wir mit den Oberstufenschülern im Textilmuseum, liessen uns dort inspirieren und sammelten Ideen für die Stoffauswahl, Stickereien und so. Das Textilmuseum ist faszinierend, und es war gerade eine Sonderausstellung zum Kinderfest, Stickereien über die Zeit hinweg – auch den Jugendlichen hat es sehr gut gefallen, das ist nicht selbstverständlich. Und alle sind traurig, dass die vier nicht dabei sein können. Nur weshalb, das wissen sie nicht. Wir haben im Kollegium entschieden, dass wir sie besser im Dunkeln lassen. Aber das wissen Sie ja bereits.»

Die beiden Polizisten nickten.

«Nun hätten wir da doch noch eine Frage, zu diesem Text, dieser Abschlussarbeit», begann Häfeli: «Rache! Wie ist das zu interpretieren, wie sehen *Sie* das Ganze, ist Angelina in Gefahr? Wir machen uns zumindest etwas Sorgen. Der Inhalt ist doch recht aussergewöhnlich, aussergewöhnlich detailliert – und brutal. Sehr gewöhnungsbedürftig. Ist das heute üblich, benötigt das Mädchen Hilfe?»

«Üblich ist das sicher nicht, die Themen der Abschlussarbeiten sind aber sehr weit gefächert und reichen vom Designerkleid über selbst gewobene Vorhänge und ein Hochzeitskleid, ja, das gibt es, bis zu einem Doppelbett aus Paletten und dem Futterdispenser für die Katze bei Abwesenheit der Besitzer. Nicht zu vergessen das Restaurieren eines alten Töfflis mit Ersatzteilen vom Schrottplatz. Die Jugendlichen sind dieses Jahr bemerkenswert kreativ. Zurück zu Angelina, sie ist eine begabte Schreiberin, der Text ist gut. Nun gut, wie Sie sagen, etwas brutal. Tatsächlich.» Géraldine Vetter schwieg einen Moment lang, überlegte.

«Meiner Ansicht nach hat diese Geschichte nichts mit Angelina direkt oder ihrem Umfeld zu tun, sie wollte nur die Rache eines jahrelang gequälten Mobbingopfers darstellen, plastisch aufzeigen, und das ist ihr gelungen. Sie meinen Schulpsychologe und so? Ist in diesem Fall wohl überflüssig, die haben ja auch sonst genug zu tun. Wir haben ihr die Regeln nochmals erklärt und den Text zur Überarbeitung zurückgegeben.»

Pause.

«Angelina ist gut. Angelina ist gutartig. Angelina ist manchmal traurig. Und wir wissen nicht weshalb. Wissen Sie's immer?

Meiner Meinung nach macht sie sich einen Spass mit uns, will bloss provozieren. Grenzen ausloten.

Nein, ich mache mir keine Sorgen, ich kenne das Mädchen nun schon seit fast drei Jahren. Und gewalttätig sind die alle vier nicht. Meine ich … So viel nochmals zur Ost-Gang. Das ist doch Quatsch mit Sauce.»

Sabotage?

«Apropos, wozu brauchen Sie dieses Nest auf ihrem Pult, und das rote Stühlchen», fragte Kraienbühl. «Es geht mich ja nichts an …, würde uns aber doch interessieren. Ostern ist doch längst vorbei.»

«Das kann ich Ihnen gerne erzählen», antwortete die Lehrerin. «Das ist das Bettchen von Aldo, wenn er bei mir in der Schule ist, mein Kater. Wenn ich mit ihm zum Tierarzt muss oder so, ins Weekend, zu meinem Freund. Und das lustige Stühlchen? Aldo liebt rot über alles. Damit machen wir Kunststücke für die Kinder. Aldo mag Kinder, und er findet es im Schulzimmer verlockender als bei mir in der guten Stube. Alleine.»

Häfeli verzichtete darauf, einzuwenden, Katzen könnten die Farbe Rot gar nicht wahrnehmen, wie er kürzlich gelesen hatte, er wollte das Procedere auch nicht unnötig verlängern und fragte daher: «Glauben Sie, das Kinderfest findet nächste Woche statt? Der Wetterbericht ist gut …»

«Bestimmt! Wir sind darauf vorbereitet. Total.

War's das? Wenn Sie weitere Fragen haben, melden Sie sich ungeniert. Und sonst sehen wir uns sicher oben auf dem Kinderfestplatz. Ich freue mich.» Géraldine Vetter lächelte wieder. Bezaubernd.

Bezaubert nickten die beiden Polizisten einander zu – und verabschiedeten sich.

«Gerne. Ach ja, hier, für den Notfall: Meine Karte, rufen Sie ungeniert an, jederzeit.»

Pause.

«Plastisch aufzeigen», brummte Häfeli im Auto auf der Rückfahrt. Macht sich unsere Frau Vetter das nicht alles zu einfach?» Kraienbühl schwieg und dachte: Wenn Kinderfest ist, könnte ich frei machen. Ungeniert.

Am Vorabend des Kinderfests schellte bei Häfelis das Telefon, 22 Uhr war schon längst vorbei. Sabrina nahm bereits leicht entnervt ab: «Aha, ja, ja. – Das ist natürlich schlecht. – Eine Katastrophe. – Schwarz ist doch schön. – Doch, doch, mein Mann ist auch hier, im Bett, hier Bert: Eine Frau Vetter, kennst du die? Seit wann hast du weibliche Vettern? Vetternwirtschaft.»

Pause.

«Was erzählen Sie da, *schwarze* Sonnenschirme wurden geliefert, statt farbige, wie für den Umzug und die Vorführung auf der Bühne geplant und bestellt, und die paar farbigen übersprayt. Sabotage in jeder Hinsicht? – Tönt amüsant. Ich verstehe. – Aber das ist natürlich suboptimal, sagen wir es mal so. – Was, Müggli, der Schulleiter, ist am Rande eines Nervenzusammenbruchs. Na ja, dazu braucht es wohl nicht so viel.»

Pause.

«Beruhigen Sie sich, liebe Frau Vetter, beruhigen Sie sich. Ich finde das gar nicht so schlimm. – Sehen Sie's als geplanten Gag, am Schulamt vorbeigeschmuggelt. Oder spielen Sie ein bisschen Theater. – Aber richtig originell. – Schläge, von wem? – Jo nu denn halt! Dann ziehen Sie den Kopf ein. – Nochmals: Stellen Sie sich auf den Standpunkt: Gunst der Stunde. Nun wurden in Gottes Namen die falschen Schirme geliefert, das kann's geben und ist nicht schlimm. – Beruhigen Sie sich!»

Pause.

«Aber Frau Vetter, doch noch rasch diese eine Frage, wer hat denn nun eigentlich diese Schirme bestellt? – Aha. Sie wissen es nicht. – Gute Nacht. Wir müssen morgen alle früh aufstehen. Schlafen Sie gut. Trotzdem.»

«Was war denn das nun wieder»? fragte Sabrina. «Liebe Frau Vetter … Und schlafen Sie gut!»

Bertold erklärte ihr das Notwendigste. Etwas ungeduldig zwar, aber immerhin. Das Notwendigste. Und dann: «Gute Nacht.» Zum Zweiten!

Schüsse ins Nichts.

Bereits um 5 Uhr morgens klingelte das Telefon erneut, diesmal nahm Häfeli selbst ab, ihm schwante Übles: «Chraie, guten Morgen, was gibt's so Wichtiges? – Was? Er musste lachen. Schallend. – Über Nacht? Der Festplatz ist doch bewacht. – Das wird sicher spannend, und gibt eine gute Stimmung. – Passt aber wenigstens alles zusammen. – Also, bis bald. Ich freue mich schon! Tschüss.»

6 Uhr morgens. Planmässig donnerten die drei Böllerschüsse auf Falkenburg und Menzlen los: Das Kinderfest findet heute statt! Endlich. Das Wetter ist gut, nicht zu kalt und nicht zu warm, die Wiese nicht zu feucht und nicht zu trocken, die Bratwürste nicht zu dunkel und nicht zu hell. Kein Grund in Sicht, das Fest erneut zu verschieben.

Präzis punkt 9 Uhr setzte sich der Umzug beim Spisertor in Bewegung, auf dem Weg durch die Altstadt und hinauf auf den Rosenberg, zu den drei Bühnen und den vielen ebenfalls rot-weiss-schwarzen Sonnen-Dächlis[45] und den Festwirtschaften.

Spisertor? Die meisten Stadttore[46] wurden in Sankt Gallen bereits im frühen 19. Jahrhundert abgebrochen, um Platz zu schaffen, Licht in die alte Stadt hinein zu lassen: Weg mit dem alten, unpraktischen Zügs[47]. Schade. Nur das Karlstor blieb erhalten – und die alten Namen. Immerhin. Mit den Toren und der Stadtmauer

---

[45] *Stoffbahnen in den Stadtfarben überdecken als Sonnenschutz die Bänkli der Schülerinnen und Schüler; diese sind Treffpunkt und Verpflegungsort.*

[46] *Die mittelalterliche Stadtbefestigung mit insgesamt sechs Stadttoren (ohne das heute noch existierende Karlstor) schützte Sankt Gallen. Als erstes ist das Spisertor um 1319 erwähnt. Leider wurden die Tore und die Stadtmauer zwischen 1836 und 1879 abgebrochen.*

[47] *Dialekt: Zeug.*

wäre die Stadt ein Bijou, heute sind wir mit dem zufrieden, was übriggeblieben ist und in den 1960er-Jahren nicht doch noch der Spitzhacke zum Opfer fiel. Im Sinne des Fortschritts.

Die Prozession durch die Altstadt und hinauf auf den Rosenberg zum Kinderfestplatz, auch Höggersberg genannt, ist immer noch ein High-light; farbig und fröhlich, mit vielen Musik-Corps und schmissiger Musik, edlen Kleidern und Hüten, Lehrerinnen und Lehrern, die meisten schön herausgeputzt und mit Blumen geschmückt; andere liessen sich dispensieren. Miesmacher? Kinder und Eltern, alte Kameraden, Schulfreundinnen vergangener Jahrzehnte. Fahnen und Musik. Originelle Sujets.

Sehenswert, absolut, dieser Meinung waren auch Häfeli und seine Frau. Manchmal erhielten sie Tickets auf der Ehrentribüne beim Waaghaus, andernfalls sassen die beiden wie dieses Jahr beim Neugassdurchbruch, via-à-vis von Bella Donna. So konnte er für einmal ungeniert und ungestraft den Unterwäschevorführungen hübscher Frauen auf Grossbildschirm im Schaufenster zuschauen, trotz Kinderfest und Umzug. Alles im selben Blickwinkel. Ein guter Sitzplatz. Obwohl, die Frauen schienen ihm etwas gar dürr, ausgehungert. Magersüchtig.

Häfeli bekam Lust auf eine Bratwurst.

Zuerst kam die Knabenmusik, mit Pauken und Trompeten, Häfelis winkten ihren kleinen Grossen zu, mit Saxophon und Zugposaune bewaffnet. Roberto und Patrizia. Anschliessend schwadronierte der Schulvorstand mit seiner Entourage vorbei, gefolgt von den Kindern der städtischen Schulen. Die Oberstufenschüler und -schülerinnen Ost mit ihren weissen oder schwarzen Kleidern, den schwarzen Sonnenschirmen, oder waren's Regenschirme? Weshalb um Himmels Willen alles schwarz? Ein idealer Kontrast, allerdings, wie geplant, schien es. Hinzu kamen die dunklen Hüte, auch für die Mädchen. Und die Sonnenbrillen. Ein besonders gut gelungener Gag, wie es schien.

Aber wieso diese grossen schwarzen Hüte? Spitze Hüte. Winzige Hüte. Witzige Hüte. Dächlikappen. Bérets. Einige alte Zylinder und Melonen. Hüte wie an einer Beerdigung oder am OLMA-

Umzug in den 1950er-Jahren. Wieso das? Eigentlich freuten sich alle bis auf Schulleiter Heribert Müggli; die Zuschauer klatschten begeistert. Vom Schulamt und dem Schulvorstand gab es noch keine Reaktionen. Offiziell.

«Endlich mal was Neues», hörte der Kommissar hinter sich ein älteres Ehepaar sagen. «Es muss nicht immer alles farbig sein! Und weiss ist doch langweilig. Schwarz/weiss hingegen passt hervorragend zu Sankt Gallen. Fantastisch! Fantasievoll!» Wie war doch das Motto für den Umzug? «Alles schön schwarz», «Schwarzmalen in der Schule», «Schwarzfahren macht froh»? Oder so was Ähnliches. Die alten Leutchen hatten es vergessen. Und waren zufrieden.

Fast etwas zu enthusiastisch winkte der Kommissar Géraldine Vetter und ihren Schülerinnen und Schülern zu, und da und dort auch noch, ebenfalls, zum Missfallen von Sabrina. Das würde sich wieder legen. Wie gewohnt. Oder Ärger geben. Später dann.

Häfeli war zufrieden. Ein schöner Tag, in jeder Hinsicht.

Prickelnd.

Irgendwie.

Waren dieses Jahr nicht wesentlich mehr Kopftücher unterwegs als früher – vielleicht auch das wieder so ein Gag des Schulamtes. Die gut durchmischten Schulen. Na, ja. Wieso eigentlich nicht? Trendy. Dem Zeitgeist entsprechend.

Schlaumeiereien?

Und auf dem Kinderfestplatz oben? Alles in Ordnung, das Fest verlief planmässig, auch die Shows und Darbietungen der Kinder und Jugendlichen. Stolze Eltern. Volle Festwirtschaften. Prächtiges Kinderfestwetter. Alles wunderbar. Wenn da nicht die Dächlis der Oberstufe Ost gewesen wären. Rabenschwarze Stoffbahnen, von rot und weiss war nichts mehr zu sehen. Schwarz wie die Nacht. Alle und alles. Passend zu den Schirmen und Hüten der Jugendlichen.

Der Schulleiter sprach von Skandal, und Beerdigungsumzug, Schlaumeiereien. Schäumte vor Wut. Und Angst: «Sabotage, eine Sauerei, ein Lausmädchenstreich gegen die gute Ordnung», stöhnte Heribert Müggli aufgewühlt. «Wer war das bloss, über Nacht? Ein Sprayer-Handstreich. Ein Zapfenstreich mitten in der Nacht. Meine Autorität wird da hemmungslos untergraben. So geht das nicht!» Vorsorglich, gleichsam präventiv, wich er der Entourage des Schulamtes aus.

Ob er die Polizei einschalten sollte? Das beschäftigte ihn den ganzen Tag ungemein und vermieste ihm die Festlaune. Offenbar hatte jemand – wer wohl? – mutwillig die Bestellung der Hüte und Sonnenschirme von farbig gemixt auf schwarz geändert. Die Lust auf Bratwürste, auf die er als Auswärtiger ohnehin nicht sooo erpicht war wie die einheimischen Wurstkenner, war ihm nun definitiv vergangen.

Schwarze Schirme. Schwarze Hüte. Schwarze Dächlis.

Unerhört.

Alles schwarz!

An sich mochte Müggli schwarz, insbesondere bei der Unterwäsche seiner Frau. Und bei Strümpfen im Sekretariat. Da gab es allerhand und allerlei. Echte Hingucker, manchmal. Und unauffällig sowieso, in seiner Position. Aber das hier? Er würde sich eine saftige Strafe ausdenken müssen. Müggli hatte bereits mehrere Verdächtige auf seinem geistigen Monitor.

Diesmal würde er richtig zugreifen, äh …, durchgreifen.

Die meisten Eltern und Passanten störten sich nicht im Geringsten am Schwarz-Weiss-Modus, waren längst daran gewohnt. Und das alles am Kinderfest? Öfter mal was Neues. Wieso eigentlich nicht. Na, ja, vielleicht etwas gar tötelig[48], aber speziell; lustig und originell. Wer hatte die Idee dazu gehabt? Die Lehrerinnen? Oder der Schulleiter persönlich. Manche klopften Müggli auf die Schulter: «Gut gemacht. Bravo. Weiter so. Nur

---

[48] *Dialekt: düster.*

den Mut nicht verlieren!» Plötzlich war Müggli doch noch ein bisschen stolz. Auf was? «Nun ja, man sollte nicht immer überreagieren», sagte er sich. Und: «Das muss ich mir aufschreiben!»

Das Kinderfest war wieder ein voller Erfolg gewesen, so schien es: tolle Stimmung, viele fröhliche Kinder und Eltern, farbige Präsentationen auf den Bühnen, fetzige Musik. Keine besonderen Vorkommnisse, weder Gewitter noch Donnergrollen, keine Übergriffe, keine verlorenen Kinder, das die offizielle Verlautbarung. Über 50'000 Besucherinnen und Besucher verlustierten sich auf den Wiesen mit ihren Bühnen, Festwirtschaften und Spielplätzen, viele bis weit in die Nacht hinein. Eine laue Nacht. Zum Verweilen. Sternenklar. Traumhaft. Ohne Wolken und Regen. Eine Nacht für Verliebte. Schon wieder. Und die Nichtverliebten, was sollten die tun?

Und wenn das nicht mehr aufhört, diese Sauhitze?

Die verschwundenen Jugendlichen tauchten auch nach dem Kinderfest, wie allgemein erwartet worden war, nicht wieder auf. Angelina, Simon, Himba und Barki. Schulleiter Heribert Müggli war nun sehr besorgt. Und berief im Lehrerzimmer rasch eine Sonderkommission ein, zwecks Ab- und Aufklärung der «ungeheuerlichen Vorkommnisse und Übergriffe auf Dächlis und Sonnenschirme auf dem Kinderfestplatz».

«Was die vier Schulflüchtlinge betrifft, überlassen wir das doch lieber der Polizei», sagte Müggli. «Übrigens: Äh … Es sind nun nicht mehr nur vier Kinder, die fehlen. Seit gestern Nacht ist auch noch Fréderique Kleeli abgängig, samt seiner Trompete, mit der er am Kinderfest noch musiziert hatte. Er ist nicht nach Hause gekommen, wie mich sein Vater informierte. Seltsam. Und natürlich sehr traurig», sagte der Schulleiter. Er habe die Polizei bereits informiert, sie hätten Stillschweigen vereinbart. Ein Zusammenhang mit dem Verschwinden von Angelina, Simon, Himba und Barki sei nicht ersichtlich.

Fréderique lebe sehr zurückgezogen, für seine Trompete, oft geistig abwesend, gedankenverloren, körperlich übergewichtig und gstabig[49]. Gründe? Natürlich gebe es die. Nur kenne er sie nicht genau, aber irgendwie erklärbar sei das Ganze doch, angesichts …, na ja.

In einer Woche ist OpenAir[50], das Sankt Galler OpenAir im Sittertobel, im Westen der Stadt, in einem Naturschutzgebiet, oder nicht? Das Highlight für Junge und solche, die meinten, sie seien immer noch jung, mit 55, und für jene, die wieder einmal dabei sein wollten, sich chic fühlen, an der Cüpli-Bar, in der Vip-Lounge, bei Schnipo und Pommes. Nein, sich im fast alljährlichen Schlamm wälzen war nicht ihr Ding. Obwohl trendy. Eigentlich. Die Schlammschlacht wurde zum Hype, Treffpunkt, Betthupferl-Anbahnungsort. Fast jedes Jahr. Dabei spielte die Musik nicht die Hauptrolle. Enttäuschte Gesichter, wenn sie ausfiel. Die Schlammschlacht.

Ja das Sankt Galler OpenAir, eine etwas andere Form von Kinderfest, etwas für die Jungen halt, ein Magnet, angeblich das beste Open Air in der ganzen Schweiz, in der ganzen Welt, na ja, jedenfalls eines der älteren. Von Jahr zu Jahr noch etwas kommerzieller, getreu den allgemeinen gesellschaftlichen Befindlichkeiten und Intentionen, den täglich ändernden volatilen Trends. Noch etwas clubiger oder kluppiger[51]? Noch etwas lauter, parallel zur Musik auf den offiziellen Bühnen. Neu war nur, dass Aldi der Hauptsponsor war, nicht mehr die MIGROS. Ob sich da sonst noch was ändern würde?

Die Schulleitung wollte eine Schlammschlacht vermeiden und beschloss in Absprache mit den Eltern, das Ende dieses Events noch abzuwarten, und falls die Schüler auch danach nicht zum Vorschein kämen, eine Grossfahndung auszulösen. «Mit der gesamten Kavallerie!» Schulleiter Heribert Müggli war stolz auf

---

[49] *Dialekt: schwerfällig.*

[50] *Das erste OpenAir Sankt Gallen fand 1977 auf dem Aetschberg bei Abtwil statt. Ab 1981 im Sittertobel, einer einzigartigen Naturlandschaft und Schutzgebiet. Dichtes Nebeneinander von Kommerz und Naturschutz gibt zu reden.*

[51] *Dialekt: geizig, hier übergriffig im Sinne von überteuert.*

diese Formulierung und bat die Polizei, «im Moment nichts zu überstürzen, die Augen aber offen zu halten».

Und zu schweigen.

Von schwarzer Farbe, schwarzen Hüten, Dächlis und Sonnenschirmen sprach inzwischen niemand mehr. Nur Aldo, Géraldine Vetters Kater blieb schwarz. Wie gewohnt.

Und unverdrossen.

Achtung Diebe.

Am Sonntagmorgen um halb sieben schellte das Telefon bei Häfelis, unanständig früh, für einen Sonntag. Ein Notfall? Niemand konnte sich entschliessen, das Telefon abzustellen oder das Gespräch entgegenzunehmen. Sabrina murrte: «Los Bertold, beweg dich». Robert öffnete verschlafen seine Zimmertüre: «Könnte da jemand ..., bitte!» Patrizia schlief offenbar tief und fest weiter oder liess sich vorsichtshalber nicht blicken. Das Telefon schellte unverdrossen weiter. Endlich bequemte sich Häfeli, erbarmte sich: «Hallo?»

Am anderen Ende hörte er seinen Nachbarn, Oberst im Generalstab und Bankdirektor Gottfried P. Hugelshofer. Die Generalnervensäge.

«Bist du's, Häfeli?» Er wartete keine Antwort ab, ein Redeschwall ungeahnten Ausmasses überschwemmte den schlaftrunkenen Kommissar.

«Ich möchte eine Anzeige machen, unverzüglich, jetzt. Bist du zu Hause? Ich komme rasch vorbei ... Das ist der Hammer, du glaubst das gar nicht, was uns letzte Nacht passierte. Es muss bei Tagesanbruch geschehen sein. Alles ist weg, alles, dabei wollten wir heute einen Kuchen backen. Trudeli kann sich kaum mehr erholen, heute kommen ihre Eltern zu Besuch, das ist an sich schon ein Problem, und ohne Lieblingskuchen für die Schwieger-Mama kaum zu überleben. Die Schwiegis[52] sind manchmal so schwierig, so anstrengend. Kennst du das auch?

---

[52] *Dialekt: Schwiegereltern.*

Spuren im Garten weisen auf euer Grundstück – es müssen mehrere Täter gewesen sein. Oder warst du das?» Hugelshofers Ärger steigerte sich von Satz zu Satz, seine Stimme begann sich zu überschlagen. Im Hintergrund hörte er Trudi, die ihrem Göttergatten ins Wort fiel, wirres Zeug schwatzte: «Sag's ihm, das muss ein Ende nehmen, unerhört, so ein Pack, Gesindel, Diebe. Das ist ja schlimmer als auf der Bank.»

«Moment mal», sagte Häfeli und unterbrach die Tirade seines Nachbarn abrupt. «Langsam, langsam, um was geht es eigentlich, Diebe in der Bank oder was?» Diebe gibt es auch unter den Bankern, immer wieder. Und immer häufiger.

«Die Brombeeren», japste Hugelshofer, «du glaubst es nicht, die Brombeeren sind alle fort. Gestohlen. Gestern hingen sie noch reif an den Stauden, heute alles weg, die reifen, saftigen, süssen. Gestohlen. Alle. Mehrere Kilos, wir sind sicher. Unglaublich. Warst *du* das? Habt ihr etwas gehört? Was machen wir jetzt mit dem Brombeerkuchen? Ich komme jetzt gleich zu dir hinüber und erstatte Anzeige, und du machst ein Protokoll. Das ist das allerletzte, und ist mir bisher noch nie passiert, ausgerechnet mir. Ich bin Bankdirektor, und Oberst, der Oberste. Nicht einmal die Brombeeren im eigenen Garten sind noch sicher.»

Auf der anderen Seite herrschte Ruhe. «Du, Häfeli, bist du noch da, hallo …?»

«Natürlich bin ich noch da! Aber sag mal, bist du wahnsinnig geworden, mich – was heisst mich, die ganze Familie – wegen ein paar Brombeeren zu wecken, spinnsch eigentlich? Nein, wir haben letzte Nacht nichts gehört oder gesehen, von Brombeerdieben keine Spur. Glaube mir, wir haben deine Beeren nicht. Schaff dir einen Hund an, oder besser noch Gänse. Nimm halt gefrorene Beeren für deinen verdammten Kuchen – und lass uns jetzt weiterschlafen. Heute ist *Sonntag!*» Häfeli kamen die Gänse von Tom Wichtelmann in den Sinn; die Chef-Gans erhielt gelegentlich sogar freien Ausgang – ausgerüstet bzw. angekleidet mit einer gelben Warnweste, damit sie gut sichtbar sei, meinte der

Chef der Kriminaltechnik. Auch Zeus und Poseidon, seine beiden Katzen, genossen den Ausgang, täglich und ausgedehnt, futterten zünftig, zusätzlich noch beim Nachbarn. Allerdings ohne Warnwesten.

Zurück zu diesen Sch…brombeeren: «Aber Gottfried», hörte Häfeli auf der anderen Seite das Trudeli jammern, «was soll ich nur tun … Gottfried, tue endlich was!»

«Was ist jetzt mit meiner Anzeige», meldete sich der schwer geprüfte Gottfried wieder zu Wort, «und die gefrorenen Beeren eignen sich …» Häfeli legte auf und sich selbst wieder ins Bett.

«Unglaublich!»

Zwei Minuten später meldete sich das Telefon wieder, «Stiiiille Nacht», ein grauenhafter Klingelton, Robert, sein Sohn, sollte das schon längst ändern. Häfeli zog die Batterien aus dem Gerät und schnitt so Hugelshofer den Schneid ab. Brachial.

Endlich! Ein lauschiger Sonntagmorgen. Und so ruhig.

Schlafen.

Hinter der ganzen Aktion steckte also wieder einmal Trudi, eigentlich Gertrude, die ihren Gatten befeuerte. Natürlich! Trudi, die Frau des Bankdirektors, Oberst und neuerdings auch noch Hobbygärtner. Häfeli fand sie ausgesprochen bescheiden, im Geiste, besser noch: ziemlich doof, nein keine Barbie-Puppe, wie sich hätte erwarten lassen. Nicht einmal blond, war wohl niemals blond gewesen. Eine unscheinbare graue Maus, haselnussbraun, inzwischen buchstäblich grau geworden, aber auch Elefanten sind schön, so war das nicht gemeint. Eigentlich hübsch, wenn man das so sehen wollte. Hugelshofer war ebenfalls kein eigentlicher Beau, aber Geld, Geld war da. Wie Heu, das in diesem heissen Sommer andernorts knapp geworden war. Und teuer, für die Bauern. Heu statt taufrisches Gras für die Kühe.

Natürlich ist Schönheit Geschmacksache, das ist so, auch bei den Kühen. Und käuflich. Mit sauberem Geld. Zum Beispiel bei Dr. Frohgemuth Fasswald, dem grandiosen und weltbekannten Schönheitschirurgen. Schönheit strahlt manchmal vom Portemonnaie aus, farbig im 100er-Pack. Oder kommt sie von innen heraus? Hier kam jedoch meist entweder nichts oder dann weitgehend dummes Geschwafel, oberflächlich. Belanglos, im besten Fall. Eine Schwatzblase. Schwatzbase. Eine Klatschtante – in voller Fahrt kaum zu bremsen. Schrecklich. Oder täuschte er sich wieder einmal?

«Hab' ich nicht Recht, mein liebes Zuckerstengelchen? Ha, ha..» Auch in dieser Hinsicht verstand Häfeli den Oberstengöttergattenbankdirektornachbarn nicht. Das war aber gar nicht notwendig. Grundsätzlich half hier nur eines: Ohrenstöpsel. Schwerhörigkeit oder Wegziehen. Endgültig! Oder eine konsequente Redezeitbeschränkung? Schwierig durchsetzbar, aber eine interessante Idee, für alle Fälle.

Hugelshofer war es offensichtlich einigermassen wohl mit seinem Trudeli, wie er sie meist zärtlich nannte, und wie es schien, wenn sie nicht zu fest trudelte und ihm an den Nerven riss. Im Notfall unterbrach er sie in ihrem Redeschwall, meist mit der Bemerkung: «Aber Trudi, bei uns in der Bank, da ist es …» Und dann kam sein Part, und der war dann ebenfalls nicht ohne. Und auch nicht kurz.

Item.

Don Juan.

Manche mögen's heiss, manche kalt, und manche doof. Doof?

Närrische Zeiten, auch ohne Fasnacht. Die kommt erst wieder. Dann. Im Februar. Jetzt war Hochsommer.

Häfeli liebte die Fasnacht, freute sich jetzt schon wieder darauf, auf den nächsten Vorfrühling. Sich zu verkleiden, in Wort und Schrift, äh, Bild. In andere Rollen zu schlüpfen. Irgendwann würde er in der Theatergruppe Tablat den Kommissar spielen. Quatsch. Den Lustmörder, oder lieber Don Juan, oder doch die Hexe Xintrella? Das würde Ärger geben, zweifellos, mit Sabrina. Also: Nie! Dann bliebe da noch der Priester, ein gütiger alter Mann, mit langen grauen Haaren, der alles wusste. Auch das würde passen. Oder der Weihnachtsmann? Der schwule Kaiser? Lieber nicht. Oder warte mal, wenn ich es mir richtig überlege, wieso eigentlich nicht? Ich könnte immer noch mit den Kolleginnen flirten. Problemlos. Mehr denn je. Und unauffällig für alle Beteiligten. Absolut unverdächtig.

Oder etwas ganz anderes? Irgendwann wollte er einmal in eine Frauenrolle schlüpfen! Die Männer antanzen lassen und an der Nase herumführen. Sich die Lippen so richtig schminken, rot, karminrot, deftig, verrucht.

Eine Hure spielen?

Na ja. Warum nicht?

Knallroter Body.

Knallrotes Strumpfband.

Knallroter Schmollmund.

Schwarze Fingernägel.

Aber gab es im Leben nicht schon genug Hurerei – in allen Facetten? Auch ohne Theater.

Schwarzes Theater.

Wir werden sehen. An der nächsten Fasnacht, mit der Theatergruppe Tablat.

Der Kommissar tanzte nicht gerne, und das in keiner seiner Rollen, auch nicht als Häfeli, im Gegensatz zu seiner Frau. Sabrina. Tja diese Gegensätze …, manchmal ganz schön schwierig! Eigentlich ärgerlich. Nervig! Und dieser Tanzkurs in Amsterdam? Häfeli schwante Übles. Dancing. Performencies – hot and spicy, nannte sich das. Absolut seriös, stand im Kleingedruckten.

Spicy?

Chabis.

Hugelshofer hatte Häfeli mit seinen vermaledeiten Brombeeren den Sonntagmorgen zünftig verdorben! So geht das nicht. Nein. Nicht mit mir. Und morgen ist wieder Montag.

Die Spuren der Brombeerdiebe, es mussten mehrere gewesen sein, verloren sich tatsächlich auf seinem Grundstück. Der Kommissar hatte es sich nicht nehmen lassen, die Fussabdrücke nach dem ausgiebigen Brunch etwas genauer zu mustern, vermutlich stammten sie von Turnschuhen, kleineren und grösseren. Für ihn war schnell klar, da waren nicht nur Erwachsene am Werk – eine Familie mit Kindern?

Häfeli hörte noch etwas Musik, von Pirates of the Caribbean über General Guisans Marsch oder Marignano, Sympathy for the Devil, wer kennt ihn nicht, den Teufel, von den Rolling Stones, Schuberts Symphonie Nr. 8, Züri Wests Güggel und der Kummerbuben Dicke Meitschis, mit Absinth versüsst. Oder de Honigmelonemond. Patent Ochsner. Sinas Roeibchatz oder Wartu uf ds Glick.

Raubkatze wartet auf's Glück? Oder den Honigmond. Aber was hat der Teufel oder ein General dabei verloren? Weiss der Teufel!

Passt. Irgendwie.

Musikalisch.

Wunderbar!

Aber auf das Glück warten?

Das hatte er längst aufgegeben. Das Glück wartete nicht auf ihn. Aber er auch nicht auf das Glück. Das Glück kommt von selbst, wenn man das so sehen wollte. Umso besser. Oder dann halt mal nicht. Auch das Glück lässt sich nicht zu seinem Glück zwingen.

Nach der Toccate und Fuge in D Minörli oder so von Johann Sebastian Bach kehrte er nochmals zu Schuberts Sinfonie zurück.

Die Unvollendete.

Genial.

Verspielt.

Unvollendeter als üblich kam Häfeli am nächsten Morgen ins Büro, verspätet und verschlafen. Und etwas weniger genial, als üblich, wie er meinte zu realisieren. Für einmal. Am Montag nach dem OpenAir. Und bald wurde er schon in seiner Ruhe gestört. Angelina, Simon, Himba und Barki seien unversehrt zu ihren Eltern zurückgekehrt, «zur Freude aller», wie Schulleiter Müggli dem Kommissar am Telefon erzählte. Die Schule verzichte auf weitere Nachforschungen, um die Ausreisser nicht allzu stark zu verwirren, oder gar zu stressen; hingegen müssten sie – zu Hause – einen dreiseitigen Aufsatz über ihr Verschwinden schreiben. Und einen Vortrag halten, mit Powerpoint oder so. Punkt.

«Wissen Sie, wo sich die Jugendlichen in den vergangenen Nächten herumgetrieben und vor allem, wo sie übernachtet haben?»

«Ja, äh …, nicht genau, Angelina war noch am konkretesten und sprach von einer Hütte im Galgentobel, an der Eisenbahnlinie nach Rorschach. Details kenne ich nicht – und ich kenne mich hier auch nicht im Detail aus. Vielleicht sollten wir mal mit allen Jugendlichen den Rorschach-Test machen, aber ob das etwas nützt?» Müggli stöhnte.

«Persönlichkeitspsychologisch, das ist höchst interessant! Wirklich. Kennen Sie diesen Test? Ich könnte ihn mit Ihnen gleich durchführen. Haben Sie Lust?»

«Chabis!»

«Sie haben Recht, der Rorschach-Test ist heute wissenschaftlich umstritten, vielleicht ist er veraltet, mir ist das aber eigentlich egal, obwohl er manchmal als Tintenkleckstest diffamiert wird.»

«Ihr seid doch alle Tintenkleckser in diesem Oberstufenhaus.»

«Ich möchte das überhört haben, was Sie da gesagt haben. Passen Sie auf, verehrter Herr Häfeli.»

Offenbar seien Angelina und ihre Freunde auch noch am OpenAir gewesen. «Da waren sie ebenfalls unbeaufsichtigt. Aber wie gesagt, wir verzichten im Moment auf eine Befragung der Kinder. Sie sind zu sensibel, Vorsicht ist da angebracht!» Die Schulleitung habe überdies mehrere heisse Spuren hinsichtlich der Sabotage am Kinderfest, warte aber vorläufig mit einer Anzeige wegen Sachbeschädigung und Erregung öffentlichen Ärgernisses noch zu. Vorläufig. Wohlverstanden.

«Haben Sie mich verstanden, Herr Kommissar?»

Der kommt sich ungeheuer wichtig vor, dachte Häfeli und legte den Hörer zurück. Früher war da noch eine Gabel gewesen. Gabeln taugten heute nur noch zum Essen. Fréderique Kleeli blieb verschwunden – und der Schule fern. Ob er sich Sorgen machen sollte? Der Kommissar war sich nicht sicher.

Fliegenschwarm.

Als Häfeli die Bürotür öffnete, sah er sie: Vier Jugendliche sassen auf der Besucherbank vis-à-vis: Angelina, Simon, Himba und Barki, wie sich schnell herausstellte, keine Verwechslung! Angelina, offenbar die Rädelsführerin, stellte sie vor. Und: «Sie sind doch der Kommissar, der bei uns in der Schule war, Herr Häseli», begann sie aufgeregt. «Dürfen wir reinkommen? Es ist ganz wichtig, daher mussten wir die Schule ausfallen lassen. Ausnahmsweise. Bitte informieren Sie doch den Schulleiter, Herrn Müggli.» Häfeli blickte zu Kraienbühl hinüber, der nickte.

«Woher kommt ihr jetzt», fragte der Kommissar etwas zu barsch. «Ihr wisst schon, dass sich eure Eltern Sorgen machen, und die Schule, eure Kollegen!»

«Das glaube ich nicht! Unsere Eltern machen sich nie Sorgen um uns – wir sind ihnen egal; Freunde haben wir keine», sagte Barki. «Sie brauchen uns nicht, wir brauchen sie nicht, wir wissen nicht, weshalb wir hier sind. Wir haben nur uns. Vier.»

«Wir kommen direkt vom OpenAir, war wieder läss!», warf Himba ein. «Wir sind den Wald hinunter ins Sittertobel geklettert, so konnten wir den Eintritt sparen, ist ja horrend teuer. Vorher waren wir in einer Hütte im Galgentobel.»

«So grauenhaft, so grusig, grässlich!», fiel ihr Angelina ins Wort. «Herr Häseli, wir waren wieder in diesem Hexenhaus, dort, wo wir das Kinderfest feierten, äh …, verbrachten. Ein geiler Ort! Aber dieses Mal war alles anders, die Luft nicht sauber. Überhaupt nicht. Und wir realisierten, dass etwas nicht stimmt. Überall Fliegen, gleich wolkenweise, und ein fürchterlicher Gestank … Absolut unerträglich!»

«Kraienbühl, setz dich bitte zu uns! Und jetzt alles mal der Reihe nach. Wo ist dieses Hexenhaus genau und weshalb seid ihr da nochmals hingegangen? Los, erzähl, Angelina – oder alle, aber einzeln.»

«Wir wollten einfach nochmals so richtig chillen, alleine sein, in der Natur – und doch irgendwie geschützt, in diesem alten Häuschen. Anknüpfen an unsere Tage während des Kinderfestes – es hat uns dort so gut gefallen. Die Nähe zum Gleis in diesem Tobel, speziell, die Atmosphäre, die Geräusche, Träume von Verreisen. Wohin fährt mein Zug? Die frische Luft, Tiere in der Nacht. Wir hatten zu trinken und zu essen dabei, wollten im Wald ein Feuer machen. Aber nun war da ein Höllengestank. Wir sind ums Haus herumgelaufen, haben im Keller nachgesehen, so sind wir damals hineingeklettert. Wir schauten uns die Schuppen und Remisen an, und dort, wo es am meisten Fliegen hatte, entdeckten wir durchs Fenster und die halb offene Türe etwas Unheimliches: Hier lag jemand. Ein Mensch. Tot.»

Pause.

«Wir haben noch nie eine Leiche gesehen. Holen Sie sie bitte raus. Schnell. Bevor die Füchse das tun.» Aufgeregt sassen die vier Jugendlichen am Tisch und schauten die Polizisten mit grossen Augen an, nachdenklich, verzweifelt. Verschwunden ihre aufgeblasenen, lauten Selbstinszenierungen. Es musste ein grässlicher Anblick für sie gewesen sein.

«Hat Angelina etwas vergessen?

Und wisst ihr, wo Fréderique Kleeli steckt, war er mit euch im Galgentobel? Ihr kennt ihn von der Schule.» Die Ausreisser schüttelten den Kopf, und schwiegen. Entsetzt und kreidebleich. Häfeli glaubte ihnen. Aber wo war Fréderique?

«Kraienbühl, ruf Wellenberg an, den Bestatter, schnell, wir warten hier auf ihn. Bleisarg nicht vergessen. Los. Und ihr vier, geht jetzt in die Schule, äh …, nein, du Angelina kommst mit uns und zeigst uns dieses Hexenhaus; ich glaube, es aus meiner Kindheit zu kennen, am Bahngeleise, vor Mörschwil. Und wir informieren Müggli und melden uns wieder bei euch oder in der Schule, spätestens morgen. Wenn euch noch etwas in den Sinn kommt, schreibt es bitte auf. Danke!

Auf Wiedersehen.»

Ein Streifenwagen brachte die drei Jugendlichen nach Hause.

«Möchtest du was trinken»? fragte Kraienbühl.

Angelina nickte; sie wirkte auf Häfeli taff, eine, die durchaus wusste, was sie wollte. Clever und intelligent. Aber ebenso zerbrechlich.

Die Rache! Die Abschlussarbeit in der Schule

Das wäre eine Idee. Eine Spur?

Warten auf Wellenberg und seinen Gehilfen. Und den schwarzen Volvo. Sicher bis in den Tod. Und danach erst recht.

Häfeli machte sich Notizen, Kraienbühl organisierte ein Shorly für Angelina, via Handy. Modern, diese Verwaltung. Kaum zu glauben. Aber wo blieb Wellenberg?

Endlich kam der Leichenwagen, der Motor der schwarzen Kiste schnurrte ganz leise, wie eine Katze, wenn sie schlief. Oder träumte. Von Mäusen im Paradies?

«Wir fahren über Mörschwil, das ist der schnellste Weg, wenn ich recht habe. Los jetzt!»

Der Konvoi setzte sich in Bewegung, zwei Patrouillenfahrzeuge, und der Kriminaltechnikbus unter der Leitung von Adjutant Tom Wichtelmann, der Leichenwagen am Schluss. Richtung Osten. Ohne Blaulicht.

Lachen und Spotten.

Am Freitagabend hatte Lena ihr viertes Kind geboren, ohne grössere Komplikationen. Valtèr sollte der jüngste Sohn heissen. Ein seltsamer Name. Ein Nachtfalter, oder was? Anstossen mit Marc auf die mutige Tat? Häfeli bevorzugte Grappa, Williams oder Alte Pflaume. Natürlich, im Notfall konnte man auch Marc trinken. Nach dem Mutterschaftsurlaub. Dann würde Lena zu den Technischen Betrieben wechseln; oder doch in die Schulverwaltung? Sie würden sich nicht mehr sehen. Im Büro.

Freiluft-Dieterle wurde mit einem Blumenstrauss inklusiv einem lustigen Gratulationskärtchen mit überdimensioniertem Storch ins Spital geschickt. Ein Abgesandter. Nicht ganz freiwillig zwar. «Chefsache», hatte Fridolin Büttikofer, der Polizeisekretär, an einer Team-Sitzung gesagt. «Da müssen Sie durch jetzt, nur keine Hemmungen. Und vielleicht finden Sie heraus, wer der Vater ist. Das würde uns alle interessieren.»

Oder sind Sie es gewesen, hochverehrter Herr Büttikofer? dachte der Polizeivorstand, schwieg jedoch angesichts der unverhofft zugeteilten Aufgabe zerknirscht.

Büttikofer – ein komischer Name. Häfeli war mit seinem Namen zufrieden, auf jeden Fall nicht unglücklich. Anspielungen musste er immer wieder über sich ergehen lassen, wie etwa Häfeli und Deckeli, wer war nun wieder das Deckeli? Suchst du wieder mal ein Deckeli? Sauhäfeli – Saudeckeli? Was brutzelt im Häfeli? Sehr witzig! Andere hätten diesen Namen nicht gewollt.

Für ihn gab es schlimmere: Bünzli. Vogler. Streuner. Gutkind. Hohlwind. Puff. Faltermeier. Fuchs und Hase. Oder wie wär's mit Wohlfaul? Ganzoni. Hösli. Grittli Benz. Wucherer. Bock. Schlotterbeck. Fecker. Killer. Schleicher. Stecher. Gräulich. Mischler. Wichser. Unhold. Vaterlaus. Kussmaul. Käsewein. Schweinesbein. Was es da so alles gab. Schweinisch? Auf jeden Fall komisch, irgendwie. Oder lustig. Je nach Façon. Zuträglich oder eben nicht.

Müllers, Meiers, Angehrns und Hubers hatten da keine Chance, so gewöhnlich. So unoriginell! Und die Goldgeier? Fiesler oder

Fidler. Waldvogel, Habicht oder Falk. Raubvogel. Storch. Eichhorn. Leu. Laich, schöner als Leiche. Hirsch oder doch Kirsch? Kiefer oder Kiffer? Trump.

Häfeli liebte Wortspiele, Anspielungen, gezielte und bewusste Verwirrungen, Verwechslungskomödien – Geschichten, die laufend stattfinden, im Leben, wenn Mann und Frau sie denn wahrnehmen möchten. Servez-vous. Zum Beispiel ein Wortspiel zu Trump, lohnte sich das überhaupt oder ist da Hopfen und Malz verloren? Nur so viel aus dem Englisch-Dix von 1977, dort steht unter trump (engl.), wen erstaunt's: «erdichten, erschwindeln, sich aus den Fingern saugen», als Adjektiv «erfunden und erlogen». Grossartig, diese Einsicht, schon damals. Nicht mehr zu überbieten, diese Analyse, oder Voraussicht? Als Substantiv inexistent. Damals.

Häfeli fand seinen Namen durchaus seriös, und passabel, ein Zusammenhang mit der Luzerner Schnapsbrennerei bestand keiner, mindestens nicht verwandtschaftlich. Obwohl: Häfeli-Brand schmeckte ihm prima. Nomen est omen. Etter aber auch.

Algeciras versus Al Dschazira, Rio de la Planta, Ferien in Heraklikon oder Entlikon, Genfer Bettag oder Betttag?

Schmierikon statt Schmerikon.

Ketzer oder Kretzer?

Auch sau gut und sau Glut tönen fast ähnlich, ebenso wie Edelweiss. Edelschweiss. Edelmais. Na, ja. Edelscheiss ginge auch noch knapp durch, aber lassen wir das. So was sagt man nicht! Eben. Wieso nicht? Edel oder unedel. Bei genauerem Hinschauen halbedel. Halbseiden? Im besten Fall. Oft nicht zu ändern. Und der Pharaonische Käfig, ja, genau der, welcher vor den Blitzen schützt, auf der Ebenalp. Oder wo auch immer.

Ungültig.

Unwirklich.

Unwissend unpassend.

Ein Buchstabe am falschen Ort, einer zu viel, da oder dort. Cool! Vielleicht zufällig und ungewollt. Oder absichtlich. Missverständnisse waren in jedem Fall vorprogrammiert – oder sogar erwünscht?

Verwechslungen sind manchmal gar spannend und meist nicht so dumm. Manchmal sogar lustig. Verspielte Wortkreationen, Wortbilder, überraschende Komik, von niemandem gerade erwartet, oder befürchtet. Verwechslungskomödien.

Der goldene Leu.

Nicht geirrt hatte sich Häfeli beim Hexenhaus, an der Eisenbahnstrecke nach Rorschach. «Wie seid ihr eigentlich auf das Bahnwärterhaus gekommen?» fragte Häfeli Angelina im Auto auf dem Weg ins Galgentobel. Kraienbühl schwieg.

«Für uns war klar, wir gehen nicht an dieses Kinderfest für die Alten, hauen einfach rechtzeitig ab, fahren oder wandern an den See, nach Rorschach oder so. Mit dem Zug zu fahren war uns zu gefährlich, wir wollten nicht schon am Bahnhof von der Polizei empfangen werden. Simon als Pfadfinder kannte den Galgentobelweg, das sei mindestens ein Anfang, meinte er. Vielleicht könnten wir in einer abgelegenen Scheune unterkommen, meinte Himba. Ich konnte mich auch noch schwach erinnern: Meine Grossmutter lebte dort unten in einem Bahnwärterhäuschen, gebar meine Mutter und vier andere Kinder. Hausgeburt in der Pampa. An den Geleisen. Alleine? Ich weiss nicht. Und dann der weite Schulweg ins Heiligkreuz, bei jedem Wetter, erzählte die Grossmutter, ohne zu jammern. Wir besuchten sie gerne, dort unten, im Tobel. Irgendwann starb sie. Im Hexenhäuschen am Bahndamm. Das ist schon lange her. Aber es war eine lässige Zeit mit meiner Grossmutter!»

Pause.

«Wir kauften für mehrere Tage ein und machten uns mit unseren Rucksäcken und Schlafsäcken auf den Weg, Treffpunkt war der Ostfriedhof, dann quer durch den Wald, den Hügel hinunter ins Tobel. Die Geleise zu überqueren ist gefährlich, das wussten wir.

Simon zeigte uns die Stelle, wo die Mutter von Fréderique Kleeli, ein Schulkollege von uns, Selbstmord gemacht hatte; sie sprang vor den Eurocity aus München. Er hatte es zufällig im Schulhaus erfahren, als Lehrerinnen davon sprachen.

«Was denkt sich die Mutter eines Buben und eines kleinen Mädchens dabei?» fragte Angelina. «Und wo steckt Fréderique»?

Die Polizisten wussten ebenfalls keine Antwort und schwiegen. Beide erinnerten sich nur zu gut an diesen Fall, viel war von der jungen Frau nicht übriggeblieben. Schwierig für den Lokomotivführer. Und die Familie. Ein Begräbnis fast ohne Leiche. Und ärgerlich für die vielen Passagiere, welche ihre Anschlüsse verpassten. Wieder einmal.

«Extrem vorsichtig stiegen wir über die Schienen und den Schotter, fanden schliesslich dieses alte Häuschen. Dort gefiel es uns; wir schafften es, durch den Keller ins Haus zu gelangen, sogar Matratzen waren vorhanden. Wasser plätscherte im alten Brunnen. Eigentlich ein Paradies! Völlig einsam; Ruhe pur, nur unterbrochen von Vogelgezwitscher und den Geräuschen der durchrasenden Züge, verschwommen wie Geisterzüge. Ein bahnpolizeiliches Verbotsschild bewahrte uns vor Wanderern und Hündelern – der offizielle Wanderweg führt nicht hierher. Wir richteten uns ein und genossen die Freiheit und hofften, dass uns die Lokomotivführer nicht bemerkten. Wir suchten Beeren im Wald, brieten dort unsere Würste, Hamburger, Maiskolben. Kartoffeln.

Das Wetter war schön, richtiges Kinderfestwetter, die Handyakkus waren zwar leer, was uns zwar zünftig nervte – aber läss hatten wir es trotzdem, so völlig ungestört von Eltern und Lehrern, fast wie in meiner Rache-Geschichte geschildert. Nur fahren dort keine Züge vorbei. Wir blieben drei Nächte. Um unsere Eltern machten wir uns keine Sorgen.

Wer hat hier einen Menschen ermordet und deponiert, wie ein Stück Scheisse, in dieser Hütte am Bahndamm, wo niemand vorbeikommt?»

«Ok: Wir sind auf dem richtigen Weg», flüsterte Häfeli seinem Assistenten zu. «Lassen wir uns überraschen.»

Der Wagenkonvoi unterquerte die Bahnlinie, bog scharf nach rechts ab, vor ihnen die Verbotstafel; einige hundert Meter entfernt sahen sie das rotbraune «Hexenhaus», ein altes Bahnwärterhäuschen, umgeben von verschiedenen kleineren Gebäuden, Remisen etc., überwuchert von Brombeerstauden, Farn und Holunder. Üppig. Verwildert, verkommen. Haselnusssträucher inklusiv Eichhörnchen am Waldrand.

«Das ist es …,» sagte Angelina und zeigte auf einen Schuppen wenige Meter von den Schienen entfernt. «Sehen Sie die Fliegen? Ich bleibe im Wagen sitzen. Gehen Sie alleine!»

«Kraienbühl, die Gesichtsmasken! Immer den Fliegen nach.» Sie schlugen die Autotüren zu.

Die Polizisten und die beiden Bestatter schritten zügig auf die Remise zu, die verfallene Türe war nur angelehnt, die Scharniere knarrten, das Fenster offen. Hier schwirrten am meisten Fliegen herum. Dann sahen sie die Bescherung, soweit noch vorhanden: Überall vertrocknetes Blut. Ein zerfetzter Arm am Boden. Schmucklos. Ein menschlicher Körper, hatte Angelina erzählt, entstellt, von Maden zerfressen und von Tieren angefressen. Und nun das: Die Leiche war verschwunden!

Häfeli und Kraienbühl zogen sich rasch zurück, winkten Spusi und Wellenberg heran: «Abtransport, sobald Wichtelmanns Spurensucher fertig sind, ab in die Rechtsmedizin. Der Arm. Die werden sich freuen. Wir warten inzwischen vor dem Haus … Wenn was Besonderes ist, rufen Sie uns!

Aber wo ist der Rest, vielleicht ganz in der Nähe?»

Die beiden Polizisten versuchten, sich durch die Eingangstüre Zutritt zu verschaffen. Ganz ohne Gewalt ging das nicht, wie sich rasch zeigte. Im gedeckten Windfang entdeckten sie einen alten Telefonkasten an der Wand, das Telefon war inzwischen abgebaut worden; nur eine verblichene Etikette mit der vierstelligen

Nummer des Bahnhofs von Goldach erinnerte daran. Oberloch, und ein Name. Hunziker. Dann schauten sie sich in den Remisen und Hütten um. Das ganze Ensemble machte einen verwahrlosten Eindruck. Verlotterte Schindeln und Fensterläden, Löcher in den Dächern und Fassaden – Abbruchobjekte. Hier eine alte hölzerne Garette, Schitterstöckli[53] zum Zerkleinern des Brennholzes, Gartenzäune und Holzbeigen, Holz und Latten am Boden. Wie die Jugendlichen, nur etwas schwerfälliger, stiegen sie durch den Keller ein, entdeckten jedoch auf den ersten Blick nichts Auffälliges im Hexenhaus. Brüchige Treppen und muffige Matratzen, wie die vier gesagt hatten, Tische und Bänke, sogar Kinderfotos und Zeichnungen an den Wänden. Unordnung überall, auch im Keller. Leere Bierflaschen. Aber von Hexen und Zauberern keine Spur. Und von der Mörderin oder dem Mörder auch nicht, wie es schien.

Häfeli und Kraienbühl setzten sich auf die Bank vor dem Bahnwärterhäuschen, aus dem Brunnen floss Wasser. Kraienbühl prüfte mit dem Finger den satten Strahl, roch und schmeckte daran. «Hm …, nicht schlecht. Trinkbar, wie mir scheint.»

«So, was haben wir?» Häfeli streckte die Beine aus und schaute auf die Geleise hinaus und den Wald auf der anderen Seite. Soeben brauste der Eurocity nach München vorbei, gezogen von einer blauroten SBBCargoMaschine. Bald 50 Jahre hatten diese Loks auf dem Buckel. Schön waren sie immer noch. Und elegant.

«Eigentlich ist es hier recht lauschig, wenn nur dieser eklige Gestank nicht wäre …».

«Und der Bahnlärm», ergänzte Kraienbühl.

«Nun sei mal nicht so empfindlich, erstens haben wir hinter uns die Überreste eines Toten, der im übrigen verschwunden ist, den stört das nicht. Zweitens ist es bei dir an der Zürcher Strasse wesentlich unruhiger, das vorsichtig ausgedrückt. Sehr vorsichtig.» Häfeli verzog das Gesicht.

---

[53] *Dialekt: Schubkarre; Scheitstock, am besten aus Eichenholz.*

«Wir sitzen auf diesem Bänkli im Grünen, ganz entspannt. Ohne Leiche. Mit nur einem Arm in der Hand. Aber irgendwo liegt ein halbverwester Körper – hier, im Wald. Oder wo? Wenn nur der Geruch verfaulten Fleisches nicht wäre; dann würde ich sagen, zünd schon mal den Grill an und mach die Bratwürste bereit. Ich rieche sie bereits …»

«Ich rieche etwas anderes. Aber so ganz nebenbei, ich habe Hunger, du nicht? Also gut. Dann nicht. Bier haben wir ohnehin keines dabei und ich frage mich auch: Wo ist die Leiche hingekommen? Von uns gegangen. Verschwunden. Aber nicht von selbst.

Chabis.»

Witzbold!

«Nebst diesem Waldvogelzahnarzt haben wir nun eine zweite Leiche, beziehungsweise, wir haben sie eben noch nicht. Freiluft-Dieterle wird sich freuen, wohl bald die SBB im Genick, weil wir in einem ihrer alten Bahnwärterhäuschen hocken und eine Leiche suchen, die verschwunden ist, aber eben noch da war. Jugendliche wollen sie gefunden haben, die selbst von zu Hause abgehauen waren, um dem Kinderfest zu entfliehen. Das tönt alles sehr plausibel. Bravo!» Kraienbühl klatschte kurz in die Hände.

«Wir vermissen niemanden, auch EFD nicht, unseren verehrten Polizeivorstand. Wir sind zufrieden, schauen den Zügen zu – und denken nach. Wir wissen nichts. Und tun nichts. Eigentlich schön. Ideal? Idealtypisch. Wer ist die Leiche? Wurde die Person hier ermordet, eine Frau, ein Mann? Und vor allem wann? Und wer hat sie um Gottes Willen wieder abtransportiert – und weshalb?

Hast du eine Idee, lieber Kraienbühl?»

«Auf jeden Fall sind wir hier auf Gebiet der Gemeinde Mörschwil und müssten eigentlich die Kantonspolizei informieren. Wir ermitteln quasi auf fremdem Terrain, wenn das unser verehrter Fridolin Büttikofer erfährt …»

«Lass mal, solange niemand reklamiert, machen wir hier weiter. Punkt. Manche Schüler der städtischen Oberstufe kommen schliesslich auch aus Mörschwil, Simon zum Beispiel. Und Himba aus Untereggen. Du, schau mal nach Angelina im Auto, bitte.»

Adjutant Wichtelmann meldete, die Leiche sei unauffindbar, und Wellenberg sei abberufen …, äh …, zu einem neuen Auftrag bestellt, äh …, gerufen worden. Eine Frau, die auf ihn warte. Dringend. «So konnte er nicht mehr länger hier herumstehen. Verständlich, nicht? Die Zeit dränge, sagte er. Und eine weitere Leiche. Den Arm hat er mitgenommen. Immerhin.»

«Lass die Suchhunde kommen, schnell, irgendwo muss der Körper doch sein, in diesem Wald, bei einem Fuchsbau. Oder so. Gibt es hier eigentlich Wildschweine? Oder den Wolf, jener aus Appenzell? Oder ein anderer. Aus dem Thurgau.

Von mir aus auch aus dem Rathaus.

Los, los!»

Überrascht und atemlos kehrte Kraienbühl kurze Zeit später zurück. Kreideweiss. «Du, Angelina ist verschwunden, wieder mal abgehauen. Einfach so!»

«Verdammt! Das darf doch nicht sein», stöhnte der Kommissar. «Verdammt nochmals. Wir haben versagt, hätten sie nicht aus den Augen lassen dürfen. Wie Anfänger, Hergottsack …»

Pause.

«Nun können wir nur hoffen, Angelina sei nach Hause gegangen – allerdings wieder über die Geleise. Teufelsbraten! Andererseits sieht sie dann den Abtransport der Leiche nicht, wird unappetitlich. Zuerst müssten wir sie allerdings finden.»

«Wir fahren zurück ins Büro», sagte Häfeli zu Tom Wichtelmann. «Wenn die Leiche wieder da ist, dank den Hunden, bitte sofort anrufen; du weisst …»

Später wollte er unbedingt mit Angelina über ihre Rachegeschichte reden. Das Mädchen und seine Vergangenheit interessierten ihn. Bestand ein Zusammenhang zwischen der Rache-

Geschichte, dem brutalen Mord und der geplanten Endlagerung der verstümmelten Leiche in diesem vergammelten, verloren einsamen Bahnwärterhäuschen?

Ein Schuss Botanik ...

Häfeli bat den Chef des Gartenbauamtes, Bruno Grünpeter, «rasch» in sein Büro zu kommen. «Du weisst ja, der Todesfall Franz-Josef Waldvogel ist noch nicht geklärt. Und es gibt da einige Unklarheiten bezüglich der aktuellen Situation des Stadtparkweihers und der Voliere. Wir sollten uns dringend darüber unterhalten, ganz zwanglos». Grünpeter versprach, in der nächsten halben Stunde zu erscheinen. Anschliessend beschlossen die beiden, den anstehenden Kaffee im Café Scherrer zu trinken, sie könnten sich auch dort wunderbar unterhalten, zum Beispiel über die Voliere und ihre Zukunft. Allerdings sprachen die beiden weniger über den Präsidenten des Voliere-Fördervereins und die maroden Vogelgehege, sondern über wundersame Namen im Pflanzenreich und Wortspiele. Auch über fröhlich farbig fiebrig unruhig zuckend fliegende Schmetterlinge, welche beide faszinierten. Absolut. Spannend. Das Gespräch. Spannender als über Kaiser Franz-Josef. Der Waldvogel und Zahnarzt.

Bruno Grünpeter erzählte von Namensgeschwistern: Zwillingen, botanischen Zweiteilern im Sinne des Wortes. Launen der Natur? Doch wer gewinnt? «Die Natur, wenn man sie lässt, und wenn nicht, holt sie sich dennoch immer etwas zurück, oder alles», sagte Grünpeter und nahm einen Schluck Kaffee. «Langsam oder mit Gewalt! Zurück zu den Namenspielen – funny, würden die Engländer sagen, gell.

Du bist doch so ein Löwen-Zahn-Freund, Häfeli, vermehrungsfreudig zur Freude der Nachbarn und leuchtend gelb, prächtig, die Wurzeln bärenstark, kaum mehr zu vertreiben. Und der Hohl-Zahn auf dem Acker? Waldvogel war doch Zahnarzt. Ehren-Preis – oder Trostpreis? Wessen Ehre, wessen Preis? Und die Farbe? Flocken-Blume. Schneeflocken im Sommer?»

«Chabis!»

... zum Abgewöhnen?

«Keinesfalls, höre nur weiter zu, du kannst dabei noch viel lernen: Bocks-Bart. Taub-Nessel. Manns-Kraut. Ein Heilmittel für alte Männer, garstig, unzufrieden und ungepflegt, inkontinent und zu allem Elend auch noch schwerhörig oder gar taub? Pass auf! Ja, das Alter, das könnte hart werden. Stiftet Ärger; gibt es nicht eine Stiftung für den Ärger?»

«Du meinst wohl die Stiftung für das Alter, mein Alter.»

Der Chef des Gartenbauamtes hörte gar nicht zu und erzählte frisch und froh weiter, total in seinem Element. «Also: Greis-Kraut und Manns-Treu – nein, nicht mannstoll. Eine trügerische Hoffnung, oder erneut eine Verwechslung? Ein Irrtum, wie neuerdings treue Frauen. Bei den Männern wussten wir es immerhin schon lange. Männer. Oder Allermanns-Harnisch? Wer war denn hier wieder gemeint, wer geht Männern allenfalls (gerne) an den Harnisch oder greift ihnen in die Rüstung?

Oder lieber die Kratzbürsten-Distel? Kratzbürsten kennen wir einige im Rathaus, nicht wahr? Die gleichnamige Distel aber nicht. Frauen-Distel, Milch-Distel, Marien-Distel, religiös wird's nun auch noch. Und in allen Farben. Stachelig. Wehrhaft. Kraftvoll. Pass auf: Die Milchpreise steigen in diesem Sommer wieder an. Übrigens: Milch soll gar nicht sooo gesund sein. Die Milchgegnerinnen formieren sich. Obwohl: Kürzlich habe ich im Reformhaus ein Spezialangebot gesehen, nicht ganz billig, na ja: Aber besonders gesund, angeblich. Frischmilch von lesbischen Kühen. Mit Zertifikat. Wahnsinn – nicht?»

Pause.

«Warte nur, jetzt wird's noch aufregender: Bist du ein Schuh-Fetischist?» fragte Grünpeter. «Frauen-Schuh? Schuhe, eine Manie vieler Weibswesen, in allen Variationen, hoch und tief und flach, die Schuhe, oder Stiefel, bis zu den Oberschenkeln, Fischerstiefel? High-Heels – Frauen-Schuhe, für den Einsatz auf Kopfsteinpflaster eher ungeeignet, aber im Theater – oder am Uni-Ball.

Trägt deine Frau im Bett manchmal High-Heels, und Strümpfe, du weisst schon?»

«Das erzähl ich dir nicht! Punkt. Aber weisst du was, gelegentlich sollten wir uns doch langsam, behutsam unserem Hauptthema annähern, gell, die Voliere und ihre Freunde…» Häfeli blickte auf die Uhr.

«Das eilt nicht, bestelle lieber noch Kaffee. Inzwischen erzähle ich weiter: Der Wald-Meister, sorry die gendergerechte Wald-Meisterin gibt's nicht, nicht zu verwechseln mit dem Waldgeist: Wer zeigt wem den Meister, und erst noch im Walde? Geister. Oder doch die Waldbiker? Den Spaziergängern. Wald-Rowdies. Mit ihren Pedalen übersehen sie in ihrem Stress Acker-Nüsschen, Hunds-Kamillen, Taub-Nesseln und noch vieles mehr. Taube Nüsse auf Rädern. Im SportStressDress.

Nicht zu vergessen der wunderschön lila bis violett farbige, aber giftige Türken-Bund. Erdogans Bund der Türken, ein Geheimbund mit obskuren Plänen, gefährlich, gar tödlich? Erdogan als neuer deutscher Bundestrainer? Das wird was, sicher. Als Pflanze allerdings harmlos: Eine Lilie, Lilium martagon, wie die Schwert-Lilie, die Tiger-Lilie, Madonnen-Lilie oder die Feuer-Lilie. Schluss jetzt mit Lilien, Lianen, Lilianes. Fertig mit Lady Madonna.

Und die gefällt dir sicher: Rapunzel, lass doch endlich dein Haar herunter. Bitte schön. Braun. Blond. Schwarz. Soweit es möglich ist. Glatt oder lockig. Verlockend. Entzückend! Ein Trost für die Augen. Augen-Trost? Hahnen-Fuss, das Läuse-Kraut. Pest-Wurz? Pech und Schwefel – und eine Laustante gratis dazu. Auch das noch.

Wunderbare Wortspiele! Schauspiele der Natur, die sich problemlos auch im Tierreich finden liessen, aber lassen wir das», beendete Grünpeter seinen Vortrag. «Mindestens im Moment», und vergass nicht den Hahnenkamm zu erwähnen, zu guter Letzt. Das Rosengewächs, nicht den Ski-Zirkus.

Fliegen. Zum zweiten.

«Was ist jetzt mit dieser gammligen Voliere und diesem Franz-Josef, wann erzählst du mir davon, eigentlich war doch das unser Thema?» fragte Häfeli schliesslich nur leicht entnervt, aber sichtlich ermattet. «Eigentlich müsste ich wieder mal zum Zahnarzt.»

«Von mir aus gerne, alles über diesen Laden, wirklich, aber jetzt muss ich weiter, ein anderer Termin ruft. Gerne wieder, morgen, selbe Zeit, am selben Ort. Zahlst du die Kaffees?»

Häfeli zog sein Portemonnaie hervor.

Zurück im Büro meldete Kraienbühl, die Leiche sei nun doch noch zum Vorschein gekommen, an einem Baum, wie ein Galgen sehe es aus, nur wesentlich tiefer hängend, gut versteckt in einem wilden Dickicht. Nicht allzu weit von dieser alten Bähnlerhütte entfernt, in unwegsamem Gelände. In einem Dickicht. «Wir müssen sofort hin, Wellenberg & Co sind auch schon dort. Wichtelmann empfiehlt gutes Schuhwerk. Er wartet beim Bahnwärterhäuschen auf uns. Wo warst du übrigens?»

Häfeli und Kraienbühl fuhren denselben Weg zurück wie am Morgen, parkten einige Meter vor der Remise und gingen den Rest zu Fuss, auf Wichtelmann zu. «Macht euch auf etwas gefasst», sagte der. «Grusig lässt sich in diesem Fall nicht mehr steigern. Bitte mir nach, die Herrschaften.»

Sie stapften durch Gebüsch und Unterholz, talwärts weiter Richtung Mörschwil, schoben Brombeerstauden und Haselnussgebüsche weg und aus dem Gesicht, was nicht immer gelang. Fluchten. Und sahen nach einigen Minuten die Bescherung: Die Leiche hing an einem Baum, der tatsächlich an einen Galgen erinnerte, den Strick um den Hals, der Kopf schon fast abgerissen. Füsse und Unterschenkel etwa sechzig Zentimeter über Boden bereits sauber abgenagt. Weisse Knochen. Liebenswert der üppige Farn.

Sie sahen Wellenberg und seinen Gehülfen ein weisses Tuch unter dem Galgen ausbreiten. «Ihr könnt den Strick nun lösen», befahl Wichtelmann seinen Männern, Wellenberg nickte, bereit, die Leiche in Empfang zu nehmen. Offenbar hatten sie geglaubt, den modrigen, unförmigen Fleischbrocken treffsicher direkt in den exakt platzierten Bleisarg legen zu können. Doch das funktionierte nicht. So versuchten sie, die stark verweste Leiche in das bereitliegende Tuch einzuwickeln wie einen Nussgipfel. Anschliessend hoben sie das Paket in den Sarg und trugen diesen durch das Unterholz zurück zum Leichenwagen, der ebenfalls beim Bahnwärterhäuschen parkiert war. Verfolgt von Fliegenschwärmen.

Häfeli nahm Wellenberg und Wichtelmann beiseite: «Habt ihr schon etwas entdeckt? Ist es ein Mann oder eine Frau?»

«Ja, männlich, Alter unbekannt, das Gesicht kaum mehr zu erkennen, bei dieser Hitze nicht erstaunlich, jede Menge Insekten, Fliegen, Käfer, Würmer. Schauderhaft», sagte Wellenberg. «So was sehen selbst wir nicht alle Tage, Gott sei Dank. Mehr als drei oder vier Tage ist der noch nicht tot. Wunde im Brustbereich, genau konnten wir es nicht feststellen. Dr. Fröhlich wird ihre Freude haben.»

«Die Spusi wertet noch aus, so schnell geht das nicht: Aber ja, etwas Spannendes haben wir gefunden: Unter dem Toten lag verborgen zwischen Tannenzapfen und Tannechres[54] ein goldener Ring mit Löwenkopf. Hier ...»

«Aha. Interessant. Portemonnaie, Handy, Ausweise?»

«Nix da. Verschwunden», bemerkte Wichtelmann emotionslos.

Löwenkopf? Verflixt, irgendwo hatte der Kommissar kürzlich so einen Ring gesehen. War das mit Patrizia im Historischen Museum gewesen? Raubmord oder was jetzt?

Häfeli und Kraienbühl verabschiedeten sich von der Spusi mit der Bitte um möglichst rasche Informationen, im Büro dann, und: «Schaut euch im Galgentobel um, und auf den Waldwegen Bahnhof Mörschwil bis St.Fiden, zur Sicherheit auch unten an der

[54] *Dialekt: verdorrte Tannenzweige.*

Steinach. Vielleicht findet ihr noch etwas.» Die beiden marschierten zügig davon, den Verwesungsgeruch noch in Nase und Mund!

Häfeli und Kraienbühl schätzten die Kriminaltechniker und Spurensucherinnen sehr, die präzis, umfassend und exakt arbeiteten. Zuverlässig. Eine Arbeit für Oberlehrer. Pedanten und Krämer. Auf die sie jedoch stark vertrauten und angewiesen waren! Adjutant Tom Wichtelmann leitete seine Abteilung akribisch und erfolgreich, wie einen eigenen Krämerladen.

James Bond greift ein.

Ein Krämer. An der Falkensteinstrasse in St.Fiden, gleich neben Häfeli's Kindergarten hatte es einen Kolonialwarenladen: Kunz und Bont. Waren aus den ehemaligen Kolonien wie Kaffee, Kakao, Bananen; die Schweiz hatte zwar nie eigene Kolonien. Spektakulär, der alte Laden. Rammelvoll mit Gerüchen und Farben, mit allem was das Herz begehrte, oder noch gar nicht kannte, aber erfahren wollte, offen, in Säcken oder grossen Glasbehältern, und hinten im Lager: Kartoffeln, Äpfel, Zwiebeln in Harassen. Gemüse, Kernseife, Waschmittel, Teigwaren, Reis, Biskuits, Schokolade und andere Süssigkeiten – zwar nicht so viele wie heute an jedem Kiosk. Schuhwichse, Farbstifte, Nägel, Wäscheleinen und Chlüpperli[55], Orangensaft, Watte, WC-Papier – das brauchte man schon damals, es sei denn, man war mit dem Tagblatt zufrieden. Undsoweiter. Kunz und Bont, das ehrwürdige Kolonialwarengeschäft der Schwestern Kunz und des Mannes für das Grobe in der immer sauberen blauen Schürze, Herr Bont, nein, nicht James Bond, in St.Fiden.

Häfelis Mutter machte hier ihre Wocheneinkäufe, meist zusammen mit ihrem kleinen Sohn, der den altmodischen Kolonialwarenladen mit der wunderschönen dunkelroten, gusseisernen Kaffeemühle liebte – und nichts anderes kannte. Brot kaufte man beim Beck, davon gab es damals noch viele, katholische und reformierte, wobei exakt darauf geachtet wurde: Katholische

---

[55] *Dialekt: Wäscheklammern.*

Kirchgänger kauften bei katholischen Bäckern, reformierte bei reformierten, selbst dann, wenn das Brot des Antichristen besser schmeckte. Die Muslime waren noch gar nicht in Sankt Gallen angekommen. So war das. Damals. Alles andere wäre ein Stilbruch gewesen, oder eine Sünde? Beim Heiraten sowieso, da war ein Fehltritt beim Broteinkaufen gerade noch verzeihbar, also: Keine interkonfessionellen Vermischungen. Auf gar keinen Fall!

Die Anzahl der Konfektionslosen habe in den letzten Jahren enorm zugenommen, bemerkte Kraienbühl, als sie miteinander in einer ruhigen Stunde auf dieses Thema zu sprechen gekommen waren. Und die Zahl der vaterlosen Kinder, und die in wilder Ehe – ein seltsames Wort: wilde Ehe, ging es da besonders wild zu und her? – gezeugten sowieso.

Tatsächlich: Familieninteressen gingen (immer) vor, das war so und ist heute noch so. Oder dann: Wehe dir … Kein Durcheinander, auf gar keinen Fall. Keine Abweichungen vom richtigen Weg und kein Sex vor der Ehe! Das schon gar nicht. Das wäre des Teufels, teuflische Lust. Und dann noch zählbare Ergebnisse, ein uneheliches Kind. Unerhört! Kennen wir das nicht alles schon, wie hiess sie? Genau: Maria.

Schande über die Frau, nicht über den Mann, über der ganzen Familie. Gezeichnet und geprägt für alle Zeiten. Mutter und Kind. Sich schämen blieb den Frauen überlassen. Der Erzeuger ging hier meist leer aus. Männer schämen sich selten. Oder doch hin und wieder? Ungefähr so oft wie Schamanen.

Scham. Schäm dich. Verschämt.

Unerhörte Zustände sind das.

Man kaufte auch nicht bei der MIGROS ein, das war wie beim Sex, damals: nur im Geheimen, wenn überhaupt.

Aber lieber nicht.

Auch kein Petting. Und Beischlaf schon gar nicht, wie gesagt.

Beischläfer. Eine ausgefallene Formulierung. Unzüchtig.

Beisitzer. Beifahrer. Beischläfer.

Bloss Trittbrettfahrer?

Herzliches Beileid!

Und wenn's Spass macht?

Nein. Dann doch noch lieber Einkaufen in der MIGROS!

Herr Bont brachte die Wocheneinkäufe mit einem altertümlichen blauen Opel-Kombi, oder war's ein Austin Healy? nach Hause, trug alles die Treppe hoch. Mühsam. Praktisch war das schon, vielleicht etwas teurer. So wie Le Shop heute, nur etwas persönlicher. Natürlich wäre James Bond noch schneller gewesen, wenn er statt des blauen Lieferwagens von Kunz und Bont seinen Aston Martin genommen hätte, oder noch besser einen Helikopter.

Doch James Bond hatte keine Zeit, um Milch auszutragen. Und er hätte auch keine blaue Schürze getragen wie Herr Bont, vom Krämerladen Kunz und Bont in St.Fiden. Von James Bond sprach im Übrigen damals im Kindergarten noch niemand. Und einen Fernseher hatten die Häfelis ohnehin nicht. Das brauchte es nicht, und wäre wohl eher schädlich gewesen, besonders für die Kinder ...

Entwicklungsgebiet.

Nicht schädlich waren hingegen die unglaublichen Spielmöglichkeiten im Quartier: Wo heute das Einkaufs- und Bürozentrum Silberturm protzt, oder vor sich hindümpelt, mit vielen Büros, Arztpraxen und Läden, die um Kunden ringen, war früher eine wunderbare Brache, auf der Holzstämme herumlagen, ein Stangenlager, wo aber auch Autos abgestellt wurden, nein, kein gewöhnlicher Parkplatz. Zum Beispiel die Servicebusse von Zweifel Chips, und die waren nachts nicht einmal abgeschlossen – ein Hort der Begehrlichkeit, ein Hotspot oder doch ein Unort, so würde man heute sagen. Oder die Terri Schokoladenfabrik vis-à-vis, die mit dem drolligen Hund im Firmenlogo, aus der es manchmal so wunderbar nach Schokolade roch, und in der man als Kind allenfalls Bruchschokolade erhielt, gratis. Damals gab es eben nicht nur Maestrani Schokoladen in St.Georgen. Schokolade und Pommes Chips waren noch nicht täglich auf allen Tellern anzutreffen.

Familiengärten statt Kinderspital an der Claudiusstrasse, Beeren und Früchte à discretion, das nahe Goldbrünneli[56] am Goldbrunnenweg unterhalb des Tivolihangs, aus dem der Sage nach Heilwasser floss, die sagenumwobene Mispeli-Höhle, ehemaliger Eiskeller einer nahen Bierbrauerei oder doch verwunschener Fluchtweg aus dem Klösterli Notkersegg? Der Hagenbuchwald mit seinen Schluchten und Schürfstellen für Versteinerungen, der Totenweiher auf Dreilinden. Spannend. Geheimnisse? Bräteln im Wald – gar eine Niele[57] rauchen, hundeelend war's dem Jungraucher danach. Oder Gespenster und Hexen verjagen, Räuber und Poli[58], Völkerball spielen auf der Schulhauswiese Grossacker. Nahe bei den Familiengärten, wo die süssen Beeren wuchsen, und die leckeren Pflaumen.

Fernweh am Bahnhof St.Fiden, den Zügen zuschauen, besonders wenn einmal pro Jahr Circus KNIE nach Sankt Gallen kam, im Frühling. Zwei Güterzüge voller Tiere, die ausgeladen werden wollten: Pferde, Lamas, Esel, Giraffen, Kamele und dann die Elefanten, eindrücklich, auch die verschiedenen Gerüche. Anschliessend marschierten alle Tiere zum Spelteriniplatz, zur Tierschau, wie es damals hiess. Das Ausladen war für die Kinder ein Happening, kostenlos, die Tierschau brauchten sie danach nicht mehr zu besuchen. Die meisten hätten auch gar kein Geld dafür gehabt.

Warten auf den oft verspäteten Zirkus-Zug lohnte sich; Löwen und Tiger reisten schon damals mit dem Camion an.

Im Güterbahnhof von St.Fiden.

---

[56] *Das sagenumwobene Goldbrünneli am Pilgerweg nach Westen geht auf das Jahr 1592 zurück. Im 20. Jahrhundert verfiel der Heilwasserbrunnen nach und nach. Die Quelle wurde durch den Bau der Birnbäumen-Siedlung 2007 verschüttet. Das nun profane Brünneli in eher geschmack- und lieblosem Out-fit wird heute mit Bodenseewasser gespiesen. Irgendwie schade!*

[57] *Dialekt: Gemeine Waldrebe, zum Rauchen möglich.*

[58] *Dialekt: Polizist.*

St.Fiden.

Ein kleines Paradies.

Für kleine Häfelis.

Und andere Kinder.

Heute ein abgestellter Provinzbahnhof ohne Bedeutung. Ohne wirklich funktionierendes S-Bahn-System. Mit Halbautobahnanschluss. Der das Dorf unbarmherzig und schmerzhaft durchschneidet. Nachfrageorientierter Strassenbau nannte sich das damals. Das Phänomen schien gestorben zu sein. Und droht heute mit seiner Wiedergeburt.

In St.Fiden.

Entwicklungsgebiet.

Mit Potential.

Lösung in Sicht?

Vielleicht.

In 50 Jahren.

Geduld bringt Rosen: Und eine funktionierende S-Bahn.

Oder doch Warten auf Godot?

Vertraut.

Am späten Nachmittag rief Heribert Müggli, der Schulleiter des Oberstufenzentrums Ost, im Kommissariat an. Max Kraienbühl nahm den Anruf entgegen, lustlos zwar, da er sich bereits für den Feierabend vorbereitet, den Schreibtisch aufgeräumt hatte und sich auf das Rendez-vous mit seiner neuen Freundin freute.

«Rendez-vous? Nix da», sagte Häfeli bestimmt, «gib schon mal eine Verspätungsmeldung durch, das dauert noch etwas bei uns, mit uns beiden … Wir schauen nochmals alles minutiös durch. Und informiere bitte die Einsatzzentrale und Bereitschaftspatrouillen. Vielleicht finden die jetzt Hinweise auf Angelina.»

Kraienbühl schaute verärgert auf seine Armbanduhr. So wie es schien, schwamm seine Freundin heute bereits den Bach hinunter. Allein. Wer weiss.

Triumph. Und Ducati.

Angelina sei bereits wieder eine Nacht und zwei Tage überfällig. Erneut verschwunden, diesmal alleine; keine Hinweise, keine Spuren, weder bei Freunden noch Verwandten. Nichts. Die Eltern seien sehr besorgt, nachdem, was sie schon alles erlebt hätten. Am Kinderfest. Zum Beispiel.

«Wie alt ist eigentlich das Mädchen? Freunde? Hobbies und Lieblingsbeschäftigungen, Berufswünsche, Hintergrund der Eltern?» hatte Kraienbühl den Schulleiter gefragt.

«Angelina ist etwas älter als die anderen, reifer, gut entwickelt; sie wird dieses Jahr 17. Blonde Haare. Wie alle hat sie ständig ihr Handy in der Hand, aber sie liest gerne und schreibt selbst Geschichten. Sie schreibt gut, hat eine bemerkenswerte Fantasie. Ich lese ihre Texte sehr gerne. Da kann man auch als alter Fuchs noch einiges lernen, wie die Jungen heute ticken, und so …», erzählte Müggli. «Semantisch sehr interessant! Ausserordentlich. Die Sprache entwickelt sich, erfindet sich täglich neu.

Spüren Sie das ebenfalls?»

«Chabis», sagte Häfeli. Die korrekt genutzte Sprache mit ihrer gesamten Vielfalt, ihren Facetten, löse sich wie von selbst auf, befürchtete er. Und das aus verschiedenen Gründen.

«Angelina liebt Motorräder, möglichst schwere – und möchte Motorradrennfahrerin werden. Auf Geheiss ihres Vaters muss sie aber zuerst eine Lehre machen, als Kauffrau. Das kann ich mir nun wirklich nicht vorstellen, sie ist keine Sesselkleberin. Aber der Vater weiss halt alles …»

«Ja, ja, ist ja gut, Herr Müggli, wissen Sie etwas über ihre Motorradfreunde oder so?» Müggli verneinte, er selber habe kein Motorrad, und zudem nur wenige Freunde, lebe zurückgezogen in ..., ja genau. «Nun ja, Angelina ist ab und zu mit einem Motorrad zur Schule gekommen, ein schwarzer Schnepper mit weissen Rädern, vermutlich ein Malaguti glaube ich, ein italienisches Fabrikat, offenbar fast schon ein Unikat. Ein Oldtimer. Sie interessiere sich auch für andere Marken, sagt Frau Vetter, ihre Lehrerin. Für Moto Guzzi und Harley-Davidson, BMW, Triumph und Ducati, glaube ich. Ich kenne mich da nicht so aus, nur die Namen.»

«Ich habe auch zwei schwere Motorräder, warf Kraienbühl dazwischen. Zur Vermisstmeldung Fréderique Kleeli gebe es von Seite der Polizei leider keine neuen Erkenntnisse; wie vom Erdboden verschwunden. Nur die Trompete sei gefunden worden, total verbeult, im Sittertobel.

«Gschpässig! Halten Sie uns auf dem Laufenden, und wenn Ihnen noch etwas einfällt zu diesem Trompeter …, oder zu dem Mädchen, eine Motorrad-Marke, etwas Verdächtiges. Und Menschen. Namen. Wir brauchen Namen.»

Häfeli und Kraienbühl überlegten hin und her, liessen Bilder Revue passieren, zerbrachen sich den Kopf, ohne zündende Erkenntnisse. War Angelina eine Rockerbraut?

«Hör dich doch mal in diesen Kreisen um, Harley-Treffen, Oldtimer-Clubs, wir suchen ein Nachwuchstalent.»

Kraienbühl nickte.

«Du, gell, ich bin ja kein eigentlicher Töff-Freak und so …, mit meiner roten Vespa eher ein Gelegenheitsfahrer, im Gegensatz zu dir. Aber, ich suche einen guten Mechaniker, der mir hilft, mein altes Wäspi zu flicken, das schon seit Jahren in meiner Garage herumsteht. Jahrgang 1956, zitronenfaltergelb. Schön. Angeschlagen. Brüchig, die Mechanik. Alt, halt. Analog.»

«Wie Du», Kraienbühl nickte.

«Freche Siech!

Aber hast ja recht. Mindestens ein bisschen. Wie fast immer. Muss aber nicht teuer sein, die Reparatur. Vielleicht findest du jemand? Für mein Wäspi. Nein, ich verkaufe nicht.».

Kraienbühl nickte nicht mehr. Er wollte nur eines: Aus diesem Büro verschwinden. Wenigstens für heute.

Leider klingelte das Telefon erneut. Ärgerlich. Am Apparat war Schulleiter Müggli. Der schon wieder! Sie hätten die Sache im Lehrerzimmer besprochen, diskutiert. Intensiv. Und ja: Angelina habe noch ein zweites Mofa gehabt, ozeanfarbig, vermutlich. «Aber darüber sind wir uns nicht einig geworden. Leider. Aber über die Marke, Garelli: Ebenfalls ein Oldtimer. Ein Mailänderli. Sind Sie nun zufrieden mit mir?»

Kraienbühl fluchte leise vor sich hin. Chabis oder so.

«Zeit, Feierabend zu machen», sagte Häfeli. «Wir brauchen eine Pause. Und übrigens: Gut befragt, den Müggli. Kompliment!

Du bist ein echtes Nachwuchstalent.

Apropos Nachwuchstalente: 17 Jahr, blondes Haar, erinnerst du dich? Ein Schlager. Irgend so ein Quatschli-Sänger, der Täubeler war‘s aber jedenfalls nicht. Hugelshofer auch nicht.»

Doch Kraienbühl erinnerte sich nicht, verstand seinen Chef wieder einmal nicht. Aber in jedem Fall sei das nicht seine Altersgruppe, diese alten Schlager. Nicht sein Stil.

Obwohl blond eine seiner bevorzugten Farben war. Beim Bier übrigens auch. Na dann: Prost!

«Ich nehme heute Frida. Schöne Obig und viel Spass». Häfeli nahm den Vespa-Schlüssel aus der Schublade. Kraienbühl ärgerte sich. Aber als er vor dem Amtshaus stand und überlegte, wohin er gehen sollte, wusste er gar nicht mehr worüber.

Rollator-Fahrschule?

«Du, ich habe einen neuen Job, nur dass du es von mir direkt erfährst», sagte Kraienbühl, als er am nächsten Morgen zur Türe hereinplauderte. Erstaunlich wach, erstaunlich vergnügt. Geradezu aufgekratzt, für einen gewöhnlichen Dienstag.

«Als was denn?»

«Als Rollator-Trainer in den Sankt Galler Alters- und Pflegeheimen, alles elektrisch, elektronisch gesteuert, diese Dinger, digital sowieso, Fahrbefehle direkt aufs Hörgerät. Mädels um dich herum, so viel du möchtest, das ist doch das Paradies. Männer hat es ja nur wenige in diesen Heimen.»

«Schwätz kei Blech[59], du wirst mich doch hier nicht alleine herumsitzen lassen – oder?»

«Keine Angst, ich bleibe noch etwas … Aber hör mal, was mir am Wochenende passiert ist: Ich war mit Laura, einem Freund und dessen Hund am Bielersee, eine Schifffahrt von La Neuveville nach Erlach und weiter dann nach Ligerz, Twann und Biel. Wunderbares Wetter, das Schiff voller fröhlicher Leute auf dem Sonntagsausflug. In Erlach stiegen wir aus, schauten das historische Städtchen an und warteten am Hafen auf das nächste Schiff, das einigermassen pünktlich ankam. Wieder viele Leute, wie eine Schulreise, aber alles ältere Leutchen mit Rollatoren, Rollstühlen, Krücken, an den Armen der Pflegerinnen, furchtbar langsam ging das Aussteigen, oder soll ich sagen Ausladen?

Plötzlich stürmte ein rüstiger Rentner mit seinem Rollator andere überholend ungeduldig von der Plattform, das Schiff lag höher als der Quai; der Rollator und sein Rentner wurden immer schneller und drohten, einen wartenden Passagier in den See zu stossen. Geistesgegenwärtig sprang dieser zu Seite – und bekam

---

[59] *Dialekt: Schwatz keinen Unsinn.*

den Rollator noch zu fassen. Eine psychomotorische Meisterleistung! Nicht auszudenken, wenn der alte Knacki mit seinem Gefährt in den See gestürzt wäre. Nichtbeherrschen des Fahrzeuges.

Die Szene war durchaus amüsant, aber es hat mir gezeigt: Rollator fahren will gelernt sein, vor allem mit den neuen, elektrischen, digitalen. Das ist für die alten Leutchen gar nicht so einfach. Fazit: Ich mache eine Rollator-Fahrschule auf! Irgendwann, jedenfalls, bevor ich selbst einen benötige.»

«Also gut, du kannst ja schon mal im Amtshaus üben, in den langen Gängen ist es weniger gefährlich», brummte Häfeli. «Für alle. Aber warte noch etwas mit deiner Kündigung, und nimm etwas Rücksicht auf meine Nerven – und meine Verdauung. Ich brauche dich hier, Rollator fahren kannst du noch lange genug! Jetzt kommt dann gleich der Stadtbaumeister. Nebenbei: Nächstes Mal solltest du unbedingt nach Ligerz fahren und dort das eindrückliche alte Kirchlein besuchen. Das soll ein ganz besonderer Kraftort sein ...»

«Kraftorte? Das haben wir in Sankt Gallen genug. In der Mühlenenschlucht. Auf dem Freudenberg. Im Galgentobel. Und natürlich im Amtshaus. «Glaubst du eigentlich an dieses Zeugs?»

Häfeli zuckte mit den Schultern. «Das sollten wir mal in Ruhe besprechen, bei einem guten Glas, oder so.»

Die Arbeitsweise des Kommissars und seines Assistenten mochten manchem Uneingeweihten und insbesondere wackeren und eingefleischten Bürokraten und Bierdeckelzählern zumindest etwas speziell erscheinen, so auch EFD, dem Polizeivorstand und Vorgesetzten. Dieser liess Häfeli zwar gewähren, mit einem gewissen Argwohn vermischt, durchaus – aber der Erfolg gab ihm schliesslich meist Recht. Häfeli liess sich im Ermittlungsprozess gerne treiben, gelegentlich ablenken, auf die richtige Spur lenken, oft aus dem Bauch heraus. Plötzliche Eindrücke und Erkenntnisse. Zufälle und Gefühle. Inputs. Gespräche. Ohne dabei das Ganze aus den Augen zu verlieren. Nach seiner Erfahrung geschahen viele Verbrechen mehr oder weniger zufällig – oder unvorhersehbare Ereignisse eskalierten; sie entsprachen meist nicht einem klar definierten, voraussehbaren oder konstruierten und durchdachten Plan, wie zum Beispiel und üblicherweise ein Auftragsmord oder ein Banküberfall. Daher machte es für den Kommissar und seinen Assistenten keinen Sinn, irgendwelche Konzepte, Studieneinfälle und Planszenarien nachzuspielen. Herumzuwälzen. Improvisieren, unorthodoxe Ideen und Methoden auf der Suche nach der Lösung des Falls, nicht immer nachvollziehbar, in der Tendenz aber meist richtig. Und zielführend. Ganz wichtig war für Häfeli die gute Zusammenarbeit mit Kraienbühl, seinem Assistenten, und einigen anderen engen Mitarbeitern. Viele waren es nicht.

Katzen töten.

«Willkommen in unserer bescheidenen Klause», begrüsste Häfeli Stadtbaumeister Ueli Meisterhans-Abendruh betont freundlich, schon fast enthusiastisch. Etwas zu süsslich. Durchaus.

«Nimm Platz.»

Kraienbühl wunderte sich. Gesülze! Wie war doch noch der Übername des Hochbauamtchefs. Genau: Grill-Ueli. Der Mann passt sich an.

«Wie geht es dir? Wir nehmen gerade noch Bruno Grünpeter hinzu, die Voliere ist ja euer beider geliebtes Kind. Holst du ihn, Kraienbühl?»

Nun warteten sie, bis der Chef des Gartenbauamtes eingetroffen war. Dann sagte Meisterhans-Abendruh: «Die Voliere – *unser* Kind, das würde ich *so* nicht sagen, eher ein Gerücht, äh, gell, nur damit alles klar ist.»

«Kinder? Du und ich, zusammen – wir haben keine gemeinsamen Kinder, das fehlte gerade noch», Grünpeter lachte.

«So, wir beginnen.» Häfeli übernahm das Zepter. Die beiden Streithähne sassen sich ruhiggestellt vis-à-vis.

Der Stadtbaumeister begann langatmig und überaus detailreich die Geschichte der Voliere im Stadtpark zu erzählen. Der Weiher, etwa am selben Ort wie der heutige völlig übernutzte aber etwas anders in der Form, sei wohl vor 1830 entstanden. Er wisse das aus alten Stadtplänen, bemerkte er nicht ohne Stolz. Das achteckige Gebäude aus dem Jahre 1892, sehr reizvoll, wurde abgebrochen, leider. Der Teich habe damals Schwanenweiher im Stadtpark geheissen. 1936 habe die Stadt das heutige Gebäude mit «Entenweiher und Pinguinbassin» gebaut. Um 1947 sei für den Pelikan Max eine Opferkasse aufgestellt worden. «Katzen konnten hier zum Töten und anschliessender Verfütterung an die Vögel abgegeben werden Die Spender erhielten 50 Rappen pro Tier …»

Hier unterbrach Meisterhans-Abendruh seinen Redeschwall für eine Moment und schüttelte bekümmert den Kopf: «So was wäre heute nicht mehr möglich. Undenkbar – Katzen, unsere Lieblinge, metzgen und diesen doofen Vögeln zum Frass vorwerfen. Entsetzlich! Zwar haben wir viel zu viele Adipositas kranke Tiere. Na, ja, Menschen natürlich auch. Und viel falsch verstandene Tierliebe dazu. Einsamkeit als Hauptgrund. Aber metzgen? Nein! Um Gottes Willen.

Katzenstrecken sei der Vorgang früher genannt worden. Gleichzeitig an Kopf und ..., genau, kräftig. Dann ist Feierabend.»

«Na ja, so genau wollten wir es nicht hören. Aber gut. Nun wissen wir zwar fast alles über die Voliere, und wie man Katzen tötet», sagte Häfeli trocken, «aber die Zusammenhänge über das überraschende Ableben des Franz-Josef Waldvogel bleiben im Dunkeln.

Suboptimal. Nicht? Vorwärts jetzt!»

Das sei Sache der Polizei, nicht des Hochbauamtes, bemerkte der Stadtbaumeister und lächelte selbstzufrieden.

Die nun folgende Befragung ergab im Grunde nicht viel Brauchbares. Meisterhans-Abendruh und Grünpeter gaben sich gegenseitig die Schuld, weshalb es mit der angeblich so dringend notwendigen Renovation der Vogel-Gehege nicht vorwärts ging, auch deshalb, weil nicht eigentlich klar war, wo oder bei wem nun der Ball lag. Der Ball ist bei denen noch gar nicht auf dem Spielfeld, dachte Kraienbühl.

Am Schluss einigten sich die beiden darauf, Schuld sei der Stadtrat, der sich einmal mehr nicht entscheiden könne, was zu tun sei. Immerhin bestand Klarheit darin, dass die Zusammenarbeit mit den Vogelschützern und insbesondere mit dem Förderverein «sehr schwierig» sei und diese am besten aufgekündigt, die Aufgaben rund um die Voliere und andere Vögel dem Gartenbauamt einverleibt werden sollte. «Vertrauensvoll in deine Hände legen, geschätzter Herr Kollege», säuselte Meisterhans-Abendruh salbungsvoll. «Ich werde das wohlwollend unterstützen und persönlich sehr begrüssen.»

Zur gegenseitigen Beziehung der Herren Waldvogel und Weiss sowie zu allfälligen Drittpersonen wie zum Beispiel der Aktuarin und deren erotische Präferenzen wollten sich die beiden nicht äussern, «sich nicht aufs Glatteis wagen. Spiegelglatt». Zweifellos sei aber der Hilfsweiherwart D'Abruzzi ein Filou, Möchtegern-Weiberheld und notorischer Schürzenjäger. Raffiniert und unersättlich. Mindestens in der Fantasie.

«Tja, das gibt's», sagte Grünpeter. «Gell, auch beim Hochbauamt, wenn's euch langweilig wird ...» Die Antwort des Stadtbaumeisters liess nicht lange auf sich warten: «Du, was ich dich schon immer fragen wollte, auch im Auftrag meiner Kinder: Gibt es eigentlich schon ein Grünpeter-Spiel, und wie funktioniert das? - Was, nicht geplant. Du, das wäre der Durchbruch. Echt. Ich glaube an dich: Nur damit du nicht dauernd den Schwarzen Peter in Händen hältst.»

Häfeli verabschiedete sich, ohne auf das Geplänkel zwischen den beiden einzugehen.

«Wie ein altes Ehepaar, Permanent-Söderis[60]!

Hoffentlich bleibt mir das erspart.

Aber gell, Chraie, du kennst das ja auch bestens, etwas Erotik, oder so, wenn's e chli langwilig wird, im Büro. Andere nehmen härtere Drogen. Oder alles zusammen.»

[60] *Dialekt: Jemand, der andauernd etwas zu reklamieren oder zu streiten hat.*

Polizeiadjutant Max Kraienbühl sagte vorsichtshalber nichts dazu, verzichtete auf süffisante Anspielungen, um den Chef nicht unnötig zu reizen oder zu ärgern. Hatte er da eine Prise Eifersucht herausgehört?

Stets zu Diensten.

Für den Nachmittag hatte Kraienbühl den Hilfsweiherwart Paolo D'Abruzzi ins Kommissariat bestellt, anschliessend sollte Priska Flückiger-Klein, die Dentalassistentin der Praxis Dr. Waldvogel und Aktuarin des Fördervereins befragt werden. Häfeli überflog den Bericht der Spurensicherung, die weder in der Voliere noch im Stadtpark etwas Auffälliges zum Todesfall des Franz-Josef Waldvogel gefunden hatte. Seine Augen blieben jedoch bei folgender Passage hängen:

«Starker Haken an der Decke im Futterkeller, Spuren von Hanfseilen. Zweck nicht ersichtlich.»

Der Schlussbericht der Rechtsmedizin lag ebenfalls auf seinem Tisch, dessen Inhalt überraschte ihn nicht eigentlich, bis auf das Fazit.

D'Abruzzi erschien pünktlich, fragte nach Espresso und hielt nach Lena Ausschau.

«Kaffee gibt's später, eventual, falls wir zufrieden sind», sagte Häfeli mürrisch. Dieser Hilfsweiherapostel war ihm irgendwie suspekt, ohne dass er genau hätte sagen können, weshalb. Ein Angeber und Grossmaul, zweifellos.

«Nun zu Ihnen Herr D'Abruzzi. Wie lange machen Sie diesen Job schon, gab es besondere Vorkommnisse, wie war Ihre Beziehung zu Franz-Josef Waldvogel – und zu Patrick Weiss? Erzählen Sie.»

«Von einem guten Verhältnis würde ich nicht sprechen», begann D'Abruzzi, «weder zum einen noch zum anderen. Wir mussten zusammenarbeiten, ich hatte zu gehorchen, war der Bimbo, mehr nicht. Na ja, und Priska ...»

«Priska», fragte Kraienbühl. «Sie sind per du miteinander?»

«Ja, wir sind alle per Du, auch mit den Enten. Und den anderen Vögeln. Die stört das nicht. Für mich war das ein Job, von dem ich einigermassen leben konnte. Viel habe ich dabei allerdings nicht verdient. Aber ich habe immer wieder Führungen durch die Gehege gemacht, viele Menschen kennen gelernt. Frauen. Auch schöne. Frauen sind meine Passion.»

«Aha.» bemerkte Kraienbühl. «Das interessiert uns.»

«Wirklich? Vor einiger Zeit habe ich Priska Flückiger-Klein an einem kleinen Fest im Frauenpavillon kennengelernt – ein seltsamer Ort, zwar lauschig und gediegen, aber irgendwie komisch, die Leute. Die Frauen. Also nicht alle. Priska gefiel mir sofort, sie passte nicht in diesen unfreiwillig unsinnlichen Verzichterinnen-Club. Es schien mir sowieso, Männer seien hier nur geduldet, eigentlich aber des Teufels, oder bestenfalls überflüssig. Na ja, darüber kann man diskutieren, wenn man sonst nichts zu tun hat. Wie dem auch sei. Kennen Sie diesen geheimnisvollen Pavillon im Stadtpark?»

Pause.

«Aber Priska war anders. Und so sind wir ins Gespräch gekommen, wurden uns schnell vertraut, zugetraut, äh … Priska war gerade von ihrem Mann geschieden worden, nachdem sie längere Zeit ein zünftiges Techtelmechtel mit ihrem Chef, diesem Zahnarzt hatte, brauchte sie wieder etwas äh …, Zuwendung und Zuneigung. Verständlich, nicht? Dringend notwendiger Durchzug, um die angestaute schlechte Stimmung in der Praxis wegzublasen. Und ich bot dazu natürlich gerne Hand. Beide Hände. Uneigennützig. Na, ja.»

«Von welchem Zahnarzt sprechen Sie? Name und Adresse bitte. Mein Kollege sucht einen neuen Zahnarzt. Der alte war eine Flasche.»

«Das wird nun nicht mehr möglich sein. Dr. Waldvogel ist doch verstorben … Und ja, Priska Flückiger-Klein erzählte mir von ihrer Arbeit als Praxishilfe bei diesem Waldvogel, den sie nun vermehrt als Aktuarin, genau, mit Diktaphon, in die Voliere begleiten müsse. Von Amtes wegen, wie beide sagten oder meinten. So trafen wir uns recht häufig, auch zufällig.» D'Abruzzi hatte das Wort Akt-tu-arin etwas gar seltsam betont.

«Haben Sie Kinder?» fragte Kraienbühl.

«Äh. Nicht dass ich wüsste. Obwohl: So ganz genau weiss man das natürlich nie. Und Priska wäre wohl nicht abgeneigt ... Sie bekam keine, von ihrem Mann. Impotent und zeugungsunfähig? So genau weiss ich das nicht. Priskas Schuld war es jedenfalls nicht, sagt sie. In meiner Kindheit hatten wir Hasen. Wenn der Bock nicht viel taugte, landete er am nächsten Sonntag auf unseren Tellern. Schmeckte nicht schlecht. Eigentlich. Der Bock hatte sein Ziel erreicht.» D'Abruzzi legte eine Pause ein und genehmigte sich einen Schluck Wasser aus dem Glas, das Lena vor ihn hingestellt hatte.

«Nun, Priska sieht gut aus, ist gut gebaut, etwas klein, na ja. Waldvogels Kinder sind ausgeflogen, so blieben ihm noch die Enten. Und Eulen. Turmfalken. Tauben. Zum Verfüttern. Die Igelstation. Und Priska, meinte er. Aber diese brach das Verhältnis mit ihrem Chef rasch ab, nachdem sie sich von meinen Qualitäten überzeugt hatte.»

Überhebliches Arschloch, dachte Kraienbühl, und verzog missmutig das Gesicht.

«Ich möchte gar nicht wissen, was alles in dieser Zahnarztpraxis vorgefallen ist ... Der Zahnarzt akzeptierte die in Aussicht gestellte Trennung nicht und drohte ihr, er schlage ihr sämtliche Zähne raus etc. So gab es immer wieder Ärger und Streit zwischen den beiden. Priska wollte ihren Job auf meinen Rat hin definitiv aufgeben, die Patienten begannen ebenfalls davonzulaufen. Glauben Sie mir, ich bin ein guter Ratgeber und stets zu Diensten, wie der Geist aus der Flasche. Kennen Sie den?»

Pause.

«Ein Mann für alle Fälle, so quasi», fuhr D'Abruzzi fort. Und schnalzte mit der Zunge.

«Priska war von Beginn an erfreulich offen zu mir. Zugänglich.»

«Aha, zugänglich, so, so!» Kraienbühl schmunzelte. «Von welcher Flasche sprachen Sie vorhin eigentlich …?»

«Ja, zugänglich halt, nichts Besonderes. Ich bin mich das von Frauen gewohnt, Sie beide wohl eher nicht?» Der Hilfsweiherwart blickte die Kommissare provokativ an, die jedoch auch auf diese Anspielung nicht eingingen. Mit keiner Silbe.

«Sie sagten, Herr Dr. Waldvogel habe Frau Flückiger-Klein massiv bedroht, ihre Beziehung sei zu Ende gewesen. Geht es etwas genauer – wir reden immer noch von einem ungeklärten Todesfall – oder gar von Mord? Und was ist mit dem Metallhaken im Keller, wozu diente der?» Häfeli beobachtete D'Abruzzi scharf, und glaubte gesehen zu haben, wie dessen Augen kurz zusammenzuckten.

«Ach der war kaum mehr in Gebrauch, früher ja, um Futter zu wiegen, glaube ich. So genau weiss ich das nun auch wieder nicht. Weiter gibt es da nichts zu erzählen … Von einem Mord weiss ich jedenfalls nichts.»

«Da bin ich mir nicht so sicher. Wir sehen uns wieder, davon bin ich überzeugt. Schon bald. Auf Wiedersehen.»

Häfeli öffnete die Türe, vor der bereits Priska Flückiger-Klein wartete. Die beiden schauten sich kurz in die Augen, ein Moment zu lange, wie es ihm schien, etwas zu tief, zu vertraut, zu wissend. Etwas gar verschmitzt.

Die Befragung der Dentalassistentin Priska Flückiger-Klein führte, was den überraschenden Tod ihres Chefzahnarztes betraf, im Wesentlichen nichts Wesentliches zu Tage – D'Abruzzi, der Schwätzer hatte ja bereits einiges erzählt. Ihre Arbeit in der Zahnarztpraxis und auch privat sei inzwischen sehr schwierig geworden, unruhig, voller Eifersucht und Hasstiraden. Lustvoll eigentlich nur noch, was die Enten betraf, da hätten sie sich bis zum Schluss gut verstanden.

«Zerrüttet? Na ja, vielleicht. Sicher! Franz-Josef war extrem eifersüchtig, drohte mir, wenn ich nicht zu ihm zurückkehre; einmal wollte er mich vergewaltigen, nebenan warteten die Patienten. Und es wurde von Tag zu Tag schlimmer – wir hatten den Tiefpunkt erreicht. Von Paolo erhielt ich neue Impulse, mein Leben war nun wieder spannend, und es wurde mir schlagartig bewusst, was mir alles gefehlt, was ich alles verpasst hatte. Dauernd diese Vögel, Tag und Nacht, im Grunde genommen eklig. Und die fauligen Zähne dazu. Modrig.»

Die beiden Polizisten schwiegen.

Wichteln?

Im Übrigen seien sie im Förderverein weiterhin ein gutes Team gewesen, zusammen mit Patrick Weiss und Paolo, der die «Situation vor Ort entspannte, auflockerte, die Luft auffrischte», und eine «grosse Hilfe und Entlastung» gewesen sei. Der Tod von Franz-Josef käme für alle völlig unerwartet, auch für den Förderverein, der nun ohne fähigen Präsidenten dastehe, zum falschen Zeitpunkt; der Betrieb sei derzeit in einer wichtigen Umbruchsphase. Grauenhaft sei das. «Vor allem für die lieben Vögelchen. Allerliebst.»

Häfeli und Kraienbühl waren sich da nicht so sicher.

«Diese Priska und der Paolo hatten nicht nur etwas miteinander, die haben sich genau abgesprochen, da bin ich todsicher», sagte Kraienbühl zu seinem Chef, als sich die Türe hinter Frau Flückiger-Klein geschlossen hatte. «Das spüre ich. Nächstes Mal nehmen wir sie beide in die Mange.»

Kraienbühl, selbst Motorradfahrer und stolzer Besitzer einer 1200er BMW aus dem Jahre 2002 und eines Condor Militärmotorrades A540, wesentlich älter als er selbst, das er wie seinen Augapfel hütete, hatte sich auftragsgemäss umgehört, jedoch nichts über den Verbleib von Angelina in Erfahrung bringen können. «Essig», sagte er zu seinem Chef, «niemand weiss etwas, niemand kennt das Mädchen. Sie ist verschwunden. Spurlos.»

«Wenigstens ist nun die zweite Leiche wieder zum Vorschein gekommen, im Galgentobel.

Gibt's schon Ergebnisse? Bleib dran, wir müssen Angelina finden. Unbedingt. Und schnell!»

Kraienbühl nahm das zur Kenntnis und blätterte weiter lustlos im Tagblatt herum. Schon wollte er die Zeitung weglegen, als er im Lokalteil ein kleines Inserat entdeckte:

«Kraftvoll und seriös: Schnäppchen bei Schnepperer – der Motorrad-Profi für Alt und Jung. Occasionen, Oldtimer, Neuigkeiten. Hodlerstrasse 95. Besuchen Sie mich.»

Das werde ich tun. Sofort, brummte er leise. «Du, ich muss dann mal weg, kurz etwas erledigen. Ist wichtig. Treffen wir uns zum Mittagessen im Seeger?»

Häfeli schüttelte den Kopf, er sei zu Hause abgemeldet, äh …, angemeldet, seine Tochter habe heute Geburtstag. Patrizia.

«Und das Geburtstagsgeschenk?»

Eine Viertelstunde später betrat Kraienbühl den Motorradladen in einer unscheinbaren, etwas in die Jahre gekommenen Liegenschaft an der Hodlerstrasse, begutachtete fachmännisch die Maschinen in der kleinen Ausstellung. Alte Kisten, und neue Modelle, Chrom, alles blitz blank sauber.

«Niemand da?»

Aus der Werkstatt hörte er Stimmen, er zuckte zusammen, die eine davon kannte er. Ohne anzuklopfen, öffnete er vorsichtig und leise die nur leicht verglaste Schiebetüre und sah Angelina, die zusammen mit einem etwa 35-jährigen Mann an einem alten Motorrad herumschraubte.

«Stadtpolizei, Kommissar Max Kraienbühl», er zeigte seinen Ausweis. «Was tun Sie hier?»

«Was tun *Sie* hier, das wäre die Frage, aber gut: Guten Morgen übrigens. Und das sehen Sie doch, wir reparieren dieses alte Motorrad, eine 1000er Motosacoche aus Genf, Baujahr 1919, eine absolute Rarität! Nein, keine Condor. Condors stammen aus Courfaivre, das ist nahe bei Delémont, sind heute noch wesentlich häufiger anzutreffen. Apropos, wie wäre es mit Anklopfen, nächstes Mal? Karl Schnepperer mein Name, nebenbei. Was wünschen Sie?»

Angelina stiess den Mann in die Seite und zischte ihm etwas in die Ohren.

«Hier besteht dringender Klärungsbedarf! Ich bitte Sie, mich ins Kommissariat zu begleiten. Beide. Jetzt sofort. Ohne Widerrede, Widerstand ist zwecklos – oder soll ich Verstärkung herbeirufen?»

«Das wird nicht nötig sein», Angelina zog den Mechaniker mit sich aus der Werkstatt. «Herr Schnepperer ist ein guter Töffmech und ein lieber Kerl.»

Adjutant Tom Wichtelmanns Katzen waren ebenfalls starke, schwergewichtige Kerle, elastisch, teilweise, der eine grau, der andere schwarz, mit buschigem Schwanz, beide etwas heikel, aber gut im Futter – tendenziell zu Adipositas neigend. Zeus und Poseidon. Wichtelmanns Frau Waltraud, genannt Waldi, hatte angeboten, die übergewichtigen Katzen ins Fitness Center mitzunehmen, gemeinsam mit ihnen zu turnen, tac, tac, tac, damit sie so eventuell schneller etwas Gewicht verlieren könnten, ganz abgesehen von einer strengen Diät, allenfalls sogar mit vegetarischen Einlagen. «Das tut den Tierlis sicher gut. Und uns beiden auch, gell Tom», sagte sie. Oder ob er es zuerst mit den eigentlich für ihn bestimmten Appetitzüglern versuchen wollte? Oder doch mit einem Magenband. Im Notfall.

Alles für die Katz!

«Du, mein herzallerliebstes Wichtelchen», schnurrte Waltraud, «was ich dich schon lange einmal fragen wollte, manchmal kommen mir Zweifel: Liebst du mich noch? Und vor allem: Bist du mir eigentlich treu, oder wenigstens gewesen, früher mal? Und heute?»

Wie Wichtelmann diesen «Kosenamen» hasste! Wichtelchen. Eine Zumutung. Er war doch kein Wicht, nicht? «Na ja», sagte er nach einigem Zögern. «Selbstverständlich! Was denkst denn du? Ich bin immer treu. Zu meinen Katzen und Gänsen.» So viele Fragen. Eigentlich hätte er gerne Kinder gehabt, aber mit Waltraud funktionierte es nicht. Wenn die Kaninchen nicht aufnehmen, werden sie gegessen.

An ihm fehlte es nicht, das wusste er, seit jenem «Unfall», an der Fasnacht. Sehr aufregend der Vorfall, aber in der Folge etwas teuer. Davon wusste Waldi nichts. Und das war auch besser so.

«Aber eine gute Idee von dir, Waldi: Wichteln. Ja, wir könnten es wieder einmal tun, spätestens an Weihnachten, zusammen mit unseren Katzen.

Und vergiss nicht, wir dürfen nicht jammern», ergänzte Tom Wichtelmann rasch, bevor seine Frau hätte zu Wort kommen können: «Wir haben Arbeit und Brot; für die Tiere ist gesorgt, mein Schätzchen. Solange gemordet wird, in Sankt Gallen.

Arbeitslos? Das wäre eine Katastrophe. Dann müsste man nachhelfen, irgendwie. Dem Schreckgespenst auf die Sprünge helfen!» Bla, bla, bla.

Arbeitslos durch die Nacht.

Laut Studien verschwindet in den nächsten Jahren die Hälfte aller Berufe. Auch unnütze. Und es entstehen wieder neue, teilweise ebenfalls unnütze. Durch die Digitalisierung, so zum Beispiel der digitale Coiffeur, mit dem 3D-Drucker; Toupets sind nun definitiv zu Hause machbar. Der virtuelle Koch, oder der Landschaftswirt, der Kühe im 3D-Verfahren melkt – toll, nicht? Milch ist gesund. Oder nun doch nicht so ganz? Experten sind sich häufig uneins.

Und wenn man dannzumal für die noch vorhandene Arbeit Menschen gar nicht mehr einsetzen kann, aus welchen Gründen auch immer, was macht man mit diesen, nun plötzlich überflüssig gewordenen Kreaturen? Arbeitslos durch die Nacht, hiess doch der Schlager einer blonden Berühmtheit aus der Nachbarschaft. Oder war's atemlos?

Arbeitslos.
Hoffnungslos.
Erbarmungslos.
Bis zur Pensionierung?

Mindesteinkommen. Rente mit 16, Invalidenversicherung statt Kindergarten. Ein weites Feld. Auch für Tiere denkbar. Auf jeden Fall nicht unmöglich. Visionen sind gefragt.

Zeus und Poseidon, die Katzen des Polizeiadjutanten und Leiters der Spurensicherung waren ebenfalls IV-Fälle, meinte dieser. Die eine hatte ein Glasauge, die andere ein lahmes Bein. Gewichtig hinzu kam das Übergewicht. In ruhigen Stunden im Büro überlegte der Adjutant, ob er seine haarigen Freunde, er selbst trug Vollglatze, bei der Invalidenversicherung anmelden sollte, für Poseidon einen Rollator beantragen – einen Katzen-Rollator. Da Katzen keine Sehhilfen gebrauchen können, entfiel dieser Wunsch für Zeus. Wichtelmann glaubte unverdrossen, seine beiden Katzen seien hochbegabt.

Katzenhaare auf dem Tisch, dem Sofa, im Bett, auf dem Teppich und dem schwarzen Kittel, manchmal auch in der Suppe. Bon Appetit! Haarig! Eklig. Eigentlich. Haare überall, nur nicht auf dem Kopf.

Falls die Invalidenversicherung nicht zahlen würde, wie bei vielen anderen, hatte der Polizei-Adjutant bereits einen Plan B: Er würde das Tagblatt abbestellen oder nur noch alle drei Monate erneuern, das Abonnement wäre so schneller kündbar. Oder die Zeitung nur noch einmal alle drei Monate ausliefern lassen, das ergäbe dann vier Ausgaben pro Jahr. Da meist ohnehin nicht viel Wichtiges oder Erbauliches drin stand, würden vier Ausgaben pro Jahr vollständig reichen. Und überhaupt: Im Pflegeheim lasen viele der dementen Insassen, Pfleglinge, Patienten, Internierte – oder wollen wir Gäste sagen, jeden Tag dieselbe Zeitung, das ganze Jahr, und das mit grösstem Interesse.

Und im Büro? Sparplan. Wieder keine Lohnerhöhung, oder wenigstens eine Steuersenkung, wie in den Nachbarsgemeinden üblich. Die Zeitung nur noch digital?

Imageförderung.

Geht doch.

So nicht!

Ab in die Psychiatrie, nein, nicht die Katzen, und auch nicht die Dementen; der Wichtelmann, aber nur in dieser Sache. Na ja, vielleicht zusammen mit seiner Frau, Waltraud? Ein Erlebniswochenende.

Eine andere Studie in derselben Zeitung, die sich auf das Bundesamt für Statistik berief, prognostizierte für die Schweiz 11‘033‘000 EinwohnerInnen, bei einem angenommenen hohen Szenario. Bei einer ebenfalls angenommenen Schätzung von einer Katze auf zwei Einwohner ergab sich ein stattliches Katzenheer von rund fünf Millionen fünfhunderttausend Tieren. Super, dachte Häfeli, da muss ich unverzüglich irgendwelche Aktien, Fonds oder weiss der Teufel was von Tierfutterproduzenten posten. Ein gigantischer Wachstumsmarkt, endlich läuft wieder mal was. Obwohl: 11‘033‘000 EinwohnerInnen scheint mir doch etwas viel in diesem Ländli. Über tausend Selbstmorde pro Jahr. Immerhin. Und immer mehr. Vor allem Männer. Jedenfalls die klare Mehrheit. Zusammenhänge wo keine sind?

Beginnen nicht Ratten sich gegenseitig zu beissen und umzubringen, wenn man sie auf zu engem Raum zusammensperrt? Noch mehr Menschen, die sich auf den Füssen herumstehen, noch mehr Staus auf den Strassen, noch weniger Platz in den Zügen und Nahverkehrsmitteln, noch mehr Bodenverschleiss für was weiss ich alles, Wohnblocks, Hochhäuser usw., noch mehr Verschandelung, noch weniger Grünräume? Noch mehr Gewaltverbrechen? Noch mehr Katzenfutter. Noch mehr Katzen. Und Hunde sowieso. Katzen und Hunde werden zu Tätern. Und Opfern. Mit Diabetes und künstlichen Hüftgelenken. Weil man sie nicht mehr sterben lässt. Da nützt auch der Kalbsbraten am Sonntag nix.

Allerdings seien Katzen entwicklungsgeschichtlich noch nicht eigentlich domestiziert, hatte er kürzlich gelesen. Und so schien es ihm auch, wenn Gipsy ihn wieder mal in den Finger oder in den Arm biss, nicht richtig, aber immerhin. Etwas mehr als ein Liebesbiss. Unmotiviert natürlich. Katzen sind halt eigenwillig. Manchmal lieb, dann wieder urtümlich. Und unberechenbar unergründlich. Wie Frauen. Was geht jetzt wieder hinter diesen grünen Augen vor? Frauen seien allerdings domestiziert, hiess es.

Also: Noch mehr Katzen. Autos. Flugzeuge. Immigranten Rasenmäher. Tumbler. Als Kind hatte Häfeli in der Schule von fünf oder sechs Millionen Menschen gehört. Später sprach niemand mehr gerne über diese Zahlen. Und heute? Heute haben wir einen Früchtchen-Salat. Und 7 Millionen Tumbler. Mindestens.

Jäger und Gejagte.

«Der Tote aus dem Bahnwärterhäuschen – was ist mit dem, gibt es finale Erkenntnisse von der Spusi und aus der Rechtsmedizin? Ruf mal bitte an, wir kommen vorbei. Sofort.»

«Tom Wichtelmann und seine Leute haben die Gegend minutiös abgesucht, auch den Wald mit diesem Galgen, aber nichts Verwertbares gefunden. Spuren von einem Sackkarren und zwei Personen – und natürlich diesen Goldring. Spuren von Tieren. Fress-Spuren. Ich habe soeben den Bericht gelesen, da wird's dir gröpelig[61]. Du hast ihn doch ebenfalls erhalten.» Kraienbühl verzog den Mund zu einem hämischen Grinsen. «Ich hole mir rasch ein *Red Null,* aus der Cafeteria, das habe ich mir verdient, spornt an, macht munter, und froh. Soll ich dir auch eine Büchse mitbringen?»

«Nein danke.» Der Kommissar verzog den Mund.

«Die Obduktion war unerfreulich, der Tote in einem sehr, sehr schlechten Zustand», sagte Rechtsmedizinerin Céline Fröhlich.

---

[61] *Dialekt: sich schlecht fühlen, dem Brechen nahe.*

«Sie haben es ja selbst gesehen. Stark verwest. Die meiste Arbeit hat mein Assistent übernommen. Gute Leistung, unter diesen Bedingungen. Ich war gerade etwas, äh …, unpässlich. Und beschäftigt, mit meinem Sohn, Jerry, er pubertiert, Sie kennen das, oder? Nerven aufreibend. Einfach streng.

Also, der Mann war nicht mehr als drei oder vier Tage tot, der Körper aber schon stark verwest, kein Wunder bei dieser Hitze, teilweise von Füchsen angefressen. Hässlich, sage ich Ihnen! Auch andere kleinere Fleischfresser haben sich da gütlich getan. Und dann die Ameisen. Der linke Arm ausgekugelt oder rausgeflutscht, beim Abtransport aus dem Zwischenlager, dieser Remise. Der Tote war in seinem Urzustand häufig an der Sonne oder im Solarium, eher zu viel, soviel steht fest. Jedenfalls nahtlos braun. Ich meine die Haut. Vor der Autopsie.

Alter? Zwischen 40 und 50 Jahren, würde ich sagen. Die Haut teilweise gerötet, wie gesagt; soweit noch vorhanden, wie angebraten, fast wie ein Poulet. Blond gefärbte Haare und: Pulverrückstände an den Händen, aber nur geringfügig. Eine Waffe wurde aber nicht gefunden. Zweifellos starb der Mann durch zwei Schüsse ins Herz, von hinten, vermutlich ein übliches Jagdgewehr. Besonders befremdend: Ante mortem hat er das Schienbein gebrochen, wie ist nicht klar, vielleicht ein Unfall. Das konnten wir im Detail nicht feststellen, dort war nämlich nichts mehr vorhanden.»

«Poulets mit blonden Haaren, na ja … Der Mann wurde mit gebrochenem Bein in die Bahnwärterhütte verfrachtet, dort hinterlegt, oder deponiert, wenn ich das richtig verstehe. Später wieder abtransportiert und an diesem improvisierten Galgen im Galgentobel flüchtig aufgehängt. Aber so tief, dass sich wilde Tiere, wie soll ich sagen, verköstigen können. Quasi eine zweite Hinrichtung, mit einer kräftigen Portion Hass? Sehr seltsam. Könnte es ein Jäger gewesen sein?» fragte Häfeli. «Oder ein Jäger hat ihn eventuell zufällig, äh …, füsiliert, und in der Hütte abgelegt?»

«Durchaus möglich», bestätigte Dr. Fröhlich. «Ja, zu dieser Hütte ist der sicher nicht mehr selbst gelaufen.»

«So viel mehr wissen wir nun auch wieder nicht», sagte Kraienbühl, «gibt es wenigstens einen Hinweis zum Gold-Löwen, Fingerabdrücke oder so?»

«Fragmente, aber es lässt sich vielleicht noch etwas rekonstruieren. Wenn wir Glück haben. Übrigens: Der Schwan passt zum Hals, ideal und identisch. Und der Stadtpräsident, wie geht's dem?» fragte Dr. Fröhlich.

«Der hat nun wieder seine Ruhe, mindestens vom Verein Freunde der Tag-Eulen hat sich niemand mehr gemeldet. Auch Schwanenköpfe wurden keine mehr angeliefert, keine neuen Drohbriefe, keine bedrohlichen Situationen. Alles ruhig im Rathaus. Was wünschten sich doch diese Tag-Eulen-Freunde? Genau, mehr Action im Tathaus.»

Und nun? Keine Spuren, keine Hinweise. Ein Bubenstreich? Die Ost-Gang? Wo sitzt der Hase im Pfeffer, oder der Hirsch im Galgentobel? Keine einzige brauchbare Spur, von diesem seltsamen Löwen einmal abgesehen.

Wer ist der Jäger und wer der Gejagte?

«Du, wir müssen sofort zurück ins Büro», drängte Kraienbühl. «Dieser Motorradmechaniker und Angelina warten auf uns.»

«Herr Schnepperer ist ein guter Mechaniker, der kennt sich mit alten Maschinen gut aus», sagte Angelina im Kommissariat zu Häfeli und Kraienbühl. «Ich werde bei ihm eine Lehre als Motorradmechanikerin beginnen, sobald als möglich, und sicher nicht als Schlafmütze in einem Büro, wie Vater es möchte. Der kann das vergessen.»

«Stimmt das?»

Karl Schnepperer nickte. «Ja, aus meiner Sicht ist das in Ordnung, Angelina ist psychomotorisch und mechanisch sehr begabt, und ich suche tatsächlich einen Lehrling. Oder eine Lehrtochter. Wenn ihre Eltern einverstanden sind.»

«Sie haben sich strafbar gemacht, versteckten Angelina in ihrer Werkstatt – auch vor der Polizei. Das wird ein Nachspiel haben», bemerkte Kraienbühl. «Wussten Sie das?»

«Ich war freiwillig in der Werkstatt. Absolut. Herr Schnepperer hat mich oft aufgefordert, zu Hause anzurufen. Und er ist mir nie zu nahegekommen, nur damit auch das klar ist. Er wird ein guter Lehrmeister für mich sein. Ich freue mich so.»

«Wir werden die junge Dame nun ihren Eltern zurückbringen, ob diese Sie anzeigen wollen, Herr Schnepperer, bleibt im Moment offen, und Schulleiter Müggli informieren». Häfeli schwieg einen Augenblick lang. «Und du Angelina, versprich uns, dass du nicht wieder abhaust, wir müssen nochmals über diese Leiche im Hexenhaus reden. Und auch über das Kinderfest, du hast sicher schlaue Ideen dazu – oder irre ich mich? Sonst wären wir gezwungen, äh …»

«Na was denn, wollen Sie mich einsperren, in einem Heim für schwer erziehbare Mädchen, weil die Leiche nicht mehr am richtigen Platz war, und Sie sie im Wald suchen mussten?», maulte Angelina, beruhigte sich aber rasch, nachdem Schnepperer ihr einen warnenden Blick zugeworfen hatte. «Ist ja ok., ich stehe zu Ihrer Verfügung. Bringen Sie mich jetzt bitte nach Hause.»

Pause.

«Ob sich meine Eltern freuen werden?»

Angelina zuckte mit den Schultern, ein bisschen ratlos, traurig; sie machte ein fast ängstliches Gesicht, wirkte verunsichert, zerbrechlich. Von der frechen Rotzgöre war nichts mehr zu sehen. Oder zu spüren.

Abwarten.

Und dann?

Nach Hause.

Wo das auch immer ist.

Nach Hause.

«Übrigens», sagte Kommissar Häfeli zum Motorradfachmann Schnepperer, «so unter uns, kennen Sie sich mit alten Wäspis aus? Ich habe da eine 1956er Vespa, original, zitronenfaltergelb, wunderschön! Aber sie läuft nicht mehr recht. Leider. Könnten Sie mal nachschauen? Reinschauen. Ganz unverbindlich. Abklären, was es alles braucht, mein Wäspi. Meine alte Liebe. Ohne Rost.»

«Das ist gut. Natürlich. Ich liebe alte Motorräder, bin spezialisiert auf Vespas, mache aus Schrott wieder echte Oldtimer. Wie Phönix aus der Asche. Meistens. Und ich bin ein zertifizierter Piaggo-Experte. Soll ich das Bijou morgen abholen?»

«Ja, gerne! Auf Wiedersehen.»

Verschwiegen.

Kaum war Häfeli im Büro eingetroffen, er konnte sich gerade noch auf seinen Lieblingsstuhl retten, stürmte Polizeivorstand Edmund Freiluft-Dieterle herein, wie gewohnt, ohne anzuklopfen, dafür mit knallrotem Kopf. Oben ohne.

«So geht das nicht mehr», krähte er schon auf dem Gang, und schloss dann die Türe recht geräuschvoll. «So nicht meine Herren, nicht mit mir! Diese Pattis, Claudis und wie die alle heissen, alle unbrauchbar; haben nicht Sie mir diese Damen als valable Lösung und Ab-Lösungen für unser Sekretariat empfohlen? Ein Schmarren ist das, nichts funktioniert mehr. Da muss sich sofort was ändern, tun Sie was, lieber Häfeli, das Durcheinander wird immer grösser. Alles Anfänger. Unprofessionell. Ein Scherbenhaufen. Und wenn ich das am frühen Morgen realisiere, rege ich mich schaurig auf, bin wie elektrisiert, statisch aufgeladen. Das ist lebensgefährlich für einen Mann in meinem Alter, das müssen Sie verstehen. Mein Herz ist auch nicht mehr das jüngste.

Was, Sie lachen schon wieder, das ist ja unerhört!

Lachen Sie über mich?»

Abkühlung gefällig?

«Verzeihung», sagte Häfeli. «Ich lache nicht, das würde ich mich nie getrauen – aber Sie haben etwas vergessen …»

«Sie meinen meine Haare – haarsträubend!»

Pause.

«Nein. Oder ja, vielleicht auch. Wieder oben ohne, das steht Ihnen ohnehin besser. Aber *Sie* wollten doch Ihre Mitarbeiterin loswerden und haben diese Ersatzlösungen arrangiert – zusammen mit Büttikofer. Pardon. Ich habe mich inzwischen anderweitig arrangiert. Tempi passati.

Lassen Sie uns doch in Ruhe, äh …, darüber reden, nachdenken, gemeinsam nach einer guten Lösung suchen. Das braucht natürlich Zeit, gerade in diesem heissen Sommer. Möchten Sie ein Erdbeer-Glacé?»

«Bleiben Sie mir vom Leib mit dem klebrigen Zeug. Aber Sie haben ja nicht ganz Unrecht, verehrter Häfeli.»

«Die Glacé war nur eine Geste, eine kleine Abkühlung, zur Entspannung. Aber wie Sie meinen, Herr Freiluft-Dieterle. Nun, ich habe stets eine gute Idee parat. Oder einen Witz. Und Sie haben sich ja oben schon mal abgekühlt, entblättert, wenn man das so sehen will. Ich gratuliere Ihnen – sieht gut aus. Besser denn je ...»

«Werden Sie nicht schon wieder frech!»

«Nein, nein, ich wollte nur sagen, äh … Genau, einfach wird es in diesem Fall nicht. Vielleicht übernimmt die Bauverwaltung die Damen, oder das Archiv? Oder die Stadtkanzlei. In die Konkursmasse. Dort stören sie weniger, das ist meine persönliche Meinung. Aber wie halten Sie sich in der Zwischenzeit über Wasser, bis wir eine geeignete Lösung gefunden haben? Ich mache mir Sorgen.»

«Ich brauche kein Glacé und keine Witze, und ihr Mitleid ebenfalls nicht. In dieser Besetzung werden wir zum Witz des Jahres; also, machen Sie vorwärts, hopp hopp, mir wird es hier langsam zu heiss.» Der Polizeivorstand redete sich in Hochform. «Informieren Sie mich, wenn die Lösung steht, möglichst schnell, Sie haben freie Hand. Natürlich zusammen mit dem Polizeisekretär. Büttikofer. Der freut sich immer, wenn er Sie sieht.» Freiluft-Dieterle grinste hämisch.

«Doch noch kurz zu meinen Haaren, nur damit Sie es wissen. Aber behandeln Sie diese Information bitte streng vertraulich. Amtsgeheimnis: Ich verzichte inskünftig wieder auf Haarersatz in jeglicher Form und überall, dieses Experiment war nebenbei auch noch sauteuer. Das Ding. Echthaar, nicht etwa von Pferden. Bei dieser Hitze unzumutbar. Glatzen haben auch ihre Vorteile, nicht wahr. So ist das. Luftig.»

EFD streichelte seine Glatze, schon fast zärtlich.

«Fred ist mir zu Hilfe gekommen, mein Hund. Kennen Sie ihn? Fred Feuerstein, ein liebes Tier. An sich. Gestern hat ihn aber der Teufel geritten, na ja, wen erstaunt's bei dieser Hitzewelle. Am

Abend wusch ich das Toupet kurz aus, nicht in der Geschirrwaschmaschine. Also gut, ich legte es zum Trocknen über einen Stuhl. Und heute Morgen? Totalschaden! Zerknittert und zerrissen, Fetzen hier, Fetzen da. Überall Haare. Fred hatte die Überreste noch im Maul. Ich sage Ihnen, Häfeli: Aus. Schluss damit.

Fertig!»

Nebenbei fragte der Polizeivorstand doch noch: «Äh …, fast hätte ich es vergessen, bei all diesen Scherereien und der Hitze: Wie läuft's mit Ihren Fällen, kommen Sie vorwärts? Und: Lüften Sie Ihr Büro wieder mal richtig durch, lüften macht frei, gedanklich. Und fröhlich.»

«Na ja, es geht. Wir sind auf der richtigen Spur, gedanklich, und praktisch sowieso …

Auf Wiedersehen Herr Freiluft ...!»

EFD war schon gegangen und schletzte[62] die Türe zu.

Ohne Rücksicht. Ein lauer Windstoss, immerhin.

Nun konnte der Kommissar endlich losbrüllen. Fred Feuerstein und die Ersatz-Haare des Polizeivorstands. Tränen rannen ihm über die Wangen.

«Nicht sehr rücksichtsvoll, der brave Hund, und der Herr Polizeivorstand auch nicht, etwas mit den Nerven hinüber. Aber das wird schon wieder.» Soviel zu Toupets und zum Schletzen der Türen. Im Moment.

Häfeli und Kraienbühl hatten die desolate Situation im Sekretariat längst bemerkt, sich aber, wie der Kommissar erwähnt hatte, «arrangiert». Er hatte überhaupt keine Idee, wie er das Problem lösen wollte. Zusammen mit Kraienbühl?

On verra.

«Komm wir gehen ins Café Scherrer.» Dort angekommen bestellte Häfeli einen doppelten Espresso und Kraienbühl einen Bananasplit, «aber bitte ohne Kunstrahm»!

---

[62] *Dialekt: lautstark zuschlagen.*

Der Kaffee war hier ganz passabel, zwar nicht zu vergleichen mit einem italienischen Espresso, na ja. Überdies gab es nicht diese Auswahl an verschiedenen Kaffee- und Teespezialitäten wie früher im Café Altstadt, dem letzten Kaffeehaus in Sankt Gallen mit Wiener Stil und Charme an der Neugasse. Praktisch, gleich vis-à-vis des Amtshauses, eine gute Alternative zur dortigen Cafeteria. In den Räumlichkeiten des ehemaligen Cafés hatte sich inzwischen die Filiale einer x-beliebigen Mode-Boutique-Kette eingenistet. Lumpensammler statt Kaffee. Und: Schluss mit starkem Kaffee in Sankt Gallen. Starker Tubak, eigentlich. Aber offenbar mögen's die hiesigen KaffeetrinkerInnen lieber schwach und wässrig oder bestenfalls milchig langweilig. Starken Espresso gab's auch im Nannini, im Osten der Stadt, und natürlich bei fast allen Italienerinnen.

«Übrigens», sagte Häfeli zu seinem Assistenten nach dem dritten Schluck Kaffee, «Freiluft-Dieterle führt etwas im Schild …»

«Was denn, will er dich an die Luft setzen?»

«Freche Siech! Frauenförderung, für dich ein Reiz-Wort, ich weiss, heisst sein neues Credo. Das hat Auswirkungen auf unser Kommissariat; Frauen sollen vermehrt Positionen in leitender Stellung ausüben …»

«Mir sind eigentlich alle Stellungen recht, und Dir?»

«Lappi ...! Gefördert werden, meint EFD! Und das andere ergibt sich dann von selbst. Sein Toupet hat er schon mal entsorgt.

Chabis!»

Pause.

«Aber im Ernst. Und du, pass mal auf! EFD möchte unser Kommissariat ergänzen, aufwerten, wie er meint. Modernisieren. Durch eine Frau. Mindestens eine. Zunächst als Volontärin oder neue Assistentin, das überlässt er im Detail uns, später möglicherweise als Stellvertreterin, du bekämst Konkurrenz …»

«Aha. Am Schluss sind wir von selbsternannten Powerfrauen umstellt, daheim sowieso, und im Büro, an der Arbeit, vom Kindergarten bis zur Bahre – Wellenbergs sind dann passé.

Vielleicht arbeiten dann nur noch Frauen, die Männer sind beurlaubt, oder so. Sitzen zu Hause und zählen ihr Taschengeld. Stricken und nähen, kochen und putzen.»

«Allenfalls sporadisch einsetzbar als Service-Man, als persönlicher Pedell[63] oder Ratgeber?» ergänzte Häfeli. «Oder als Windelwechsler. Windelweich. Zählen Erbsen oder gehen fremd. Langweilen sich. Und am Abend sind alle furchtbar müde, und haben Migräne.» Häfeli kokettierte vor allem daheim und bei seinen Nachbarn gelegentlich mit seiner Zusatzberufung: Pedell. Mädchen für alles.

«Das stört mich nicht!» Kraienbühl zuckte mit den Schultern. «Ich habe nie Migräne. Männer wie mich braucht es immer, davon bin ich überzeugt! Du konntest doch bereits Erfahrungen sammeln, mit der Frauenförderung, zu Hause – Sabrina, globiundmaus … Geht's damit nun endlich vorwärts?»

«Wie war der Bananasplit?» Häfeli wollte das Thema nur zu gerne verlassen.

«A point! Wirklich, ideal bei dieser Hitze, nicht zu kalt und nicht zu warm, die Glacé.»

«Wir sind bald durchgebraten! Und du sprichst von à point? Hallo!

Glace.

Sehr witzig.»

Gut gibt es das Café Scherrer. Im Herzen der Altstadt.

Am nächsten Tag befragten die beiden Kommissare nochmals Priska Flückiger-Klein und Paolo D'Abruzzi. Das Gespräch verlief zunächst schleppend, drehte sich um Details in der Pflege von Enten und anderem Gefieder, die bauliche Situation, das Verhältnis des Fördervereins zur Stadtverwaltung, um die Beziehung des Dr. Waldvogel zum Personal der Voliere und insbesondere zur Praxishilfe und Aktuarin Priska Flückiger-Klein und zum Oberweiherwart Patrick Weiss, und generell. Grenzen und

---

[63] *Hausmeister an einer gehobenen Schule oder Universität.*

Möglichkeiten für Wasservögel im 21. Jahrhundert, wild oder unfrei, in diesem Super-Sommer, im Jahr der gefühlten Klimaerwärmung auf allen Ebenen.

Das Letzte. Wirklich.

Der Kommissar mahnte, endlich zur Sache zu kommen, die Vögel seien nun auch wieder nicht soo wichtig, angesichts des traurigen Endes dieses unseligen Fördervereinspräsidenten. Aus der Rechtsmedizin gebe es Hinweise auf eine Orgie, DNA-Spuren von mehreren Personen, männlich und weiblich, in der Voliere.

«Eine Orgie, wir? Unsinn! Das brauchen wir nicht, gell Paolino, mein Pollo. Ich liebe Hähnchen, Sie auch?» flötete Priska Flückiger-Klein. Der Hilfsweiherwart verhielt sich überraschend schweigsam.

«Wusste Ihr Chef und Geliebter von Ihrer, äh ..., neuen Beziehung?» fragte Kraienbühl.

«Natürlich. Das war ja nicht mehr seine Sache, ich schlief nicht mehr mit ihm, seit ich mich in Pollo verliebt hatte. Schliesslich wurde ich schwanger. Als Franz-Josef das realisierte, hatte er beinahe einen Nervenzusammenbruch. Tobte. Aber beide wollten das Kind nicht und überschwatzten mich, abzutreiben. Das wäre einer meiner letzten Chancen gewesen, so nahe, äh ..., am Klamaukterium, mein grösster Fehler überhaupt!

Pollo-Franz hätte ich das Kind getauft, wenn es ein Bub geworden wäre.» Die Frau begann zu weinen, die zwei Kommissare und der Hilfsweiherwart hörten ihr einige Minuten zu, peinlich berührt, dann wurden die Männer unruhig.

Es regnete stark.

Selten in diesem Sommer.

«Also. Was ist in jener Dienstagnacht in der Voliere tatsächlich passiert? Wer von Ihnen hat Franz-Josef Waldvogel ermordet» fragte Kraienbühl. «Bitte keine Ausflüchte.»

Lustig würgen.

«Ich möchte Ihnen Details ersparen, das interessiert Sie wohl kaum», begann Priska Flückiger-Klein und wischte sich letzte Tränen ab; sie wurde noch etwas kleiner in ihrem Sessel.

«Doch, doch», antwortete Kraienbühl, wurde aber durch eine Handbewegung Häfelis ruhiggestellt.

«Sie beide sind doch keine, äh ..., Lustmolche oder Voyeure, nicht?» Die Frau machte eine Pause, trank einen Schluck Wasser.

«Nur so viel, das muss reichen: Unsere Beziehung begann kurz nachdem ich Herrn D'Abruzzi im Frauenpavillon kennengelernt hatte. Wir trafen uns immer häufiger, auch in der Voliere – mein Chef wurde eifersüchtig, obwohl ... Wir waren diskret, so gut es ging. Verschwiegen.

Tatsächlich hatten wir ständig Lust aufeinander, Pollo und ich, auch während der Arbeit, was sage ich, gerade während der Arbeit, wir waren wie elektrisiert! Nun, äh ..., jetzt wird es etwas delikat, ich warne Sie!» Die Frau musterte die Polizisten und erzählte nach einer Theaterpause weiter, der Tonfall ziemlich lasziv. Aufreizend. Grenzwertig.

«Franz-Josef Waldvogel plante einen frivolen Dreier mit uns, wer hätte das gedacht? Vielleicht wollte er mich bestrafen, oder uns alle zusammen, Pollo und mich, blossstellen, was weiss ich, zum Abschied? Zuvor hatte er sich im nahen Völkerkundemuseum schlau gemacht, inspirieren lassen, wie er im Voliere-Keller stolz verkündete; eine Bombenidee! Er sei durch die Sammlung des Museums und durch die Sonderausstellungen geschlichen, buchstäblich, auf der Suche nach verrückten und aufreizenden Accessoires oder Kleidern für die nachfolgende Party, die er überdies gut ausleihen konnte, wie er sagte. Und sei fündig geworden: Wissen Sie, was er mitbrachte? Vier Masken. Zwei Holzmasken von irgendwelchen Stämmen aus Habakukistan, und zwei Fasnachtslarven aus Papiermaché. Ein überdimensionierter Schwanenkopf mit orangem Schnabel und ein zierliches Harlekin-Gesicht, schneeweiss mit knallroten Lippen. Für mich musste ich ein Kostüm im Maskenverleih bei der Kellerbühne am

Pic-o-Pello-Platz organisieren. Ich wählte ein knappes schwarzes Kleid mit schmalen Trägern und tiefem Ausschnitt … Gefallen Ihnen solche Outfits?»

«Selbstverständlich!» Kraienbühl nickte eifrig.

«Das Beste waren die transparenten Handschuhe und Strümpfe, die Schuhe mit den hohen Absätzen und der riesige schwarze Hut mit dem Rosenbouquet und dem neckischen Schleier, ebenfalls durchsichtig. Sehr sexy, das muss ich selbst zugeben, gell Pollo. Und Franz-Josef wurde ganz nervös, als er mich so in dieser Montur sah. Trotzdem musste ich später doch noch diese doofe Holzmaske anziehen. Bis zur Demaskierung!

Franz-Josef hatte eine dieser, äh …, käuflichen Damen hinbestellt. Eine Nutte. Mit grossen Brüsten und Reizwäsche. High-Heels und Netzstrümpfen. Ganz schön teuer. Die Aufmachung. Und alles. Vermutlich. Aber irgendwie billig.

Verrucht. Versaut. Verdorben.

Franz-Josef mochte das so. Er selbst hatte zu Beginn einen dunklen Smoking an, mit Zylinder. So richtig festlich, wie für eine Hochzeitsfeier! Im Futterkeller der Voliere.»

Pause.

«Auch Pollo trug inzwischen die muffige Holzmaske, diese Frau erhielt das lachende Clown-Gesicht, und Franz-Josef zog die Schwanen-Maske an. Im Übrigen waren wir mehr oder weniger nackt. Stellen Sie sich das vor … Grotesk. Einfach lächerlich!»

Lieber nicht. Oder doch? Häfeli schwieg. Priska Flückiger-Klein erzählte ungeniert weiter: «Ich und diese Dame trugen Strümpfe, anthrazit beziehungsweise mauve. Dazu rote Strumpfbänder. Franz-Josef hatte sich Windeln angezogen, Paolo einen grünen Lendenschurz aus Leder. Wie mein Chef das Zeug aus dem Museum schmuggelte ist mir bis heute nicht klar. Gibt es dort keine Kontrollen?

‚Die Session beginnt', trompetete Franz-Josef, und so ging es dann richtig zur Sache. Auf sein Kommando. Doch wie sollte das alles funktionieren, in diesem düsteren Kellergewölbe, zwischen Futtersäcken, altem Brot, Futternäpfen und Medikamenten, Vogelkäfigen?

Schliesslich und zu guter Letzt trat der alte Haken zum Wiegen der Futterrationen ins Blickfeld. Action pur – sich an diesem Haken strangulierend stimulieren zu lassen, war Franz-Josephs Szenario, von mir und Paolo. Und dieser Dame. Er hatte alles vorbereitet. Arrangiert.

Würgen soll das Lustgefühl kurzfristig signifikant erhöhen, hatte uns Franz-Josef erzählt. Kennen Sie dieses Phänomen?»

Priska Flückiger-Klein verstummte.

Endlich Pause.

Also so kennen wir das nicht, dachte Kraienbühl, obwohl den zumindest etwas zugeschnürten Hals schon, aus welchen Gründen auch immer.

«Wissen Sie, was der Clou dabei war? Franz-Josef mit dem Schwanengesicht verlangte Verschwiegenheit von uns – wir sollten niemandem etwas über diese Lustspiele und die Maskerade erzählen, weder im Förderverein noch in der Praxis, auch keine schlüpfrigen Andeutungen. Franz-Josef war da sehr eitel, und eigenwillig, daher trug er ein Toupet über der Glatze, das Sie im Weiher gefunden haben. Speziell, nicht? Wenn er das noch erlebt hätte …»

Die beiden Polizisten schwiegen ebenfalls, betreten. Häfeli runzelte die Stirn.

«Uns beide vernaschen, und die Nutte dazu, hatte er gesagt, für mich eine völlig neue Seite an ihm. Diese, äh … Frau, hatte jedoch sehr schnell genug und verschwand, die Zeit sei abgelaufen, das einzig Richtige in dieser Situation. Diese organisierte Fummlerei und Rammlerei über alle Grenzen hinweg, zwischendurch Küssen und Schmatzen, überall, natürlich ohne die Masken, vorübergehend.

‚Und weiter geht's!' Auf Befehl, äh …, das funktionierte ohnehin nicht wie gewünscht, ging in die Hose. Alles ging in die Hose. Buchstäblich. Widerlich!»

«Und dann?» frage Kraienbühl.

«Rushhour. An der Steinachstrasse, 17.30, überall Verkehr. Und dann das Unglück: Mein Chef verunfallte, schlipfte[64] aus, irgendwie, bekam keine Luft mehr, erhängte sich vor unseren Augen. Seine Augen quollen aus dem Schädel, als wollten sie Hüpfsprünge machen. Es war wie auf der Geisterbahn. Er glotzte uns an, als wollte er sagen, so, jetzt habt ihr den Dreck. Ihr seid schuld, ihr beide!» Priska Flückiger-Klein machte eine kurze Pause, schüttelte den Kopf.

«Wir konnten ihm nicht helfen, kein Stuhl, kein Fass weit und breit; wir kamen zu spät mit der Sichel, um das Seil zu durchtrennen und legten ihn schliesslich auf den Boden, mussten ihn dann behelfsmässig ankleiden, eklig.

Plötzlich war es überall nass.

Die offenen Augen. Diese Glubschaugen, schrecklich. Gross und fragend. Tot. Vermutlich.

Wir wollten ihn an die frische Luft befördern, mehr ziehend als tragend, und zuletzt mit dem Sackkarren, dabei verletzte sich Herr D'Abruzzi an einem vorstehenden Nagel.

Wir lehnten Franz-Josef ans Geländer, wo er kurze Zeit stehenblieb, angelehnt. Von mir gestützt. Pollo küsste mich. Intensiv. Und dabei verlor Franz-Josef das Gleichgewicht – stürzte in den Weiher. Leider. Tot war er ja schon, soweit wir das in der entstandenen Hektik sehen konnten.

Die Enten erschraken fürchterlich, die armen Tierchen, glücklicherweise gab es keine Verluste. So war das.»

«Und Sie haben, äh ..., nicht zufällig, rein zufällig etwas nachgeholfen?» Kraienbühl schüttelte den Kopf. «Ich habe da meine Zweifel, durchaus.»

---

[64] *Dialekt: ausrutschen.*

Mord?

«Was fällt Ihnen ein, wo denken Sie hin! Der Ofen war zwar aus, definitiv, wie mir schien, aber so ein Ende. Unglaublich, nicht? Mord – eine ganz boshafte Unterstellung; ich warne Sie. Nein, auch kein Selbstmord. Es war ein Unfall.

Ob es Ihnen passt oder nicht.

Wir sind dann nach Hause gegangen, dabei trafen wir den Direktor des Historischen Museums, der mit seinem Hund Gassi ging. Quasi ein Nachbar von uns, äh, mindestens zur Voliere. Ein Gendermann, äh …, oder Gentleman, heisst das, glaube ich, stets zuvorkommend, freundlich, hilfsbereit. Der Direktor. Er fragte, ob wir Hilfe bräuchten. Wir verneinten, na ja, wir brauchten tatsächlich auch keine – und Franz-Josef keine mehr.

Absolut unglücklich waren wir allerdings nicht, ich und mein Pollo!»

«Makaber, was Sie uns da erzählen. Sehr makaber. Und tönt etwas abenteuerlich, Sie verstehen? Was hätten Sie denn mit der Leiche getan, wenn diese nicht *zufällig* über die Brüstung gefallen wäre?»

«Das haben wir uns ebenfalls gefragt, ich weiss es nicht. Paolo hatte aber auch dazu eine gute Idee, einen Plan B, wie er immer sagt: Man hätte die Leiche im tiefen Schacht unter dem Rosenpavillon im Stadtpark deponieren können. Ein kühles Grab, für ewig Untreue. Vis-à-vis des Frauenpavillons. Das Resultat einer sündigen Session, ganz in ihrer Nähe ein Sündenpfuhl. Wenn diese Frauen das wüssten …»

«So, so. Deponieren. Entsorgen, meinen Sie. Sie hätten zum Beispiel die Polizei rufen können …», bemerkte Kraienbühl. «So ganz zufällig.»

Pause.

«Es ist ja dann auch alles ganz anders gekommen», meldete sich nun D'Abruzzi wieder zu Wort. «Das schmuddelige Trauerspiel war uns wahnsinnig peinlich, die nackte Leiche im Futterkeller und so, gell Priska, mein Schwänchen. Im Stadtpark sollte es eigentlich schon lange keine Schwäne mehr geben, auf dem kleinen Weiher mitten in der Stadt hätten sie keine Freude, von einer Zukunft ganz zu schweigen.» Das sei schon fast Tierquälerei. Über die Zukunft dieser Schwäne hätten sie öfters gestritten, im Förderverein. Item.

«Zuerst wollten wir nur eines, den Zahnarzt wieder ankleiden, so gut es ging», erzählte D'Abruzzi weiter. «Rudimentär. Aber als die Leiche dann im Wasser lag, war es ohnehin zu spät. Für Franz-Josef. Und uns. Wir befürchteten, dass uns niemand glauben würde.»

«Wir sind nicht sicher, ob wir Ihnen jetzt glauben sollen. Als diese …, äh, Frau ging, Sie kennen nicht zufällig ihren Namen, lebte da Ihr Chef noch?»

«Ja natürlich, wir waren mitten drin, in der Session. Flotte Lotte, nannte er sie, glaube ich, die beiden kannten sich. Und: Es wird Ihnen nichts anderes übrigbleiben, als uns zu glauben! Wir werden so schnell als möglich einen Anwalt beiziehen, und heiraten. Paolo, mein Täuberich und ich. Ich wünsche mir möglichst bald, möglichst viele Kinderchen. Von Dir, Liebster. Mein Traum wird nun doch noch wahr.» Der Täuberich verdrehte die Augen und wirkte etwas weniger begeistert, so schien es.

«Die Accessoires haben wir in einem Kasten im Vogelkeller versteckt. Sie können sie dem Museum und dem Maskenverleih zurückbringen. Unbeschädigt. Übrigens: Dieses Kostüm habe ich schon einmal ausgeliehen, für den letzten Mohrenball im Ekkehard. Ein echter Hingucker. Damals war ich noch etwas jünger, taufrisch … So habe ich übrigens Franz-Josef Waldvogel kennengelernt und glaubte, es sei nun diesmal die grosse Liebe. Dann habe ich den Job in seiner Praxis übernommen.»

«Wir bringen gar nichts zurück, weder Masken noch verschwitzte Klamotten, soweit kommt's noch.» Frechi Sieche, dachte Häfeli und sagte dann klar und deutlich: «Nur keine falsche Hektik jetzt, die Sache wird für Sie ein übles Nachspiel haben: Unterlassene Hilfeleistung, sexuelle Belästigung, Störung der Totenruhe und was weiss ich noch alles. Sie könnten zum Beispiel ihre Arbeit verlieren … Ich sehe schon die Schlagzeile in den Medien:

Folterkabinett im Vogelkeller – drei Nackte, ein Toter. Und die Enten blasen Mozarts Trauermarsch!»

«Ich kenne keine Trauermärsche», sagte Paolo D'Abruzzi. «Ich bin die Trompete, blase den Marsch, in der Regel, äh … Nun halt den Hochzeitsmarsch. Dabei war ich immer ein absoluter Gegner von Nachtruhestörungen und Besäufnissen aller Art, sei es auf Hochzeitsfesten oder im Bett. Dort nicht.»

Pause.

Kraienbühl spielte mit dem Handy. Ping Pong. Er wirkte irgendwie unfroh. Und Häfeli sowieso. Häfeli bevorzugte Flippern, mit seinem mechanischen Flipperkasten, Baujahr um 1960. Und lautstark. Cool.

Pause.

«Die Geschichte, die Sie uns da erzählen, ist ehrlich gesagt etwas unappetitlich und auch nicht über alle Zweifel erhaben. Ich meine nicht moralisch, das ist nicht unser Bier. Unsere Kollegen werden das Protokoll aufnehmen und zwar jetzt. Sie hören von uns. Halten Sie sich zu unserer Verfügung, aber verschwinden jetzt bitte augenblicklich aus meinem Büro!» Die Türe schloss sich leise hinter dem famosen Pärchen.

«Glaubst du, was die beiden behaupten?» fragte Kraienbühl seinen Chef. «Wir können ihnen das Gegenteil nicht beweisen.»

«Wenn du den Obduktionsbericht gelesen hättest, wenigstens das Fazit … Dort schreibt Dr. Fröhlich klipp und klar:

Kein Mord. Herzinfarkt, bevor Waldvogel im Stadtparkweiher landete.

Und dort blieb, bis wir ihn herausfischten. Diese Würgerei führte zumindest kausal nicht zum Tod.»

Pause.

«Es gibt keine Zweifel! Offen bleibt für uns lediglich, ob jemand nachgeholfen hat, den Herzinfarkt herbeizuführen. Oder wollte dieser Waldvogel seinen Tod, dieses Ende so inszenieren? Ein finales Passionsspiel in der Voliere. Ostern ist aber schon längst vorbei, nicht.»

Häfeli zuckte mit den Schultern. An solchen Tagen hasste er seinen Beruf. Lug und Trug, Schwindler und Zinkerinnen. Zahnärzte und Taubenzüchter – das kann nicht gut gehen.

«Heute hören wir früh auf, mir reicht's. Und ich habe nicht mal Lust auf ein Bier mit dir.»

«Das tönt nicht gut. Muss ich mir Sorgen machen?» fragte Kraienbühl.

Häfeli schüttelte den Kopf. Und umarmte seinen Assistenten zum Abschied. Das geschah selten. Vielleicht mal an Silvester.

Verdächtig.

Die Temperaturen sind in Sankt Gallen aufgrund der erhöhten Lage auch im Sommer meist etwas kühler als in anderen Schweizer Städten. Eine Sommerfrische – nicht gerade wie La Chaux-de-Fonds oder La Brévine, aber immerhin. Weniger schwül. Weniger Leute, die sich auf den Füssen herumstehen, auf den Wecker gehen.

Ferien in Sankt Gallen?

Summer in the City.

Manche sagen, in den Sommerferien sei es in dieser Stadt noch etwas töteliger als sonst. Häfeli sah das nicht so und hatte auch keinesfalls vor, gerade jetzt zu verreisen, wieso auch. Und die Morde? Baden auf Dreilinden[65] oder unten an der Sitter grillieren, wenn die Appenzeller nicht gerade wieder güllen oder eine Abwasserreinigungsanlage ablassen, geht es, von den Kolibakterien her betrachtet. Auf jedem Fall ist es dort unten im Sittertobel, im Wald, lauschig, auch zum Bräteln. Am Bodensee, oder eine Wanderung in den Alpstein, nein nicht zum Äscher, wo alle hingehen – doch lieber zur Stauberen, Marwees oder Widderalp, zum Bogarte-Manndli? Wo es noch etwas kühler, frischer, erfrischender ist. Völkerwanderungen und ganze Heerscharen sind im Alpstein keine Seltenheit, so blieb Häfeli im Sommer meist zu Hause, schaute zu den Tomaten und Himbeeren, den Birnen, und natürlich zu Gipsy, seiner Katze. Und freute sich. Wenn es nicht zu heiss wurde. Klar, die endlose Gartenarbeit, jäten, Rasenmähen, Pflanzen giessen, Gebüsche schneiden, kleine Reparaturen, das alles wurde ihm manchmal zu viel, neben der regulären Arbeit im Büro, als Kommissar. So freute er sich auf den Winter, wenn die Natur zur Ruhe kam, und auch manche Menschen, spätestens nach dem Weihnachtsstress.

---

[65] Dreilinden, am Fusse des Freudenbergs, ist ein städtisches Naherholungsgebiet mit faszinierenden Freibädern, zu denen an warmen Tagen hunderte Badelustige pilgern, mit Sack und Pack und Badehose, am Abend mit vollen Flaschen und Ghettoblastern.

Ferien in der Stadt Sankt Gallen – ja, das geht, sogar sehr gut, wunderbar. Ausflüge mit dem Zug, ins Weisstannental oder ins Toggenburg, Bergell oder Jura? Aber nicht ans Meer. Und auch keine Weihnachtsmärkte mit Geklimper und Kommerz à discretion. Bei dieser Hitze. Die Steinach, der Sankt Galler Stadtbach, war dieses Jahr zu einem tristen Rinnsal geworden, der Doubs bei Les Brenets ausgetrocknet – die Schiffe steckten im Dreck fest, die Emme ein lächerliches Bächlein. Kleinere Gewässer trockneten vollends aus. Lustig ist das nicht, vor allem nicht für die Fische. Die hatten keine Zeit für Ferien, oder dann waren es die letzten.

Dieser Sommer war irgendwie unwirklich, tropisch, heiss, Schweiss treibend schon auf dem Weg ins Büro. Die Temperaturen glichen sich an, Zürich, Basel, Genf – Rimini, alles dasselbe: 32 Grad im Schatten statt frische 26 wie sonst. Sankt Gallen, ein luftiger Höhenkurort. Nun war es selbst in Tunis zwei Grad kühler, dank Brise vom Meer her. Hier wehte der Wind falls überhaupt wie ein lauer Furz, warm und eklig, aus den Abwasserkanälen roch es bedenklich. Faulig. Auch die Nächte kühlten sich kaum mehr ab, die Wärme hockte sich in die Häuser hinein – aber nicht unbedingt in die Herzen – und wollte nicht mehr herauskommen. Liess sich bequem nieder.

Die fleissigen Rasenmähermännerundfrauen sahen entsetzt auf ihre braunen englischen Rasen. Die Bauern hatten andere Probleme, wenn sie auf ihre verdorrten Felder und Obstbäume blickten, die sich vorzeitig ihrer Früchte entledigten, kraftlos geworden, ausgezehrt. Existentiell fürchteten die Bauern die Leere, im Portemonnaie und Heustock, mussten sie ihren Kühen bereits das Winterheu verfüttern, da kein Futter mehr auf den Wiesen wuchs. Oder sich frühzeitig von einigen Tieren trennen.

Hochbetrieb im Schlachthof, stabiles Wetter, Sonne pur, kaum Regen. Eine Sauglut! Ein absolutes Feuer- und Grillverbot, auch auf dem Balkon; erlaubt waren Gasgrills und Raclette mit Elektroöfen. Strassenborde begannen zu brennen, erste grössere Waldbrände, wo es bisher noch nie gebrannt hatte, verdorrte braune

Wiesen überall. Und die Feuerwehr hatte Mühe, dem Feuer Herr zu werden. Zustände wie in Spanien oder Italien. Hitzewellen. Wüstenfeeling. Eine Katastrophe. In jeder Hinsicht, auch für Pflanzen und Tiere – viele Fische schwammen den Rhein mit Bauch nach oben hinunter!

Der amerikanische Präsident twitterte indes unverdrossen daher, wie üblich, dieser Sommer sei ein Irrtum, eine Laune der Natur, eine Ausnahmeerscheinung. Im Übrigen gebe es keine Klimaveränderung, das sei eine Fiktion von Technokraten für die Dummen, er selbst sei die dringend notwendige Klimaveränderung.

Im Büro stiegen die Temperaturen ins Unermessliche, dünkte es Häfeli. Schweiss und feuchte Hände, am frühen Morgen schon. Die Stimmung wurde manchmal etwas gereizt, in diesem Glutsommer. Da und dort aber auch etwas aufreizend.

Und die Ozonwerte kletterten in den Himmel. Doch darüber sprach niemand, las man nichts, hörte man nichts. Vermutlich hätte man die Autofahrerei verbieten müssen, und das in so einem Prachts-Sommer, wo niemand an die Riviera pilgern musste. Die Riviera war in Sankt Gallen angekommen. Die Staus am Gotthard blieben erhalten.

Grillen.

Zirpen. Und trotzdem mähte Bankdirektoroberst und Häfelis Lieblingsnachbar Gottfried P. Hugelshofer, wie es sich für einen vorausplanenden Banker gehörte, pünktlich seinen Rasen, jeden Freitag ab 17.15 Uhr. Im blauen Übergwändli[66]. «Mein Vater war Strassenbauer, ein harter Job, das kann ich euch sagen, ich weiss wie das geht und was das heisst.» Akribisch genau, klar, wie ein Banker halt. Zuverlässig wie eine Tissot, die goldige zog er zum Rasenmähen jeweils ab. Obwohl es bei dieser Hitze gar nichts zu schneiden gab, ausser den Dreitagebart. Braun statt Grün. Ein Kartoffelacker, nur ohne Kartoffeln. Verbrannte Erde. Rasen spritzen war seit Tagen verboten. Grillen zirpten keine mehr.

---

[66] *Dialekt: Arbeitsgewand.*

Manchmal setzte er den geliebten Rasenmäher-Roboter ein, ein Qualitätserzeugnis aus Deutschland, und nicht ganz billig, wie er immer wieder beiläufig erwähnte, aber leider, er sage es nicht gerne, manchmal etwas unzuverlässig, vor allem in den Ecken und bei Kanten, also gleichsam ohne Ecken und Kanten. «So mache ich es dann halt selbst. Ist auch lustvoller, so mit den Händen, man spürt sie so richtig, die Wiese. Und die Hände. Kommt ihr heute zum Grillen zu uns herüber?» rief Hugelshofer Häfeli in einer Pause zu und wischte sich den Schweiss von der Stirn. «Meine Frau hat schon alles vorbereitet. Und: Der flotte Jürg, der Stickerei- und Unterwäschebaron, ja genau, der Jägermeister mit der roten Sonnenbrille, du erinnerst dich noch, oder? Brigitte, seine Frau, hat uns einen Rehbraten vorbeigebracht. Nicht selbst geschossen natürlich, im Sommer; ein Zucht-Reh.»

«Au, das ist jetzt aber schade, heute geht es leider wirklich nicht», antwortete Häfeli und schaute auf seine eigene, noch recht grüne Wiese. «Wir bekommen Besuch. Sehr schade!» Grün war die Wiese, weil er sie schon seit Wochen nicht mehr gemäht hatte, es war auch nichts mehr hinzugewachsen, also kein Problem. Und schade zum Zweiten, dass Tante Jule heute wieder hereinschneite, bei dieser Hitze. So war nicht mit einem ruhigen Abend zu rechnen. Tante Jule wusste immer die neusten Geschichten, Gerüchte und über prickelnde Geplänkel zu berichten. Fast pausenlos. Wenn sie mal am Reden war. Sie duldete Unterbrechungen im Redefluss und Einwürfe nur schlecht oder dann, um einen neuen Gesprächsfaden zu spinnen, ohne auf die lästigen Zuhörer einzugehen.

Altersschwatzhaftigkeit nannte das Häfeli, ein altbekanntes Phänomen, das er aus seiner Jugend bestens kannte, als sich seine Tanten mütterlicherseits um die Wort-Führung stritten, oder wer beim Jassen wieder irgendwelche Fehler gemacht hatte. Lautstark. Manchmal wurden sie richtig aggressiv, wie Wespen, die Tanten; alt waren sie damals noch nicht, aber latent frustriert. Zünftig und dauerhaft.

Genau. Und Männer waren ohnehin schlecht. Abartige Wesen. Dauer-Lüstlinge. Pfui. Hände weg – und alles Übrige natürlich auch. Häfeli hatte sich erfolgreich draus gehalten, aus den Gesprächen; und Jassen konnte er bis heute nicht. Er hatte es nie vermisst. Es gibt andere Spiele.

Tante Jule oder Oberst Hugelshofer? Auf dem Grill. Teufel und Beelzebub miteinander. Gott sei Dank hatten die Behörden ein Feuer- und Grillverbot erlassen. Für Hugelshofers Elektrogrill «First-Class for Vips mit Grips» galt das natürlich nicht. Sollte dieser unverbesserliche Nerv-Töter doch alleine bräteln oder sich auf den Grill setzen, das wäre das allerbeste. Nein, das allerbeste war das Zirpen der Grillen in der Nacht! Wenn sie denn noch kommen, und singen möchten.

Häfeli schaute dem Abend sorgenvoll entgegen, freute sich aber auf das Open-Air-Raclette in seinem Garten. Obwohl: Tante Jule mochte Käse nicht besonders.

Umso besser.

Die Türglocke klingelte.

Shit happens. Schon wieder. Und das Beste daran?

Morgen hatte er frei, frei von Tante Jule und von irgendwelchen Hugelshofers. Und anderen Käuzen, meinte er. Zunächst wurde es aber noch lustig mit Tante Jule, die ebenfalls gerne Geschichten erzählte. Heute begann sie mit ihrem früheren Coiffeur, als ihre Haare noch lang waren und flauschig spriessten:

Herr Killer. Ein Killer alter Schule, der es mit dem Haareschneiden sehr genau nahm. Genauer noch als die Killer in Riders on the Storm, von den Doors. Ein schauriges Lied, dunkel, gespenstisch – wilde Killer, vom Sturmwind getrieben. Oder verjagt. Kein Angriff auf Haare an diskreten Orten, auch jene auf den Zähnen liess er in Ruhe. Der Killer. Ein Coiffeur alter Schule; für ihn zählte jeder Millimeter. Haareschneiden als Berufung. Zu fairen Preisen, das auch noch. Ein freundlicher, einsamer, alter Mann, der viel schwatzte. Eigentlich zu viel. Nach seinem Tod wurde der Salon verkauft. Umgewandelt. Heute predigt dort irgendein Sektenpriester in seinem «Beratungszentrum». Der Killer würde sich wundern.

Und Fräulein Geier. Eine alte Bekannte, schrullig, dem Altersheim an einem fahlen Wintertag selbstbewusst und selbständig entflohen, setzte sich am Kapf hoch über der Stadt auf ein Bänkli und genoss den Sonnenschein. Vergass das Heim. Und ihre Rückkehr. Eine kalte Nacht stand bevor. Am nächsten Morgen entdeckten Spaziergänger Fräulein Geier, tiefgefroren, umringt von Habicht und Krähen. Leise und sanft entschlafen. Armes Fräulein Geier. Andererseits: Immer noch besser als im Heim auf den Tod zu warten.

Und Fräulein Sadu? Die spindeldürre Englisch-Lehrerin, nein, nicht Sado. Die Sadu: Latent übel gelaunt. Wenig Humor, bis gar nichts. Kein leichtes Spiel mit den pubertierenden Jungs und Mädchen in der Berufsschule. Ausgezehrt, in jeder Hinsicht.

Vertrocknet. Verbittert. Verhärmt.

Vergrämt, die Sadu.

Ledig. Und unglücklich.

Wie sie schliesslich starb ist nicht überliefert.

Vielleicht glücklich?

Endlich geschafft. Tante Jule wurde nachdenklich.

Darauf gab Häfeli einen Schwank aus seiner Jugend zum Besten, es hätte viele gegeben. Überraschungen. So auch auf einer Reise nach Athen, im offenen Auto, einer alten rostigen Dyane 6, eine Zitrone, aber rot und fast tot, ein Fluchtauto aus der Schweiz, die hiesige Polizei hätte es unverzüglich kassiert, passierten Verwechslungen. Diese Dyane 6, ein Verkehrshindernis, und gefährlich langsam, unbestritten eine prächtige Rostlaube – den Asphalt und anderes konnte man da und dort durchschimmern sehen. Und die Bremsen, na ja. Dafür war die Höchstgeschwindigkeit sehr massvoll, bergauf gings im Schneckentempo; am Wurzenpass mit 20 km über die Karawanken, 18%, Steigung. Die meisten Schnecken wechselten auf die Überholspur.

Heiss war es, und schwül, wie in diesem Sommer in Sankt Gallen, die Luft stark Abgas geschwängert. Nicht einatmen ging nicht. Das Stoffdach der Dyane 6 war offen, so kam etwas Brise auf, gute Laune sowieso, Ferienstimmung. Drei Freunde und eine Dyane 6 auf Reisen, bevor die Rekrutenschule beginnt – dann gehen wir halt mal hin und schauen, was dort passiert. Heute würde ihm das nicht mehr passieren.

Frei sein. Freiheit ertasten, in Griechenland, auf den Inseln, an der Sonne, nachdem sie der jugoslawischen Küste entlang ghötterlet[67] waren, während Marschall Titos blockfreien Zeiten. Die verschiedenen Ethnien zusammengehalten, von Bürgerkriegen und Gemetzel noch verschont. Jugoslawien eine Art Musterknabe. Insgeheim. Für die Streitblöcke des Kalten Krieges.

Plötzlich griff sich Jung-Häfeli an den Kopf, spürte etwas Feuchtes, Schleimiges, Schmieriges auf der Kopfhaut, zwischen den Haaren. Dick und klebrig wie Erdbeersirup. Aber nicht so appetitlich. Ein Vogel hatte ihm ungeniert, aber treffsicher auf den Kopf geschissen. Ein Volltreffer. Im Cabriolet. Häfeli betrachtete an einer Ampel seine verschmierte Hand. Creme Surprise. War‘s eine Möwe gewesen, oder eine Taube? Die Freunde amüsierten sich, der Fahrer nicht eigentlich.

Der Vogel hatte sich in der WC-Schüssel geirrt, eine Verwechslungskomödie, etwas unappetitlich. Aber das kommt vor. Dass ihnen auch noch die Pässe gestohlen wurden, erzählte er nicht.

Waidmanns Heil.

Am nächsten Tag genoss Bert Häfeli die Aussicht auf Schwalben, Mauersegler, Junikäfer und Hornissen, zu Hause im Liegestuhl – besser als Fernsehen. Im immer noch recht grünen Garten im Halbschatten. Er träumte von einem kühlen Bier. In der Nacht war er aufgewacht, vieles war ihm in den Sinn gekommen. Die Vorfälle in der Voliere. Dieser auffällige Ring mit dem Leu. Die Reh-Gruppe, die ihm kürzlich im Galgentobel begegnete, als er mit Roberto am Sonntagmorgen früh um eine Kurve gebogen war. Sie hatten sich gegenseitig angeglotzt, dann verschwanden die Tiere lautlos im Gebüsch.

---

[67] *Dialekt: gebummelt.*

Jürg Admiral kam ihm in den Sinn. Ein widerlicher Kerl, mit seinem dummen Geschwätz und dem protzigen Goldschmuck auf der Brust – und sein Bruder? Jäger beide, oder Gejagte? Admiral, war das nicht ein Vogel? Ein Schmetterling, schwarz und rot. Wunderschön.

Seltsame Vögel, diese Admirals, so schien es dem Kommissar, je länger er über die beiden nachdachte. Die besten Gedanken und Ideen kamen ihm meist nachts, oder gegen Morgen. Was hatte die Rechtsmedizinerin noch gesagt?

«Der Tote war häufig an der Sonne oder im Solarium, soviel steht fest. Knapp 50 Jahre alt. Die Haut teilweise gerötet, blond gefärbte Haare und Pulverrückstände an den Händen.»

«Du Häfeli», wurde er unsanft aus seinen Gedanken gerissen, «kommst du zu einem Apero zu uns rüber, oder gibt es bei dir was, so unter Männern, ein Caipirosca, oder so?»

Gottfried Hugelshofer stand am Gartenzaun und winkte enthusiastisch. Nein, nicht der schon wieder … Somit war es mit der Ruhe definitiv vorbei. Seit wann waren sie denn eigentlich per Du? – offenbar wechselte das immer wieder, je nach Forum, Tagesform und Causa. Doch plötzlich war Häfeli hellwach: «Schön, dass du da bist, mein Lieber, natürlich bekommst du deinen Caipirosca, oder zwei. Komm rein …» Die beiden setzten sich an den Gartentisch, im Schatten der Tanne.

«Du sag mal, wie geht's deinem Admiral ohne Schiff? Wie gut kennst du den eigentlich?»

«Na ja, einigermassen. Ich habe aber seit einiger Zeit nichts mehr von ihm gehört, seit Brigitte das Reh vorbeibrachte und von Jürg erzählt hatte. Der jettet in der ganzen Welt herum, zurzeit ist er in Singapur, glaube ich. Du, der hat eine tolle Jacht auf dem Bodensee … Da gibt's manchmal so leckere Partys. Soll ich mal Brigitte anrufen, wann die nächste ist – oder hast du ..., äh, neue Ergebnisse, einen Verdacht?»

«Heute ist Sonntag – aber wenn es möglich ist, ja gerne, ruf sie an. Aber nicht wegen der Party, wegen Jürgs Reisedaten. Wann kommt er wieder zurück?»

«Für mich ist alles möglich», sagte Hugelshofer und nahm sein Handy hervor, ein iPhone der neusten Generation. Goldig.

Pause.

«Hallo Brigitte, wie geht es dir, ohne Jürg, vermisst du deinen Sonnyboy? Du, ich lege das Gespräch über den Lautsprecher, der Häfeli, weisst du, der Kommissar möchte mithören ...»

«Gut geht es mir. Ist denn etwas passiert?» Die Stimme der Frau tönte unbesorgt und entspannt. Ich reite viel, habe Zeit – wunderbar, bei diesem Wetter.»

«Aha, deine Pferde, ja, ja ja. Pass nur auf damit, diese Moschtbröcklis[68] sind nicht ungefährlich! Aber schön, zu hören. Äh ..., was wir dich fragen wollten: Wo ist Jürg, und seit wann, wann kommt er von seiner Reise zurück? Hast du Kontakt mit ihm?»

«Ich habe immer Kontakt. Jürg ist auf Geschäftsreise, Singapur und Hongkong, seit, warte mal, sieben Tagen. Und er sollte in einigen Tagen oder so zurück sein. Ich habe einige SMS erhalten, alles ok, schreibt er. Eigentlich ist mir nichts aufgefallen, oder doch: Die Kurzmeldungen waren etwas komisch, etwas anders als sonst, jetzt, wo du es sagst. Muss ich mir Sorgen machen?»

Häfeli schüttelte den Kopf.

Hugelshofer schüttelte den Kopf.

Pause.

«Hallo, wieso sagst du nichts, bist du noch da», fragte Brigitte Admiral irritiert.

«Frag sie nach den Flugdaten, und was war komisch?» Häfeli schob Hugelshofer Zettel und Bleistift hin.

---

[68] Dialekt: Mostbröckli, eine Appenzeller Fleischspezialität; das Wort wird aber auch abschätzig für Reitpferde verwendet.

«Äh ..., ja, natürlich bin ich noch dran, was denkst du denn? Nein, mach dir keine Sorgen. Das schadet nur deinem Teint. Äh …, du, gib mir mal bitte die Flugdaten von Jürg durch, Hin- und Rückflug. Gerne.» Nach einer kurzen Pause begann Hugelshofer zu notieren.

«Ok, vielen Dank, wir melden uns wieder, recht bald.» Hugelshofer beendete das Gespräch und legte das Handy neben sich auf den Tisch. Gut sichtbar.

«Brigitte erwartet ihren Admiral in fünf Tagen zurück, die SMS seien etwas weniger herzlich. Offenbar sei Jürg im Stress, meint sie. So, nun haben wir uns den Apero aber redlich verdient, nicht wahr? Du, wir sagen uns nun immer Du, gell?»

Häfeli nickte und machte sich auf den Weg, die Getränke vorzubereiten. «Genug Eis, das ist wichtig, bei diesen Temperaturen.» Die beiden Männer unterhielten sich überraschend angeregt, über die Reisen des Admirals und seine Rückkehr, über Brigitte Admiral und so.

«Brigitte ist eine taffe Geschäftsfrau, und überhaupt nicht doof, falls du das meinst – da täuscht du dich! Sie ist clever, managt ihr kleines Gestüt in der Speicherschwendi und hat ihren Gatten fest im Griff. Im Übrigen liebt sie Pferde, vielleicht noch mehr als ihren Jürg, den sie manchmal wirklich ertragen und erdulden muss – mit seinem Geschwafel, seinen Ausschweifungen, dem Grössenwahn. Andererseits sind sie sich teilweise sehr ähnlich, mit ihrem Körperkult, den Partys. Und Brigitte lässt auch nichts anbrennen, geschäftlich und so. Jürg ist ein geiler Bock, ein Schwätzer, und oberflächlich – bei Brigitte bin ich mir da nicht so sicher», erzählte Hugelshofer offen und unbeschwert. Aber wie dem auch sei: Das nächste Gartenfest ist dann an meinem Pool, bei mir. Mit Badehose.

Komm, wir nehmen noch einen, etwas mehr Eis, bitte. Die Situation ist günstig, mein Trudeli ist in den Ferien. Heilfasten in Bad Wörishofen. Das würde uns ebenfalls guttun, fährst du mal mit? Aber wenn ich ehrlich bin, sehe ich das wie du. Chabis. Gell. Ich für meine Person ziehe eine zünftige Massage vor, mal romantisch oder auch hart, du verstehst.» Hugelshofer zwinkerte mit den Augen.

Nach dem dritten Caipirosca sagte Häfeli zu seinem Lieblingsnachbarn: «Ich verzichte generell auf jegliche Art von Badehosenparties. Das bringt nur Ärger. Und: Gleich morgen früh lasse ich bei der Swiss nachfragen, ob mit Admirals Flug alles in Ordnung war.»

Hugelshofers Frage, ob er daran zweifle, beantwortete der Kommissar nicht.

«Prost! Auf Jürg Admiral – und seine Rückkehr. Glauben wir dran.» Die Caipiroscas schmeckten den beiden immer besser.

Earth overshoot Day.

Ein Jahrtausendsommer? Schön, aber viel zu heiss, obwohl der Klimawandel angeblich nicht stattfindet, die Gletscher dahinschmelzen wie noch nie. Und dann dieser erste August, der Nationalfeiertag bei dieser Sauhitze, auch nachts noch, alles furztrocken, nicht nur Hugelshofers Wiese. Grill- und Feuerwerksverbot. Generell. Keine Cervelats und Bratwürste auf Holzkohle, nun aus der Bratpfanne.

Aussergewöhnlich war, dass heute, präzis zum Nationalfeiertag auch noch dieser Earth overshoot Day hereinschneite, Häfeli war dies bislang kein Begriff gewesen, jeder Tag hatte schliesslich eine Bedeutung, nicht nur der Valentinstag, der Vatertag oder der Vagabundinnentag. Der Earth overshoot Day ist der Zeitpunkt, an dem die Weltbevölkerung alle nachwachsenden Ressourcen unserer Erde für das laufende Jahr bereits aufgebraucht hat – sage und schreibe fünf Monate vor dem 31. Dezember! Sagenhaft früh, und jedes Jahr etwas früher. Auch wir Schweizer konsumieren weiterhin fleissig drauflos, wie wild, fliegen wegen jedem Henneschiss[69] nach Mailand oder Wien oder nach London, zum Shoppen, um die Nachbarin zu toppen. Oder fahren in die Disco nach Zürich oder Lausanne.

---

[69] *Dialekt: Detail.*

Fun. Fun. Fun.

Just for Fun, ist ja so günstig. Funny?

Und die vielen Inder, von den Chinesen und Afrikanern ganz zu schweigen, wollen sich auch noch einen Happen vom «Fortschrittskuchen» abschneiden – bevor es zu spät ist, verständlich. Wir Europäer zeigen es ihnen vor, wie das geht, wie man möglichst viel CO^2 produziert, die US-Amerikaner sowieso. Unsinnige Verschwendung als Programm, auf dem Weg ins Nichts!

Soeben donnerte ein CO^2-Bomber über die Stadt hinweg, unüberhörbar. Häfeli schaute nach oben. Wieso gibt es eigentlich noch keine elektrischen Flugzeuge? Anyway: Zu viele Menschen in zu vielen Flugzeugen gönnen sich und der Umwelt eine günstige Reise nach irgendwohin. Staatlich unterstützt, Dank steuerbefreitem Kerosin.

Dann kam dieses totale Gewitter, polterte über Sankt Gallen hinweg, die Vögel hatten längst aufgehört zu singen: Windgewalt, aus allen Himmelsrichtungen peitschte den Regen an die Fassaden, der absolute Hammer, zwar angekündigt, aber unerwartet heftig und stark. 70 Liter Wasser pro Quadratmeter auf die ausgetrockneten Böden, die nicht mehr schlucken konnten. Heftige Windböen, Regenduschen an Fenster und Wände. Blitzgewitter – Blitz jagt Blitz, und ein Donnerorchester wie noch nie. Total virtuos. Fantastisch

Endzeitstimmung.

Oder Earth overshit Day?

Wasser.

Wie noch nie. Am falschen Ort.

Kurze Zeit nur. In der Finsternis.

Überall Wasser.

Eine Warnung.

Die niemand hören will, oder dann möglichst schnell wieder vergessen.

Bald waren in der Nachbarschaft die ersten Feuerwehrsirenen zu hören, Sirenen statt Feuerwerkkracher. Häfeli machte einen Rundgang durch Keller und Dachgeschoss und stellte nichts Auffälliges fest. Kein Wasser, das durch die Schächte in Garage und Heizungsraum floss, keine Strasse, die innert Minuten zum Bach geworden war; er setzte sich beruhigt auf das Sofa. In der Nacht hörten sie noch mehrmals Sirenen. Die Ratten verlassen ihre Löcher bei sintflutartigen Regenfällen.

Intuitiv.

Tropenfeeling.

Neu auch in Sankt Gallen.

Am Morgen, ein strahlender und schon wieder schön warm, sah Häfeli, wie Hugelshofer und Co. diverse Effekten aus der Garage trugen, klatschnass: Teppiche, Decken, ein Sofa, Schachteln, ein roter Retro-Tiefkühler, alte Skis, Schuhe, Weihnachtsdekorationen – frohe Weihnachten plärrte ein weisser Tanzbär, Fasnachtsmasken, Kleider. Waschmaschine und Tumbler, Velos und ein Töffli. Ein farbighässlichzynisches Bild, das sich bei anderen Nachbarn wiederholte. Eine nasse Nacht war es gewesen, der Regen hatte erst gegen Morgen endlich nachgelassen. Die Feuerwehr kam nicht mehr nach, und konnte nicht überall gleichzeitig Erd- und Untergeschosse auspumpen. Häfelis Haus war verschont geblieben vom Nationalfeiertagsgewitter, vom Earth overshoot Day, dieses Mal.

Und nächstes Jahr?

Häfeli bot Hugelshofer seine Hilfe an, der bedankte sich, das sei wirklich nett, aber nicht notwendig, er habe bereits seine Leute aus der Bank herbeordert. Hugelshofer hatte sich Tage zuvor fürchterlich aufgeregt, dass er seinen Swimmingpool nicht mehr auffüllen und den silbernen Jaguar nicht mindestens einmal pro Woche duschen durfte. Obwohl Katzen eigentlich gar kein Wasser mögen. Und dann war plötzlich alles übervoll: Swimmingpool, Keller und die Heizung, das Mercedes Cabrio, extra tief gelegt, das Chassis. Nun extra voll.

Ein herber Cocktail, auch für Gottfried Hugelshofer.

Die übrigen Nachbarn schauten zu. Alle. Tatenlos. Sebastian Vonwanz-Zirkel und seine Frau Valéry waren anderweitig beschäftigt: Eine gediegene Klassenzusammenkunft vorbereiten, oder so. Das sei dringend.

Wie viele Meter oder Kilometer tasten sich die Wüsten jedes Jahr nordwärts? Und damit Wasserknappheit und Durst. Wassermangel im Wasserschloss? Häfeli fragte sich, ob er angesichts solcher Perspektiven endlich seine Regenwassertanks vergrössern sollte. «Bünzli und Spiesser denken so was», hatte Hugelshofer gesagt.

Jammern bringt nichts, und sich über die Nachbarn ärgern ebenfalls nicht, und überhaupt. Über die geistige Enge der Gartenzwerge in allen Facetten, Farben und Fieberschüben? Wenn sie wieder mit ihren Giftfässern unterwegs waren, um den Löwenzähnen die Zähne zu ziehen, oder irgendwelchen vermeintlichen Unkräutern den Garaus zu machen. Grosszügig. Gift austragen. Und sich dann wunderten, wenn der Igel nicht mehr erschien. Weile er keine Regenwürmer mehr fand.

Häfeli freute sich an den Blumen in seinem Garten, den Hummeli[70], Schmetterlingen, Vögeln. Manchmal war sogar ein Igel sein seltener Gast, Schnecken gab es genug. Nur die Arbeit des Dachses, der manchmal im Herbst einen Teil seiner Wiese umpflügte, schätze er weniger. Obwohl er einräumen musste: Ein stattliches, schönes Tier.

Häfeli war mit der Auswertung seines ökologischen Fussabdrucks zufrieden. Nur nützte das wenig und niemandem. Ausser seinem Ego.

Pfundig rundig.

Pause machen. Im Büro, bei dieser Hitze, alleweil besser als im Schwimmbad-Fleischmarkt. Ruhig. Aber nicht immer ungestört. Plötzlich schellte Häfelis Handy: Hugelshofer, stellte er mit Schrecken fest. Ob er den Anruf ins Leere laufen lassen sollte?

[70] *Dialekt: Hummeln.*

Mürrisch nahm er schliesslich ab: «Bist du es, Häfeli», plärrte ihm eine bestens bekannte Stimme entgegen. Schrill.

«Häfeli, es ist ein Notfall, Trudeli ist in den Ferien, ich habe es dir doch gesagt. Bitte komm sofort, ich sitze richtig in der Patsche, Metzgergasse 11, im Keller. Ich muss mich verstecken. Ach ja, und bring einen Bademantel oder sonst was mit. Regenmantel geht auch. Schnell, bitte, ich friere! Aber Achtung, nicht bei Pro Senectute läuten.

Frieren, bei diesen Temperaturen? Gschpässig.

Häfeli machte sich auf den Weg vom Amtshaus zur Metzgergasse, nur einige Minuten, und stieg dort auftragsgemäss in den Keller hinunter, sah und traf aber niemanden an.

«Hallo?»

«Pssst, bist du's, Häfeli?» hörte er eine Stimme aus einem dunklen Kellerabteil. «Pssst!»

«Passt. Mach kein Theater, komm endlich heraus», sagte der Kommissar. «Ich muss wieder weiter.»

«Komm du rein zu mir», antwortete die Stimme.

Häfeli stiess die Holztüre auf – und sah Hugelshofer. Nackt, bis auf ein pinkfarbenes Tischtuch mit auffallend hässlichem Rosenmuster, das er um die Hüften geschlungen hatte, fuchtelte dieser wild mit dem Handy in der Gegend herum. Kreidebleich.

«Was machst denn du mit den weissen Rosen, dort unten?» Häfeli zeigte auf Hugelshofers wohlgerundeten Bauch.

«Pssst, sei ruhig, nicht so laut, so hört man uns im ganzen Haus. Und lach nicht so blöd! Dass ich das noch erleben muss, das ist ein Skandal. Unerhört! Wenn mein Trudeli das sehen würde! Das gäbe ein Theater, das wäre das Ende; du musst mir helfen. Unbedingt. Und schnell; ich bitte um volle Diskretion, Absolution sowieso.»

«Absolution? Dafür bin ich nicht zuständig. Aber nochmal: Was ist denn das für ein Kostüm? Ein echter Hingucker.» Häfeli krümmte sich vor Lachen. «Und extrem erotisch, fehlen nur noch die Hosenträger. Wo hast denn du deine Kleider hingelegt?»

«Quatsch. Kleider, ach was. Die sind mir abhandengekommen. Ich war bei ihr, oben im 2. Stock. Silvy heisst sie.

MMM: Messages, Massage & More. Oder so.

Echt scharf. Pfundig rundig, die hat was, und nicht zu knapp. Eine Bombe. Wirklich. Und meistens gut, die Massagen. And more. Eben. Aber heute hatte sie den Rappel[71], warf mich aus der Wohnung, wie du siehst nur mit dem Handy in der Hand. Nackt. Faselte von fairen Tarifen, und sie sei jetzt in der Gewerkschaft Good Vibrations.

‚Keine Widerrede, du Würstchen', sagte sie!

Na ja, Silvy ist ein Kopf grösser als ich. Eine Frechheit ist das. Alles.»

Hugelshofer atmete kurz durch.

«Gut, dass mich niemand gesehen hat, als ich die Treppe herunterschlich. Wie ein Fuchs in der Nacht. Das Tischtuch habe ich im Keller gefunden. Gott sei Dank! Feucht ist es hier unten. Wenn ich mich nur nicht erkälte, was soll ich denn meinem Trudeli erzählen?»

«Am besten gar nichts. Und was soll ich nun tun, bitte schön?» fragte Häfeli.

«Wir machen das so, ich habe einen Plan. Du gehst jetzt hoch zu dieser Silvy und holst meine Kleider ab. Zahl ihr den Preis, den sie dir sagt, der zwar zu hoch ist, aber ich brauche jetzt meinen Anzug, ich habe in 20 Minuten eine Sitzung mit der Geschäftsleitung. Und so kann ich wohl nicht hingehen, oder? Vergiss Krawatte und Schuhe nicht! Vorwärts jetzt.»

«Und wenn sie deine Klamotten nicht rausrückt oder einen äh, Kunden hat, jemand aus irgendeiner Geschäftsleitung? Ich kann hier nicht stundenlang warten. In diesem düsteren Gang. Kom-

---

[71] *Dialekt: übelgelaunt.*

promittierend ist das, und wenn erst die Leute von Pro Senectute hochkommen? Sehr peinlich!»

«Dann buchst du dort einen Französisch-Kurs.

Mach, was sie will, aber schnell, mach mit oder wie auch immer. Aber bring mir unverzüglich meine Kleider, als Polizist dürfte das doch kein Problem für dich sein. Es eilt.»

«Das kommt mir ja vor wie ‚Des Kaisers neue Kleider', kennst du diese Geschichte? Ein Märchen. Ich erzähle es dir rasch, eine Kurzfassung. Dem Kaiser ging es fast wie dir. Lustig. Also, warte mal …»

«Hör' bloss auf mit dem Quatsch, lustig ist hier gar nichts, und märchenhaft auch nicht!»

Brummend machte sich Häfeli erneut auf den Weg, stieg die Treppe hoch, läutete an besagter Türe, die sich wie von Geisterhand öffnete, zeigte seinen Ausweis, was gar nicht nötig gewesen wäre, denn schon flogen ihm Hugelshofers Kleidungsstücke um die Ohren und ins Treppenhaus. Unterhose, Socken, Kittel, Gilet, Krawatte, weisses Hemd, goldiger Kugelschreiber, Kreditkarten, und alles, was ein Banker halt so braucht. Natürlich auch die Brieftasche und die Sackuhr. Und eine leere Bierflasche. Der Kommissar packte alles eiligst ins Hemd hinein, ohne Rücksicht auf Bügelfalten und Verluste und stieg zielstrebig aber möglichst leise die knarrende Treppe in den Keller hinunter. Dort warf er Hugelshofer das Bündel vor die Füsse.

«Gell, das war eine einmalige Sache, ich mache das kein zweites Mal, damit wir uns richtig verstehen! Und vergiss die Unterhose nicht. Tschüss und viel Spass bei deiner Sitzung. Du wirst etwas zu spät kommen. Aber immer noch besser als nie. Oder nackt, in der Geschäftsleitung.»

«Verstanden», murmelte der Banker. «Danke! Gell, und kein Wort zu Gertrude.»

Am Zug: Saxophon und Zugposaune.

Mitte August wurden die Nächte wieder erfreulich kühler, der Herbst kündigte sich an. Böden und Bäche blieben trocken.

Ausgetrocknet. Sankt Gallen, also doch eine Sommerfrische für Hitzeempfindliche? Solange der Bodensee noch nicht ganz ausgetrunken war, reichte das Wasser immerhin zum Duschen.

«Du, das gibt's nicht! Das ist nun wirklich der Hammer.» Kraienbühl war einigermassen aufgeregt. «Ich habe das soeben mit der Swiss gecheckt: Dieser Admiral ist gar nicht abgeflogen, sein Ticket nach Singapur ist unbenützt verfallen!»

«Sehr verdächtig! Das hiesse dann ...» Häfeli machte den Satz nicht fertig. «Ich werde sofort Brigitte Admiral anrufen; sie soll uns eine Zahnbürste oder so was bereitlegen. Bitte hol das Zeug ab und bringe es Dr. Fröhlich in die Rechtsmedizin, am besten heute noch. Vielleicht kann die etwas damit anfangen. Aber vorerst keine Detailinformationen an Brigitte. Danke.»

Häfeli freute sich auf den Abend; heute war Generalprobe der Knabenmusik im Schulhaus Spelterini. Gemeinsam machten sie sich auf den Weg, zusammen mit Roberto und Patrizia, inklusiv Saxophon und Zugposaune. Der Dirigent erklärte den wenigen anwesenden Eltern das Pflichtstück für das Schweizerische Jugendmusikfest in Burgdorf: The Revenge oft he Witch (Die Rache der Hexe).

«In Siebenbrünnlein am Laudachsee im Salzkammergut lebte einst ein herrschsüchtiger und grausamer König zusammen mit seinen sieben Söhnen, die er abgöttisch liebte. Eines Tages traf er vor seinem Jagdschloss eine alte Frau, die ihn um Hilfe bat. Der hartherzige König kannte jedoch kein Erbarmen und wollte die Greisin mit einem Hirschfänger töten. Diese stiess einen furchtbaren Fluch aus und schlug siebenmal mit einem Stock an die Felsen. Bei jedem Schlag schoss ein Brünnlein hervor. Mit höhnischem Grinsen verschwand die Hexe im Berg. Da kam der böse König zur Besinnung und suchte verzweifelt nach seinen sieben Söhnen. Vergeblich! Diese warten bis heute als die sieben Brünnlein auf ihre Erlösung.»

Absolut passend die Musik. Zum dunklen Wald, dem arroganten König. Zum Polizeivorstand? Fantastisch. Häfeli lief es kalt den Rücken hinunter, wenn er sich die Hexe vorstellte, das Jagdschloss und den Sturmwind, der über die Wipfel pfiff.

Beim Freiwahlstück entschied sich der Dirigent für ‚The Ruin of Staatz', eine mystische Vertonung einer alten Sage über den Einfall der Schweden auf die Staatzer Burg im niederösterreichischen Weinviertel während des Dreissigjährigen Kriegs[72]. Dunkle Klangfarben, ebenfalls dramatisch und wunderbar aufwühlend. Die Jugendlichen musizierten grandios, zur vollen Zufriedenheit des Dirigenten, und freuten sich auf den Event in Burgdorf. Häfeli war erneut begeistert vom Engagement der Jungs und Mädchen, ihrer Freude und Präzision im Team. Wobei die Mädchen in der Knabenmusik inzwischen in der Mehrheit sind.

Zufrieden ging er früh zu Bett, entspannt. Morgen hatte er einen schwierigen Tag vor sich. Und er mochte noch gar nicht daran denken. Mit der beruhigenden Musik in den Ohren schlief er getrost ein, träumte dann allerdings von dieser Hexe, einer üppigschönenwilderotischlaszivlächelnden zauberhaften Frau mit Haselnüssen und Himbeeren in den langen Haaren. Und von den sieben Söhnen des hartherzigen alten Königs, die als Schafböcke mit riesigen Glocken um den Hals in die Säntisbahn einsteigen wollten. Da sie aber, als typische Schwarzfahrer ertappt, weder über Billette noch Ausweise verfügten und keine Aufsichtsperson für sie verantwortlich zeichnete, fiel die Fahrt ins Wasser, beziehungsweise wurden die traurigen Schafe unverzüglich dem Schlachthof überstellt. Ohne Happy End. So gab es kein Wiedersehen, auch nicht mit dieser verführerischen Hexe.

Endgültig.

Fertig lustig.

Eigentlich schade.

Oder war das die Rache dieser Hexe?

---

[72] *1618 – 1648.*

Im Traum versuchte Häfeli auf die Replay-Taste zu drücken.

Oder die Delete-Taste.

Immer wieder.

Naschte von den süssen Himbeeren.

Bis Sabrina reklamierte: «Du Bertold, hör bloss auf an meinen Zehen herumzufummeln. Spinnst du?»

Kein Anschluss unter dieser Nummer.

Häfeli wunderte sich.

Im Traum.

Endlos 1.

Heute stand Häfeli ein Besuch im Spital bevor, eine gute Kollegin lag im Sterben. Caroline. Er nannte sie Caro. Trotz der Musik gestern Abend hatte er unruhig geschlafen. Der Besuch lag ihm auf dem Magen. Heute hatte er keine Lust und auch keine Kapazitäten, sich um Mörder und Ermordete, um Halbstrangulierte und andere Vögel in der Voliere und im Galgentobel zu kümmern. Oder um Freiluft-Dieterle, seinen Chef.

Quatsch! Heute nicht.

Krebs. Zwei Jahre hatte diese Leidensgeschichte gedauert. Er öffnete die Türe: Grosse dunkle Augen blickten ihm entgegen, erstaunlich wach, präsent. Traurig. Der Kopf nun klein, wie der eines Kindes. Die ganz fein gewordenen Hände auf dem weissen Tuch. Haut und Knochen. Zerbrechlich. Keine Farbe im Gesicht. Nirgends. Oder doch: Etwas gelb und grau, wie Wachs. Beinahe hätte er sie nicht mehr erkannt. Die grossen dunklen Augen schauten ihn an, wie wenn sie den Körper, in dem sie zu Gast waren, nicht verstünden. Wieso das alles? Er kannte diese Augen.

End-Los.

«Jetzt isches so wit, aber isch schnell gange[73]», sagte Caroline mit leiser Stimme, schon fast gebrochen. Unglaublich. Keine Tränen. Sie konnten ihr Gefängnis nicht verlassen, fanden keinen Ausweg, blieben irgendwo stecken. Intime Augenblicke; alles blockiert, keine Initialzündung, um die Schleusen zu öffnen. Sprachlosigkeit.

Wenn nur der Tod endlich käme, sich erbarmen würde, dachte Häfeli, um Caro weiteres Leiden zu ersparen. Der Tod stand doch vor der Türe, weshalb kam er nicht herein? Caro war noch nicht bereit zu gehen, lag im Bett, mit angezogener Handbremse. Und Schmerzen. Wenn er selbst so im Bett dahin serbeln würde …, er würde den Tod hereinbitten, betteln, anflehen, seine Sense zu wetzen, ihn in die Arme zu nehmen.

---

[73] *Jetzt ist es so weit, aber es ist sehr schnell gegangen.*

Vorgestern war Carolines Mann von einer Auslandreise zurück gekommen. Nun waren alle da, die ganze Familie. Worauf wartete sie noch?

So einfach stirbt sich's nicht.

So hatte ihn seine Mutter vor über 35 Jahren, auf dem Totenbett mit ihren blauen Augen angeblickt. Tiefblau. Wie das Meer. Ohne ein Wort zu sagen. Mit Morphium einigermassen ruhiggestellt, um die teuflischen Schmerzen zu vertreiben. Kein Lächeln. Nur diese Augen-Blicke. Unvergesslich. Präsent. Tränen. Mit seinem Vater hielten sie gemeinsam ihre Hände, als sie starb. Ein Glücksgefühl, dabei sein, sie begleiten zu dürfen. Schweigen. Im Augenkontakt. Eine einzige Träne kugelte über ihre Wangen. Bis das blaue Licht erlosch. Hatte die Seele ihren Körper schon verlassen? War sie noch im Zimmer, sah sie ihnen von oben zu, lächelte, segnete sie, verzieh ihnen, streichelte sie, liebte sie? Ihre beiden Männer. Vater Häfeli betete, schloss ihr sanft die Augen. «Du bist nun zu Hause, mein Schatz – und ich bin noch hier.»

Sie weinten.

Gemeinsam.

Das gab es bisher nie.

NIE.

Wenn schon weinte jeder einzeln, alleine, im Verborgenen. Und wenn der Vater weinte, erstarb die Mimik des Sohnes. Oft konnte er diese Gefühlswellen nicht nachvollziehen oder die Tränen waren nicht vorhanden, waren nicht reif, nicht verfügbar.

Vergriffen?

Traurig.

Weinen.

Gemeinsam.

Leiden.

Auf dem Weg zur Erlösung. Leid erleben, den Tod spüren, beim Sterben dabei sein, sich nahe sein, sich spüren, keine Hemmungen vor dem anderen, beide im selben Boot, dieselbe Trauer, nicht dieselbe Geschichte, aber fast dieselben Tränen.

Brustkrebs. Lymphdrüsenkrebs. Und dann überall. Den sechzigsten Geburtstag konnten sie noch gemeinsam feiern, frei und sorglos. Wenige Tage danach tauchten die düsteren Wolken am Himmel auf, der Hausarzt fackelte nicht lange. Spital. Eine Brust weg. Chemo. Lange Zeit schon war Mama nicht mehr zum Gynäkologen gegangen, wollte sich nicht anfassen lassen, eine Mammografie machen. Das alles war ihr peinlich. Und dann war es reichlich spät, zu spät. Der Tiefschlag. Die Diagnose.

Chemo. Und wieder Chemo – ein grauenvolles Wort.

«Wir sind nicht sicher, ob wir alles erwischt haben», sagten die Ärzte. «Vermutlich hat es Metastasen. Wir tun, was wir können.» Das war damals weniger als heute. Trotzdem …

Hoffnung und Freude. In der Hoffnungslosigkeit der Hammerdiagnose. Spüren der Fremdkörper am anderen Körper, diese fremden Gewächse, unter den Armen, in der Leiste. Ertasten dieser seltsamen Fleischgegenstände, angsteinflössende kleine Knollen, die plötzlich auftauchten, wo sie nicht hingehörten, wo sie ungebremst wucherten.

Grässlich, sie ertasten zu müssen, auch wenn es nicht der eigene Körper ist!

Ein Jahr später der finale Gong. Wieder nussgrosse Tumore, sichtbar und greifbar, noch viel Grössere im Innern. Die Narbe, wo einmal ihre Brust war. Das Ende in wenigen Monaten. Abschied von der Ärztin im Spital, zu ihr hatte Mama Vertrauen gehabt. Hin und zurück, mit der Ambulanz. Sich verabschieden von ihrem Garten, den sie so liebte, den Kaninchen. Den Blumen. Sterben zu Hause.

Die Perücke am Stuhl. Wartet auf den nächsten Tag. Wird es einen nächsten Tag geben?

Endlich den Schmerz hinter sich lassen. Ruhe finden. Nicht mehr kämpfen müssen. Das ganze Leben ein gottverdammter Kampf?

Sie hatte sich so auf die erste Rente gefreut – eigenes Geld, zum ersten Mal in ihrem Leben. Die Rente musste nur ein einziges Mal ausbezahlt werden.

Zerschlagen alle Träume und Hoffnungen. Auch die Hoffnung auf ein Grosskind.

Nun entspannt.

Erlöst. Zu Hause.

«Meine Liebe. Ich gönne es dir!»

Wie viele letzte Nächte hatten sie miteinander erduldet, gelitten, sprachlos. «Der Tod schläft neben mir mit, in unserem Bett», hatte Vater gesagt.

Der Hausarzt kam und stellte den Totenschein aus, für Haut und Knochen. Ein guter Arzt, der seine Patienten und ihre Angehörigen kannte und respektierte.

«Wir lassen sie gehen, kein Spital mehr, es reicht, sie hat genug gelitten», hatte er einige Tage zuvor gesagt.

Am Schluss war der Kampf aussichtslos gewesen, der Tod eine Erlösung.

Vater legte das Häufchen Mama selbst in den Sarg, die Männer vom Bestattungsinstitut mussten draussen vor der Tür warten. Im Gang. Bis der Vater sie hereinrief.

Zum ersten Mal sah er seine Mutter vollständig nackt, er blickte wie gebannt auf ihre Scham; dort war er herausgekommen, hatte Licht am Ende des Tunnels erblickt. Er hatte seine Mama geliebt, sie war eine gute Mutter gewesen.

Er versuchte seine Gedanken zu ordnen, sie zu verscheuchen, abzuwürgen, doch sie blieben. Im Raum. Penetrant.

Er erinnerte sich an die Umkleidekabine im Volksbad, er war noch klein, an ihren schwarzen Badeanzug, ihre vollen Brüste, weiss wie Milch. Sie war eine natürliche Frau, etwas üppig. Kastanienbraune Haare. Sie war schön. Er hatte dieses Bild nie vergessen. Nie.

Nun waren die Brüste verschwunden. Die Augen geschlossen. Für immer. Das Gesicht entspannt. Eingefallen.

Im Sarg.

Am nächsten Tag Papierkram à discretion. Die Brüder Johannes und Michael waren angereist, hektisch in Aktivismus verfallen, nervös, von ihren eigenen Gedanken und Gefühlen gefesselt und gebannt. Verspannte Ersatzhandlungen. Tränen flossen kaum.

Der Pfarrer. Er gab sich redlich Mühe.

Besuch in der Aufbahrungshalle. Jeden Tag. Bis zur Beerdigung.

Todesanzeigen kreieren, bestellen, versenden, Adressen heraussuchen, zusammen. Lebenslauf. Predigt. Das Leichenmahl aussuchen und reservieren. In der Aufbahrungshalle des Friedhofs legten sie Mama rote Rosen in den Sarg. Sie wollte Erdbestattung, obwohl sie sich vor den Würmern gefürchtet hatte, die ihren Körper aufessen würden. Nun spielte das keine Rolle mehr. Der Körper war schon zerfressen.

Es gab nichts mehr zu fressen. Für die Würmer.

Bis zum Leichenmahl.

Augenblicke.

Wann hatte er das letzte Mal geweint? Er wusste es nicht. Oder doch? Irgendwann.

Zu Hause sah er seinen Vater gelegentlich weinen, seine Tränen kamen überfallmässig, die der Mutter nie. Oder im Geheimen? Es schien ihm, wie wenn sie erstarrt wäre, verhärtet, aber nicht gegenüber ihren Kindern.

Richten Tränen Unheil an, wenn sie nicht herauskommen dürfen?

Das alles beschäftigte Häfeli, kam ihm wieder in den Sinn, als er von Caro Abschied nehmen wollte, was heisst wollte? Musste. Dieselben Augen, nur eine andere Farbe. Dieselbe Sprachlosigkeit. Dieselbe Ratlosigkeit angesichts des Todes, der im Zimmer bereits greifbar schien. Die richtigen Worte kamen ihm nicht in den Sinn, erst wieder im Büro. Hilflos und traurig sass er an seinem Pult mit den vielen Akten und Papieren, dem scheinbaren Durcheinander. Allein. Kraienbühl hatte sich verzogen[74], war geflüchtet; er wollte dem Tod nicht begegnen, er war ihm bisher erfolgreich ausgewichen.

Häfelis Mutter starb, als er 23 Jahre alt war.

Und nun Caro. Auf ihrem letzten Weg, den sie kommen sah. Hatte sie sich vorbereitet, hatte sie abgeschlossen, alles geregelt? Ein fester Augenkontakt, ein AugenBlick, ein HändeDruck. Er winkte ihr ein letztes Mal zu. Wie wenn sie sich wiedersehen würden, dachte er. Doch wo? Dabei war es für ihn ein definitiver Abschiedsbesuch gewesen. Beide hatten es so gesehen, davon war er überzeugt. Oder nicht?

Nach dem kargen Mittagessen im Büro wollte er nochmals zu Caro. Es trieb ihn förmlich zurück ins Spital, um ihr für alles zu danken, ihre Hand nochmals fest drücken. Etwas sagen, obwohl er nicht wusste was. Und überhaupt. Zurück in dieses Haus an der Rorschacher Strasse, das er von seiner Mutter her kannte.

Leise öffnete er die Zimmertüre – doch das Bett war leer, wie damals bei seinem ältesten Bruder, Michael, als er ihn das letzte Mal im Spital besuchen wollte. Am Vortag hatte er es gespürt, es geht zu Ende. Das Bett war wieder sauber bezogen, vorbereitet für den nächsten Todkranken. Sterbezimmer. Leer. Der Tod war noch nicht da, wartete irgendwo. Aber wo?

Der Tod. Auch er alleine. Wartete. Auf wen?

Warten auf den Tod.

Endlose Stunden im Dunkeln.

Dunkelheit überall.

Manchmal kommt der Tod nicht, lässt sich bitten, lässt alle warten und verzweifeln, leiden, in der Hoffnungs- und Aussichtslosigkeit der Schmerzen. Erbarmungslos. Oder er kommt überraschend, wie aus einem Hinterhalt, ungeplant und unverhofft,

---

[74] *Dialekt: verflüchtigt, verschwunden.*

unerwünscht. Der Tod holt sich was er will, lässt sich nichts befehlen, es sei denn, man bestelle ihn her.

Tod auf Bestellung.

Manche reisen dafür extra in die Schweiz, um hier ihre letzte Reise anzutreten. Die Schweiz ein Sterbeland. Obwohl immer mehr hier leben möchten.

Nachmittag fällt aus.

Häfeli liess an diesem Nachmittag das Büro ausfallen, getrost und ohne schlechtes Gewissen. Er zog sich in die Stille der Kathedrale zurück, zündete einige Kerzen an, machte dann einen langen Spaziergang ins Schaugentobel und an die Goldach, ganz im Osten der Stadt. Das Wasser beruhigte ihn, das flauschige Grün der Bäume und Gebüsche, das Singen der Vögel. Zur Burgruine Rappenstein. Die an sich spannend schaurigen Geschichten um den unfreundlichen Burgherrn, der seine Gäste von Bluthunden zerfetzen liess, und die dafür immer am Silvester ihr Unwesen treibenden Römpler[75], liessen ihn für einmal kalt. Das Wasser der Goldach war angenehm kühl. Erfrischend.

Caroline war nur 50 Jahre alt geworden. Caroline war ein Sonntagskind. Fröhlich. Optimistisch. Gesellig. Voller Vertrauen, und stark – eine Powerfrau, bis vor kurzem. Bis das Licht in ihren Augen erloschen war.

Am Sonntag geboren, am Sonntag gegangen.

Leise.

Blauer Himmel und Sonnenschein. Farbige Blätter, am Boden. Und Gräser. Blumen. Überall. Traumhaft. Für diese Seele, um sich auf den Weg zu machen. Und jene, die zurückbleiben durftenmussten?

---

[75] *Die Römpler gelten als letzter Silvesterbrauch Sankt Gallens. Sie versuchen jedes Jahr den Rappensteiner zu verjagen, der die gleichnamige an der Goldach gelegene Burg bewohnte. Der hartherzige Graf verweigerte in einer stürmischen Nacht einem müden Wanderer die Unterkunft. Dieser rächte sich fürchterlich – der Rappensteiner findet bis heute keine Ruhe.*

Abwarten.

Alleine auf dem Weg.

Wohin?

Ewigkeit.

Rückkehr.

Wiedergeburt. Wozu?

Kamel oder Froschkönig.

Stechmücke?

Oder Engel.

Auf den Wolken?

Näher mein Gott zu dir. Diese Melodie hatte doch das Orchester auf der Titanic gespielt, als sie am Sinken war, bis die Instrumente verstummten, untergegangen, alles verschwunden war in den Fluten der finsteren Nacht. Im eiskalten Atlantik. Familie Häfeli hatte den Film mit Kate Winslet und Leonardo DiCaprio mehrmals gemeinsam angesehen. Geweint oder verstohlen Tränen weggewischt. Patrizia konnte danach nicht mehr einschlafen. Roberto auch nicht. Zu viert schliefen sie im Ehebett, oder versuchten es wenigstens. Schubsten sich. Im Schlaf. Meinten, auf der Titanic zu sein, kämpften um einen Platz auf einem der überfüllten Rettungsboote.

Gipsy wurde das alles zu viel – sie versteckte sich im Kleiderschrank, und schlief, tief und fest. Und schnurrte. Zufrieden.

Caro war tot.

Der Tod wischt alle Tränen fort.

Tatsächlich?

Tempi passati!

Endlos.

Endgültig.

Verloren.

Das Spiel verloren?

Das Leben war doch kein Spiel, ein Kinderspiel schon gar nicht. Noch Monate später vermisste er liebgewordene Menschen schmerzlich, und es kam ihm unwirklich vor, dass sie nicht mehr da waren. Manchmal meinte er, ihm oder ihr noch gestern begegnet zu sein.

War er aber nicht.

Wie lange war es schon her?

Gestern ist schon lange her.

Surreal?

Beerdigung. Abdankungsfeier, mit einem Pfarrer, oder irgendeinem Zeremonienmeister? Grab oder Urne. Eine Gelegenheit, Abschied zu nehmen, Trauer und Tränen fliessen zu lassen, intravenös raus. Endlich! Weinen. Wenn es dann gelingt. Weinen. Sich mit einem Bibeltext auseinandersetzen, mit den Hinterbliebenen, mit dem eigenen Ende.

Beerdigungen waren für Häfeli wichtig, erschienen ihm aber oft oder zumindest dann und wann surreal. Nicht dass er gerne hingegangen wäre. Lichemöhli[76] hasste er wie die Pest, wenn es ein echter Trauerfall war – und es dann plötzlich lustig wurde. Weder für den Verstorbenen noch für die engsten Verwandten. Oder lachte der/die Verstorbene über die Trauergemeinde?

Trauer, Tränen, Tod.

Traurig. Scheinheilig. Abwesend.

Trotzdem ein schöner Gedanke.

Tot auf dem Ostfriedhof[77]?

Friedhöfe. Autofriedhöfe. Pouletfriedhöfe. Pneufriedhöfe. Waldfriedhöfe. Deponien?

---

[76] Dialekt: Leichenmahl.

[77] Ostfriedhof: Wunderschöne Parkanlage im Osten der Stadt. Seit 1909 verschiedene Erweiterungen. Der Weiher mit dem besonderem Caché strahlt Ruhe aus. Freundlich und farbig.

Friedhöfe. Orte der Trauer und Besinnung, von Kultur und Religion geprägt. Orte der Ruhe.

«Friede sei mit Euch», steht über dem Hauptportal des Ostfriedhofs Sankt Gallen.

Friede. Für die Toten und Lebenden. Friede.

Häfeli erinnerte sich wieder an seine Mutter, das Fleischplättli im Schützengarten, viel Wein wurde getrunken. Manche hatten es lustig. Als 23-jähriger empfand er das gar nicht lustig – widerlich, traurig für die Trauernden. Sein Vater sah das etwas grosszügiger. Später dann erlebte er das Leichenmahl beim Tod seiner 95-jährigen Grossmutter ebenfalls als gemütlich. Aber das war kein richtiger Trauerfall gewesen. Eine Erlösung. Wenn sie nicht hätte sterben dürfen, wäre sie abgeholt worden, im Spital hätten ihr die Ärzte beide Beine abgenommen. Der Rücken war vom Liegen offen. Leiden ohne Ende – oder Ende ohne Leiden?

Manchmal ist der Tod gnädig. Manchmal.

Geschichten. Traurige Geschichten. Trauer-Geschichten. Trauerspiel-Geschichten.

Häfelis Bruder Michael war ebenfalls mit 50 Jahren «abgedankt». Lungenkrebs, und dann blitzartig überall. Er, der stille Geniesser und Gesundheitsapostel. Zwei Jahre hatte die Krankheit auch hier gedauert, mit allen Phasen von Hoffnung und Hoffnungslosigkeit. Als er den Tod nahen spürte, trat er in ein Sterbehospiz ein. Nach zehn Tagen musste er dieses wieder verlassen: «Sie sind noch nicht so weit, tut uns leid!»

Sie entliessen ihn nach Hause, dort ging es auch nicht lange gut. Aufenthalt im Pflegeheim. Wiedereintritt ins Akutspital, mangels Alternativen. Und irgendeine Kasse bezahlte für ihn.

Geht's jetzt auch beim Sterben nur noch ums Geld und Pflegetage? Wo ist Platz zum Sterben? Wo um Himmelsherrgotts Gnaden …

Und wenn du nicht rechtzeitig von der Bühne verschwindest, werfen sie dich raus, sobald der Vorhang fällt. Du bist am falschen Ort. Überall am falschen Ort.

Aber wo ist der richtige Ort?

Surreal zum Zweiten!

Goht's no?[78]

Häfeli vermisste Caroline, hatte ihr Lachen immer noch in den Ohren, dachte, sie müsse nun gleich um die Ecke kommen, eine Gelegenheit für einen Schwatz? Sie kam nicht, sie kam nie mehr um die Ecke im Amtshaus.

Die Zeit heilt Wunden.

Tatsächlich?

Aber nicht alle endgültig.

Und vielleicht ist das gut so.

Tot ist besser als halbtot.

Nicht verschwinden können, wenn man das gerne möchte?

Dement werden.

Nichts mehr realisieren.

Seine Freunde nicht mehr erkennen.

In die Hosen sch .... Genau.

Dauernd.

Selbst der Tod lässt einen im Stich.

Und die lieben Verwandten?

Dann doch lieber ein guter Schluss-Schuss.

---

[78] *Dialekt: geht's eigentlich noch.*

Das wäre zu diskutieren.

Dann. Oder wann?

Aber frühzeitig.

Rechtzeitig.

Öberifahre[79], sagen die Appenzeller, das passt auch für diesen Vorgang.

Vorgang?

Oder Vorhang. Der sich über deine Geschichte(n) legt.

Leise.

Ein Blatt im Wind.

Raschelt.

---

[79] *Dialekt: hinüberfahren. Alpaufzug, oder von einer Alp zur anderen und zurück ins Tal. Nach Hause.*

Endlos 2.

Häfeli hatte genug. Definitiv.

Genug von traurigen Geschichten, Tränen, Mitleid, der eigenen Ratlosigkeit und dem Schweigen. Aus Feigheit?

Genug Särge, Friedhöfe, Trauerspiel-Geschichten. Genug von Spitalbesuchen, vom Sterben, von Selbstmorden und Mördern.

Genug Krebs.

Genug Alzheimer.

Genug Tristesse.

Hilflos. Gegenüber irgendwelchen frei floatenden Viren. Volatil. Da und dort, und im Spital sowieso. Genug Funktionieren. Des Klamauks überdrüssig geworden. Genug vom Leben?

Genug Kopfweh: Irgendein Teufel hämmerte in seinem Kopf fleissig an einem Hufeisen herum, oder war es ein Degen? Ein Landsgemeinde-Degen vielleicht. Kopfweh wie selten zuvor, eine Migräne? Als er aufstehen wollte, war ihm beinahe schwarz vor den Augen geworden. Häfeli meldete sich krank, mindestens für diesen Tag.

Die Augen schliessen, nichts mehr hören, nichts mehr spüren. Nur Ruhe. Alleinsein. Nichts denken. Nichts mehr fühlen. Nichts mehr realisieren. Keine Verantwortung. Schlafen. Und nie mehr aufwachen? Versinken, in bleiernem Schlaf. Ohne Träume.

Fühlte sich Sterben so an?

Gegen Mittag ging es ihm etwas besser und so beschloss er, die ganze Woche frei zu nehmen, sich selber freizustellen, sich eine wenn auch nur kurze Auszeit zu gönnen, um zur Ruhe zu kommen. Sich bei Freiluft-Dieterle abzumelden und zu «entschuldigen». Er fühlte sich im Moment ausser Stande, Ganoven und Mördern nachzujagen oder läppischen Bürokram zu erledigen. Am frühen Nachmittag machte er sich auf den Weg ins Amtshaus, in der Hoffnung, den Polizeivorstand anzutreffen, fand jedoch nur Fridolin Büttikofer, den ehrgeizigen Adjunkt vor, und meldete sich bei diesem ab. Kurz und bündig.

Häfeli hatte danach Lust, ins Sittertobel hinabzusteigen und einen seiner Kraftorte aufzusuchen, dort unten, wo sich Wattbach, Urnäsch und Sitter treffen. Wunderbar vereinigen. Gemeinsam singen, klagen, brüllen. Kraftvoll. Bei Starkregen nicht ungefährlich. Aber immer geheimnisvoll. Und wirkungsvoll. Der Weg führte ihn durch einen kleinen Tunnel bis zu seinen Lieblingsfelsen. Ein kleines Plateau. Eindrücklich, diese Aussicht auf den Fluss, die Felsbrocken, die Tannen am Abhang, vom Wind zerzaust, einige irgendwann in sein Bett gestürzt, die steilen Felswände. Still und einsam. Balsam für die verwirrte Seele.

Dort sass er, hörte dem Wasser zu. Dachte an Caro, an seine Mutter, an seinen Bruder. Die Sonne schaute zaghaft und vorsichtig zwischen weissgrauen Wolkengeschwadern durch, getraute sich noch nicht so recht zu lachen.

«Komm hervor, zeige dich, hab' Mut», sagte er zu ihr. Und lächelte, unterbrochen von seinem Handy, das Lady Madonna spielte. Häfeli blickte auf's Display: EFD. Was wollte der nun wieder – sich nach seinem Befinden erkundigen, reklamieren, herumlärmen? Dabei hatte er doch Büttikofer alles erklärt.

«Am nächsten Montag bin ich wieder auf der Bühne!»

Unwirsch drückte er die Nummer weg. Ruhe jetzt! Basta.

Ruhe. Bis auf das Rauschen des Wassers, das seine Seele beruhigte. Und neue Lebensgeister weckte. Ideen und Gedankenblitzen den Weg aus der Dunkelheit öffnete.

Häfeli entschied, seine Seele ins Valle Bavona entfliehen zu lassen, ein wildes Seitental im Tessin – und verhältnismässig einsam, jedenfalls für das Tessin. Ricarda, eine alte Freundin, und ihr Romano besassen dort ein Rustico[80].

---

[80] *Meist kleinere, für das Tessin typische Häuser, die Wände und Dächer traditionell aus Granitsteinen gefertigt. Früher landwirtschaftlich genutzt, heute teils schwierige Umnutzungsbegehren.*

Ursprünglich. Urtümlich. Und einsam.

Um diese Zeit müsste es frei sein, wenn er Glück hatte. Dort würde er Frieden finden. Kraft und Freiheit. Auf dem Rückweg kaufte er im Café Gschwend einige Cremeschnitten. Zum Resetten. Ein Neustart. Durchstarten mit drei Cremeschnitten. Das funktioniert.

Häfeli hatte Glück, er konnte das Rustico für einige Tage haben. Eigentlich hatte er immer Glück gehabt in seinem Leben. Häfeli fühlte sich als Glückspilz. Das heisst nicht, dass er es immer lustig fand, sein Leben. Überhaupt nicht.

Am nächsten Morgen machte er sich früh auf den Weg, nicht mit Frida, seiner roten Vespa mit Tessiner Kontrollschild. Mit dem Zug nach Chur, eben nicht via San Gottardo und die sterbende Leventina hinab. Mit dem Postauto vorbei an den gewaltigen Bündner Bergen. Wieder Zug und Postauto, durchs Maggiatal bis Bignasco. Und endlich im Valle Bavona[81], «zu Hause»; ein 10-minütiger Fussmarsch noch bis zu «seinem» Rustico – um dort Ruhe in Einsamkeit zu finden. Allein. Mit seiner Liebe zur Einsamkeit. Und doch nicht allein zu sein, nicht darunter zu leiden, das ist die Kunst.

Er hatte den Holzofen angezündet, sich eine grobkörnige Polenta gekocht, etwas Bergkäse dazu, Merlot getrunken, nicht zu knapp, und dem Feuer zugeschaut, wie es langsam das Kastanienholz auffrass, eifrig, gierig. Unaufhaltsam. Rotglühend. Wild. Knisterte. Irgendwie fröhlich. Und er hatte geweint. Endlich wieder mal war ein Weg frei geworden für seine Tränen.

Die alte Petrollampe flackerte unruhig, russend, aber getrost und stabil vor sich hin. Ungestört. Auch das Handy störte nicht. Kein Empfang. Das gibt's noch. Offiziell keine Elektrizität in diesem Tal. Jedenfalls nicht für die wenigen verbliebenen Bewohner.

Wunderbar. Archaisch. Sagt man. Und meint meist etwas anderes als fehlenden Handyempfang.

---

[81] *Beachte dazu «Nicht Anfang und nicht Ende» von Plinio Martini zum Leben in diesem Tal, zu Emigration und Melancholie, Einsamkeit und Entwurzelung. Und spannend dazu: «Spätholz» von Walter Kauer.*

Das Wetter am nächsten Tag war schlecht, gut so. Hochnebel. Nieselregen. Feucht. Und fröstelig. Trotzdem machte er sich auf den Weg. Auf seine Wege im Valle Bavona, diesem ursprünglichen, engen, mit Steinen und Felsbrocken übersäten Seitental des Maggiatals. Die Wanderungen von Bignasco nach Fontana, Foroglio und Fontanellata mit seinem 80 Meter hohen Wasserfall, bis San Carlo zuhinterst im Tal, hinüber zu den Ruinen von Prèsa di San Carlo, vorbei an Quellen und kleineren Wasserfällen, überwucherten Weiden und terrassierten Wiesenflecken, an hohen, grünbewachsenen Felsblöcken, die früher als «Gärten» dienten, geschützt vor Überschwemmungen und naschhaften Ziegen. Vorbei an alten Grottos, Rusticos, verwunschenen, aber idyllisch anmutenden Steinhäusern, verfallenden Behausungen, Vorratskammern und Ställen unter schroffen Felswänden fast verborgen, jedenfalls geborgen. Vor Wind und Wetter geschützt.

Vorbei.
Vorbei.
Vorbei!

Idyllisch war da früher wohl gar nichts, die wochenlange Einsamkeit auf der Alp, allein mit ein paar Ziegen, Schafen und Kühen. Nun morbid charmant. Das Tal. Entvölkert. Manche Hütten dem endgültigen Zerfall nahe. Dort drüben ein lottriger Holzsteg über die Bavona. Kaum Touristen auf der Sentiero Cristallina, steil bergauf und bergab, mühsam, auf schmalen Schotterwegen und Ziegenpfaden. Nichts für Schönwetterspaziergänger, die sich gar nie bewusst wurden, was sie verpassten.
Schade für sie.

Vielleicht eine Eidechse entdecken, ein Eichhörnchen oder gar eine Viper? Mit Schafen und Ziegen palavern, die ihn mit ihren grossen Augen erstaunt anstarrten. Neugierig. Wieso spricht da jemand mit uns?

500-jährige Kastanienbäume bewundern, betasten – begreifen? Ihre runzlige Haut und ihre Blätter spüren, riechen, schmecken. Was hätten sie wohl zu erzählen gewusst?

Unendlich viele Geschichten: Vom Leben und Sterben der Talbewohner, von den Frauen mit den vielen Kindern, von denen viele die ersten paar Lebensjahre nicht überstanden, von ungewollt schwanger gewordenen Mädchen, Ausgestossenen, dem harten Regime der katholischen Kirche ausgeliefert, von Hunger und Elend, von Steinlawinen und Unwettern.

Von den Menschen im kleinen Dorf Prèsa di San Carlo, die ihre Häuser im 16. Jahrhundert verlassen mussten – Bergstürze und Lawinen hatten es unbewohnbar gemacht.

Von den Auswanderern. Die Schweiz verlassend. Ein neues Glück suchend. Auswandern aus dem Tessin.

Häfeli genehmigte sich in einem unscheinbaren Grotto ein Fleischplättli: Salami, Rohschinken, Schafskäse – herrlich, dazu ein Boccalino[82] mit Nostrano, so einfach, so fein! Eine kleine schwarz-weisse Katze setzte sich zu ihm hin, auf den Nachbarstuhl, schaute ihn an. Wartete geduldig. Erwartungsvoll. Auf einen kleinen Happen.

Häfelis Seele fühlte sich hier in der Bergluft zu Hause, fand zu sich selbst; sie getraute sich durchzuatmen und wieder zum Vorschein zu kommen. Wie die Sonne.

Eine Nacht blieb ihm noch, im Valle Bavona.

Allein.

Mit seinen Träumen und Tränen.

Der Trauer.

Den Todesgedanken.

Allein.

---

[82] *Kleiner, bauchiger Weinkrug aus Ton.*

Aber irgendwie war er glücklich wie schon lange nicht mehr. Geborgen und demütig, dem Leben gegenüber.

Und dem Tod. Der untrennbar dazu gehört.

Sonogno. Die Heimat der «Schwarzen Brüder»[83]. Wenn er das Buch, eines seiner Lieblingsbücher, seinen Kindern vorlas, musste er jedes Mal die Tränen unterdrücken oder es gelang ihm, versteckt zu weinen. Er hatte es mitgenommen, ins Valle Bavona, um seine Seele zu spüren.

Das kleine Bergdorf im Verzascatal würde er diesmal nicht besuchen können, mit dem Postauto die schmale Strasse entlang. Lavertezzo, wo die meisten Touristen zurückbleiben, und das ist auch gut so, für Fauna und Flora. Frasco. Bis Sonogno, zu hinterst im Tal, ein Kraftort. Diesmal nicht. Dafür die Schwarzen Brüder und Schwestern im Amtshaus.

Am Montag würde er wieder dort erscheinen. Glanzlos. Einigermassen gesund. Zufriedener als je zuvor und einigermassen entspannt.

Und mit intakter Seele.

Häfeli freute sich darüber.

---

[83] *Giorgio, ein armer Bergbauernbub wird an den «Mann mit der Narbe» verkauft, um in Mailand unter grauenhaften Bedingungen als Kaminfeger zu arbeiten. Ergreifendes Buch von Lisa Tetzner und Kurt Held zu den Tessiner Kaminfegerbuben, die sich verdingen mussten, damit ihre Familien überleben konnten.*

Elektrisiert?

Brigitte Admiral erschien pünktlich im Kommissariat 2 an der Neugasse, im Amtshaus. Sie schien etwas besorgt, aber guten Mutes. «Gestern habe ich wieder ein SMS von Jürg erhalten, er liebe mich total, und freue sich, sehnsüchtig, in Singapur …»

Kraienbühl verzog unmerklich den Mund.

«Das ist ja wunderbar», sagte Häfeli und blätterte fahrig im Obduktionsbericht von Dr. Fröhlich. Gedanklich war er noch im Bavonatal, im Tessin. Eine seiner Liebschaften.

«Kennst du diesen Goldring mit dem Löwen?»

«Zeig mal her …» Mit zitternden Fingern nahm Brigitte Admiral den Ring in die Hand.

«Natürlich kenne ich diesen Löwenkopf, woher hast du den? Es ist Jürgs Lieblingsring.»

Häfeli machte ein ernstes Gesicht und blätterte weiter in seinen Unterlagen.

«Nun sag schon, was los ist!»

«Den Löwenring haben wir bei einem Toten, den wir im Wald bei einem alten Bahnwärterhäuschen im Galgentobel gefunden haben, entdeckt. Wir haben die DNA-Spuren auf der Zahnbürste mit jenen der Leiche verglichen.

Sie sind identisch. Leider!

Kein Zweifel.»

Häfeli hielt dem Blick von Brigitte Admirals Augen stand.

Plötzlich einsam.

«Im Galgentobel? Bahnwärterhäuschen. Da war ich noch nie. Komisch, das kann doch alles nicht wahr sein», sagte Brigitte. «Jürg ist in Singapur, denk doch an die diversen SMS, die ich erhalten habe. Da muss ein Missverständnis vorliegen.» Sie schüttelte wie elektrisiert den Kopf. Energisch. Immer wieder.

«Den SMS müssen wir nachgehen, das ist tatsächlich aussergewöhnlich. Aber es besteht kein Zweifel …

Der Tote ist dein Mann. Jürg. Tut mir leid.»

Pause.

Brigitte begann zu weinen.

Im Übrigen herrschte Schweigen in Häfelis Büro. Eine bedrückte Stimmung. Brigitte fühlte sich plötzlich sehr allein.

«Wer hat Jürg getötet, und weshalb? Oder war es ein Unfall?» brach es schliesslich aus ihr hervor.

Zu Ende. Das gemeinsame Leben von Brigitte und Jürg Admiral, ihre gemeinsamen Pläne, Projekte, Glücksmomente. Die pompöse Geburtstagsfeier auf dem Bodensee würde Brigitte absagen müssen, sie fiel buchstäblich ins Wasser, die Party. Oder nun ein grossartiges Memorial-Hühnchen- und Güggelifest? Am Ende angekommen.

Der Kommissar schüttelte den Kopf. Innerlich.

Geschmacklos? Böse.

Vielleicht.

«Ein Unfall war es vermutlich nicht. Hatte Ihr Mann Feinde, Frau Admiral», fragte Kraienbühl. «Oder waren Sie eifersüchtig auf Ihren Mann? Gründe hätte es da sicher genug gegeben. Sie haben nicht zufällig …» Kraienbühl empfing wieder einmal einen warnenden Blick seines Chefs – und schwieg.

«Feinde. Hm, na ja. Vermutlich hatte er Feinde, oder zumindest einen, wie es scheint. Aber so offensichtlich war das für mich nicht. Begreift doch, Jürg war sehr erfolgreich, als Textil- und Modedesigner, und bei Frauen. Ein Künstler halt. International. Jürg sagte manchmal: ‚Die Konkurrenz schläft nicht – wenn notwendig schlafe ich mit der Konkurrenz, wenn es denn unbedingt sein muss – und auch noch Freude macht. Warum nicht? Man sollte nicht auf alles verzichten‘.

Tja, damit musste ich mich abfinden – wir führten eine offene Beziehung, auf Jürgs Verlangen, und ich habe darauf reagiert, grosszügig, testete hin und wieder meinen Marktwert. Schliesslich liess mein Mann nichts anbrennen. Und Eifersucht? Kommt mir nun nicht damit, das ist lächerlich. Eifersucht. Das habe ich längst überwunden, sonst hätte ich nicht überlebt. Aber einfach war das nicht, zu Beginn unserer Ehe. Na, ja, das ist nun schon ein paar Jährchen her.»

«Oder jemand, der Jürg aus dem Weg schaffen wollte, um Sie, Frau Admiral, äh …, für sich alleine zu haben oder zu gewinnen?» fragte Kraienbühl.

«Nein, da gibt es niemanden, so weit war ich noch nicht. Aber Kontrahenten von Jürg, die ihn töten wollten – ich glaube auch das nicht. Oder doch? Natürlich gab es missgünstige Konkurrenten, Gschäftler;[84] oder eifersüchtige Ehemänner, enttäuschte, betrogene Geliebte, die sich mehr versprochen hatten? Kann sein. Nun, das Leben mit Jürg war weiss Gott nicht immer einfach, aber das kennt ihr ja. Kein Zuckerschlecken. Dennoch liebten wir uns noch, na ja, nicht mehr so häufig …, aber doch irgendwie, keine Frage.

Und Fragen gab es ohnehin nicht mehr so viele wie früher. Aber auch das ist normal.»

Pause.

«Die Beziehung zu seinem Bruder? Ah, die war so schlecht nun auch wieder nicht, aber seit dem Tod des Vaters und den anschliessenden Erbstreitigkeiten nicht mehr so liebevoll, eher geschäftsmässig. Kühl. Und dann hat sich Rudolf eines schönen Tages etwas zu intensiv um mich bemüht, das passte Jürg nicht in den Kram. Teilen wollte er nun doch wieder nicht. Nie.»

Tapfer versuchte Brigitte, die Tränen herunterzuwürgen.

Pause.

---

[84] *Dialekt: Geschäftemacher.*

Projektionsopfer.

«Bitte schreib uns alle Namen von Personen auf, die du irgendwie verdächtig erlebt hast», bat Häfeli in einer Tränenpause. «Wer könnte in Frage kommen, gab es Belästigungen, Drohungen oder gewalttätige Aktionen oder anonyme Telefonanrufe?»

Brigitte nickte. Sie stelle gerne eine Namenliste zusammen. Und nein, Drohungen oder so habe es nie gegeben.

«Du, eine Frage noch: Hast *du* Jürg zum Flughafen gebracht?»

Brigitte runzelte die Stirn.

«Ich? Nein, das hat sein Bruder übernommen. Rudolf. Ich hatte an diesem Morgen keine Zeit, eine kleine Schönheitsoperation bei Dr. Fasswald – eine Kapazität. Europaweit! Frohgemuth Fasswald, na ja, nicht ganz billig, der Knabe. Aber unsere teuren Autos verlangen auch ihren Tribut. Unterhalt. Und ich musste wieder mal etwas richten lassen, einige Details, durch den Fachmann. Jahres-Service, würde Jürg sagen. Und lachen. Ihr versteht...

Wo er nur steckt, mein Jürg?»

Aha, dachte Häfeli, laufender Unterhalt. Wiederkehrend. Hatte dieser Schönheitschirurg, bekannt und teuer, nicht einen zumindest etwas ramponierten Ruf? In den Medien war die Rede von unnötigen und überteuerten Eingriffen, Fettabsaugen wo es ohnehin hoffnungslos ist, von zweifelhaften Brustimplantaten, suggestiv überstürzt eingebauten Magenbändern und so, sowie einer gewissen «Klebrigkeit» im Umgang mit seinen vorwiegend weiblichen Patienten.

Projektionsopfer.

Lustobjekte?

Schon wieder böse.

Du bist böse.

«Ich kann das alles noch nicht glauben. Darf ich Jürg sehen?» fragte Brigitte Admiral.

«Also», sagte Häfeli, «ja, grundsätzlich schon, aber wir würden dir dringend davon abraten, du würdest ihn nicht wiedererkennen, gell Kraienbühl.»

«Sieht ganz übel aus!», bekräftigte dieser. «Und die Ameisen …»

«Bringst du Frau Admiral bitte einen Kaffee oder Tee», unterbrach Häfeli seinen Assistenten. Diese begnügte sich jedoch mit einem Glas Wasser und bat, Hugelshofers zu informieren.

«Vielleicht holen sie mich ab, vielleicht sind sie unsere einzigen richtigen Freunde. Aber ich habe noch meine Pferde, die werden mich beruhigen. Immerhin.»

Wieder liefen Tränen über Brigitte Admirals Wangen.

Im Nebenzimmer beauftragte der Kommissar seinen Assistenten, unverzüglich diesen Bruder herbeizuschaffen. Kraienbühl setzte sich ans Telefon, rief Rudolf Admiral zu Hause an, und im Betrieb, auf dem Handy – die Nummer hatte er von Admirals Sekretärin, Larissa Schneider, erhalten.

«Das hat aber keinen Zweck …»

«Was, Sie kennenzulernen?»

«Das meine ich nicht», sagte die freundliche Frau mit der erotischen Stimme und lachte. «Wir wissen selbst nicht, wo er zurzeit ist, können ihn seit drei Tagen nicht erreichen. Zuletzt sagte er, er sei in Nürnberg, bei einem Lastwagenfabrikanten, und käme bald zurück.»

«Bitte geben Sie mir auch Ihre Handy-Nummer. Zur Sicherheit.» Kraienbühl beschloss, Larissa Schneider so bald als möglich in ihrem Büro aufzusuchen. Geschäftlich natürlich.

«Du, der 2. Admiral ist nun ebenfalls verschwunden! Fahndung, das ganze Programm?»

Häfeli schüttelte den Kopf. «Im Moment nicht. Wir warten noch etwas. Aber lass die Handys der Gebrüder Admiral orten. Das könnte spannend werden. Wir möchten die Login-Daten, sagen wir der letzten 14 Tage.»

Gottfried Hugelshofer holte Brigitte Admiral im Kommissariat ab, zusammen mit Trudi. Brigitte würde vorerst einige Tage bei ihnen wohnen, sie hätten ja genug Platz. «Bis das Schlimmste vorüber ist. Und bis wir alle etwas klarer sehen.»

Der Bankier putzte seine Brille.

Intensiv.

«Lass dir Zeit!»

Trudi umarmte Brigitte.

Herzlich.

Ehrlich.

Erstaunlich.

Das Ende ertastend.

«Melde dich bitte sofort, falls du wieder auffällige SMS bekommst», sagte Häfeli. «Und eine gute Nacht dann. Das alles tut uns entsetzlich leid!»

Polit- und Gartenzwerge.

Häfeli blieb noch einige Zeit an seinem Pult sitzen, liess den Tag Revue passieren, suchte nach Lösungen. Generell war er der Meinung, Lösungen seien in der Politik zu suchen, deren Repräsentanten – Tanten? – diese liefern sollten. Doch das dauerte ihm viel zu lange, was konnte man dagegen tun? Wenig bis nichts. Die Politik führt sich selbst ad absurdum, wenn man sich getraut, genauer hinzuschauen. Das hatte sich in den ersten 20 Jahren dieses Jahrhunderts eindrücklich bestätigt. Überschwemmungen, Orkane, Hitzewellen, schlimmer als je zuvor. Klimaveränderung? Blödsinn. Regierend in den eigenen Sack wirtschaften, lügen und betrügen, mauscheln und e chli bschiisse[85], wenn es dann gerade passt und sich ergibt? In Politik und Wirtschaft. In Bananenrepubliken durchaus üblich. Und im grossen Stil! Inzwischen

[85] *Dialekt: kleine Betrügereien.*

aber nicht nur dort. Die Schweiz als neues Mitglied im Club der Bananenrepubliken.

Moralinsaure Jomergret[86]?

Chabis.

Wenn es denn wahr wäre?

Es ist wahr!

Vergleichsweise marginal, aber dennoch: Wenden sich Sankt Gallerinnen und Sankt Galler zunehmend innerlich von der städtischen Classe Politique ab? – die kantonale spielte in der Stadt ja nie eine überbordende Rolle, das ist so, in Stadtstaaten. Obwohl, nicht alle fühlen sich als gerupfte Hühner, als Milchkühe für Pendler und Sponsoren von Theater-Billetten für Auswärtige, flüchten getrost ins Internet, nach Konstanz oder in den Speckgürtel der Agglomerationsgemeinden, welche auf eine Heiratsaufforderung der Stadt längst nicht mehr warten. Der Heiratsantrag würde wohl nie mehr eintreffen: Dem Bräutigam fehlen Mut und Beharrlichkeit, Sprutz. Ein fantasieloser Bewerber. Andererseits, weshalb sollte irgendeine Braut dieser Stadt mit den hohen Steuerfüssen und den sagen wir mal «grandios» durchmischten Schulen beitreten? Die Bräute holen sich ihre Gefreiten anderswo – in den Dörfern mit den günstigeren Bodenpreisen für ein Eigenheim, nur wenige Autominuten vor der Stadt entfernt. Natürlich sind dann zwei Autos erforderlich. Mindestens.

Aber wen stört's, möglichst schwere und verbrauchsintensive SUV's müssen her, damit es sich lohnt, und auch Kleinwüchsige gesehen werden. Im Verkehr.

Brigitte und der schöne Jürg Admiral hatten mindestens drei Luxuskarossen in der Garage – eine Schätzung, und wohnten inzwischen in Teufen. Stadtflüchtlinge. Wenn sie Kinder bekommen hätten, was zum Leidwesen von Brigitte nicht der Fall war, und noch etwas näher in der Agglomeration gewohnt hätten, würde ihr Nachwuchs problemlos einen der begehrten Plätze in der

---

[86] *Dialekt: Jammertante.*

Katholischen Oberstufe, «Flade» genannt, erhalten haben. Die in der Stadt wohnenden Kinder werden per Losentscheid unter notarieller Aufsicht zugeteilt: Entweder städtische Schulen oder «Flade». Bevorzugung der «Agglokinder» gegenüber den städtischen «Kellerkindern»?

«Eigentlich eine Sauerei», brummte Häfeli vor sich hin, «und ein weiterer Grund, dieser Stadt den Rücken zu kehren, nicht noch länger die Zeche für andere mitzubezahlen.»

Doch was soll die Jammerei, überdies auf hohem Niveau?

Die Wahrheit zu sagen hat nichts mit Jammern zu tun, das wird oft verwechselt. Beliebt macht man sich damit allerdings nicht. Punkt.

Jedes Jahr wurde mehr oder weniger genuss- und hoffnungsvoll über die Höhe der Steuern in Sankt Gallen diskutiert, ein Ritual bei tollen Rechnungsergebnissen. Gestritten. Der Stadtrat versuchte jeweils, die Steuern möglichst hoch zu halten – und meist gelang ihm das auch. Jedes Jahr. Investitionen da und dort, auch für die Agglomeration mit den seit Jahren wesentlich tieferen Steuersätzen, die immer noch sinken. Und der Kanton ist unfähig, harmonisierend – so nennt sich das wohl – einzugreifen! Vom Bund reden wir gar nicht.

So würde sich nie eine Braut dazu durchringen, diesem Zauderer-Club beizutreten. Schon vor gut gefühlten 100 Jahren wollte die Stadt keine fremden Bräute anlachen. Vielweiberei kam in Sankt Gallen nicht vor. Oder noch nicht und offiziell schon gar nicht.

Ob man die Braut verlassen könnte, direkt nach der Hochzeit, aber vor der Scheidung, Return to Sender. Oder wie im Versandhandel üblich, mit neuen Kleidern in die Disco und am Montag den ganzen Bloscht[87] ungereinigt wieder zurücksenden? Des Kaisers neue Kleider. Nein, eben nicht von Gottfried Keller oder Hans Christian Andersen. Von Zalando. Auch nicht die dreckigen Kleider von Franz-Josef Waldvogel, dem entthronten Kaiser der Voliere und strangulierten Präsidenten des Fördervereins.

---

[87] *Dialekt: Ramsch, in diesem Fall: Kleider.*

Unanständig. So was.

Wollte nicht Vorarlberg einst der Schweiz beitreten[88] und Abtwil[89] der Stadt Sankt Gallen? Jahrzehnte ist's her. Hochmut kommt vor dem Fall. Häfeli schüttelte den Kopf.

Im Ernst: Wenn sich zum Beispiel Rotmonten zusammen mit der Universität oder das Bruggwaldquartier geschlossen verabschieden wollten, um sich der Nachbargemeinde Wittenbach anzuschliessen, solange die Steuern nicht mindestens ebenso tief waren wie dort ... Das gäbe ein grandioses Hallo! Auch die Stadt Bern fragt sich doch hin und wieder, ob sie «ihren» ungeliebten Kanton nicht endlich alleine im Regen stehen lassen sollte. Die Stadt Sankt Gallen könnte erwachen – und sich das ebenfalls überlegen. Obwohl der Kanton endlich an einer «neuen» Spitalstrategie arbeitet. Immerhin. Oder gar am längst überfälligen Kanton Säntis herumlaboriert?[90]

Denkanstoss. Oder Dolchstoss?

Schliesslich wurde der Sankt Galler Stadtrat vom Parlament doch noch gezwungen, den Steuerfuss ab 2019 geringfügig zu senken, mit immer noch viel Spielraum beim Geld ausgeben, in der Verwaltung, im Strassenbau und beim Abreissen von Schulhäusern. Und reduzierte gleichzeitig Beiträge an die alternative Kultur, wiederum geringfügig, was trotzdem zu einem wilden Aufschrei führte. Zetermordio. Die städtische Rechnung hatte in den letzten Jahren stets mit einem satten Gewinn abgeschlossen, selbst bei düsteren Prognosen. Darüber hinaus geschah nicht viel.

---

[88] *Volksabstimmung in Vorarlberg vom 11. Mai 1919: Soll die Vorarlberger Landesregierung Beitrittsverhandlungen mit der Schweiz aufnehmen? 81% der Abstimmenden votierten für Anschlussverhandlungen. Wären wir für einmal weitsichtig genug gewesen, hätten wir die Vorarlbergerinnen und Vorarlberger mit Handkuss aufgenommen.*

[89] *1959 wandte sich ein Initiativkomitee der Gemeinde Gaiserwald zwecks Eingemeindung an die Stadt Sankt Gallen; das Begehren wurde erst 1975 am Protokoll abgeschrieben. Das Ergebnis ist bekannt.*

[90] *Neue Regionalisierung aus Teilen der Kantone Sankt Gallen, Thurgau, beider Appenzell gemäss Entwurf der Helvetischen Republik von 1798 mit der Stadt Sankt Gallen als Zentrum, evtl. heute mit Teilen des Kanton Thurgaus.*

Wie wär's für einmal mit einem – vorsichtig gedacht – etwas sparsameren Umgang mit dem Steuersubstrat? Was das im Detail auch heissen mag. «Schön gedacht». Häfeli, etwas übermüdet, versank wieder in seiner Gedankenwelt. Oder war er gar eingeschlafen?

Fahren nicht täglich 81'000 Autos durch den Rosenbergtunnel[91], unter der Stadt hindurch, mit grossem Trara durch die Stadt und die Quartiere, sie traversierend, buchstäblich, ohne dass jemand nur eine einzige Bratwurst oder einige Cremeschnitten kauft. Tendenz zunehmend. Allerhand. Lärm und Abgase. Verrückt. Bei einer Bevölkerungszahl von 79'000 und einigen Zerquetschten, volatil steigend und sinkend zum grossen Ärger des Stadtrates. Diese Grenze müsse endlich geknackt werden, da lohne sich der Kampf. Mit oder ohne Bratwürste. Oder gar eine Charmeoffensive, statt täubele[92]? Tiefere Steuern. Warum nicht?

Hatte Häfeli das alles nur geträumt, sass er doch alleine in seinem Büro, spielte mit einem Zuckersäckli, das er achtlos eingepackt hatte – und las dort, plötzlich wieder hellwach:

«Gesegnet sind jene, die nichts zu sagen haben, und (trotzdem) den Mund halten. Oscar Wilde.»

Wie wahr, dachte Häfeli. Und überhaupt nicht selbstverständlich. Punkt. Den Mund halten. Bravo! Ein Zuckersäckli in der Hand. Dem war nichts mehr anzufügen. Grundsätzlich.

Das gilt für alle, Stadträte, Gemeinderäte, Bundesräte und alle anderen, die irgendetwas beraten oder erraten, oft allerdings nicht das Richtige; also auch für Gartenzwerge, Kommissare, Wichte, Pfaffen. Undsoweiter. Für Aschenputtel und Schneewittchen. Alle, die ihre Seelen verlieren könnten. Oder sich selbst. Das Leben. Den aufrechten Gang. Die Integrität. Das Gedächtnis. Die Liebe. Anstand und Respekt.

Aber eben: Nicht nur Gartenzwerge!

---

[91] *Stadtautobahntunnel, A1. 1987 eröffnet.*
[92] *Dialekt: schmollen, sich ärgern. Trotzkopf.*

Haben Tiere eigentlich auch eine Seele?

Auch Goldfisch Jasper und Tiger Fredy.

Oder die nicht?

In der folgenden Nacht knallte es, schreckten die Häfelis wie elektrisiert und voller böser Vorahnungen auf. Ein Schuss? Häfeli schaute auf seinen Wecker, 2.35 Uhr, huschte wie ein Geist in einem alten weissen Nachthemd seines Vaters die Treppe hinunter, schaute zum Fenster hinaus, dort wo er den Knall glaubte gehört zu haben, und sah gerade noch ein rotes BMW-Cabriolet davonfahren. Sich die Nummer einzuprägen war für ihn eine Selbstverständlichkeit: TG 99888. Ein Thurgauer zwischen den Miststöcken. Und das hier, in seinem Quartier.

Und siehe da, der neue Gartenzaun war in der Mitte sauber aufgetrennt. Klinisch sauber.

Ein Wrack.

Über Nacht.

So schnell geht das.

Manchmal.

Dem werde ich die Dingsbums schleifen lassen, aber zünftig. Häfeli rief im Revier an, meldete Fahrerflucht und Autonummer: «Nehmt den Knaben in Empfang, vielleicht fährt er nach Hause. Adieu!» – und legte sich mürrisch wieder ins Bett. So richtig gut schlafen konnte er nicht mehr und war auch am nächsten Morgen noch übel gelaunt. Und wortkarg. Sabrina störte das nicht, sie plauderte angesichts des nachmitternächtlichen Ereignisses unverdrossen auf ihren Göttergatten ein, erzählte von ihren Projekten, der Tanz-Performance in Amsterdam, der Halbtagesstelle und der Putzfrau, die dann nötig werde, von «überflüssigen» Anschaffungen, aber mit den zusätzlichen Einnahmen nun möglich usw., was Häfeli wiederum ausgesprochen nervte, ärgerte und schliesslich zu einem etwas rüden Befreiungsschlag beflügelte, bevor dann Ruhe einkehrte.

Vorübergehend.

Von guter Laune war nicht mehr die Rede an diesem Morgen.

Wie sich im Büro zeigte, konnte der Autofahrer, ein älterer Mann Kategorie Vorstadt-Casanova, der gerade von einem Hausbesuch nach Hause kam, von den Thurgauer Kollegen gestellt werden. Vielleicht war das gar der immer noch flüchtige Brombeerdieb?

Blutprobe. Ausweisentzug. Routine.

Brombeeren kamen keine zum Vorschein.

Himbeeren ebenfalls nicht.

Deeskalieren im Disneyland.

Häfeli meldete den Zaunschaden unverzüglich der Versicherung. Nur, es geschah nichts, die Wochen eilten durchs Land, drei Wochen, fünf Wochen, eine Reparaturofferte hatte er schon längst eingeholt und weitergeleitet, der hässlich darniederliegende Gartenzaun wurde zum Gespött. Sabrina trieb ihren Mann an, «da musst du endlich was machen, über uns lacht das ganze Quartier, wieder einmal, nicht das erste Mal übrigens, du bist doch bei der Polizei. So geht das nicht!»

Schliesslich platzte auch Häfeli der Kragen, wenn schon dann schon; dann aber meist endgültig. So rief er endlich bei der Versicherungsgesellschaft an, nachdem er bisher nur Mails versandt hatte, die Zaunofferte hatte er ebenfalls so übermittelt. Und danach nichts mehr gehört.

«Nun, die Sache ist so», sage die freundliche Dame am Telefon, Herr Müllhofer, der den Schaden in jener Nacht bei Ihnen, äh, an Ihrem Zaun verursachte und diesen auch nie bestritten hat, musste noch in derselben Nacht den Fahrausweis abgeben. Sie kennen das. Nur: Der Mann hatte gar keinen Ausweis zum Abgeben, sagte, er finde ihn nicht mehr, dabei hatte er nie einen besessen. Ein Schwarzfahrer. Das macht die Sache so schwierig. Wir brauchen aber den Fahrausweis des Halters. Das kann alles noch etwas dauern, tut uns leid.»

Schwarzfahrer überall, und immer mehr, sogar Schafsböcke in der Säntisbahn, wenn auch nur im Traum. Wer hätte das gedacht. Wird zu wenig kontrolliert? Und wieso heisst es nicht Weissfahrer oder Glücksfahrer? Glücksritter wäre auch eine Möglichkeit. Political Correctness, wenigstens bei den Farben, im Protokoll. Was haben wir sonst noch?

Genau: Den Schwarzen Peter. Roten Peter? Tönt irgendwie blöd.

Und der Schwarze Tod? Das schwarze Loch.

Schwarze Schafe. Schwarze Liste. Schwarze Brüder. Schwarze Seelen. Schwarzmalerei. Schwarzarbeiter. Das kleine Schwarze. Schwarzer Schnee. Schwarzes Herz.

Schwarze Engel.

Rabenschwarz. Alles.

Wieso immer schwarz? Schwarz kann sexy sein. Durchaus.

Doch zurück zu diesem Müllhofer; Schwarzfahrer nun auch noch bei Versicherungsgesellschaften. «Was Dachschaden? Werden Sie nicht frech! Zaunschaden, seit Wochen. Tut uns leid! Mir tutet gleich etwas anderes …» Häfeli tobte. Was heisst das nun im Klartext? Oktober: Warten, bis Weihnachten, oder was? Das ist der Gipfel. Bürolakaien. Eine Zumutung. Sabrina wird in die Luft gehen, Hugelshofer schadenfreudig schmunzeln und weise Ratschläge erteilen. Herrgottsack! Ist doch wahr.

Nun wäre Häfeli beinahe zum zweiten Mal innert kurzer Zeit in die Lüfte entschwoben. Dabei hatte alles ganz friedlich begonnen: Sie hatten über die Halbtagesstelle in der Kita globiundmaus gesprochen, Sabrina freute sich über diese Chance, allerdings war noch nichts entschieden. Häfeli erzählte etwas von seiner Arbeit, von Angelina und ihrer Rachegeschichte, den noch ungeklärten Fällen, bis ihm ein gravierender Fehler unterlief: «Du, Lena Rabenschwarz möchte …», weiter kam er nicht. Wie eine Furie nahm Sabrina den Faden auf: «Eine unmögliche Frau, schrill und aufgedonnert – und das im Vorzimmer des Polizeivorstands, unglaublich, unmöglich. Was möchte diese impertinente Person?»

Sabrina holte kurz Luft und nahm einen neuen Anlauf: «Ich weiss schon, dass dir solche Hexen gefallen. Männer! Ist doch immer dasselbe. Im Geiste einfach gestrickt und immer scharf auf eine schnelle Nummer. Einfaltspinsel.»

Pause.

«Hattest du eigentlich mal etwas mit der, oder gar der famose Polizeivorstand, Freiluft-Dieterle? Dieser smarte Lustmolch! Hemmungslos. Wie er mir auf den Busen starrt, oder den Po. Ich kenne das.

Du pass auf, wir Frauen spüren so etwas ... Du bringst mich auf eine tolle Idee: Ich telefoniere morgen mit seiner Frau, vielleicht weiss die etwas? Oder sie weiss es noch nicht, und ich erzähle es ihr. Du hast mich jetzt so richtig neugierig gemacht. Das mache ich, morgen! Gewiss.»

Um Gottes Willen, nur das nicht, das würde erheblichen Ärger geben, der dann wieder auf ihn zurückfallen würde. Häfeli sah bereits den Polizeivorstand mit hochrotem Kopf und Schweisstropfen auf der Stirn seine Bürotür aufreissen, und brüllen: «Das geht nun definitiv zu weit, Häfeli, waren *Sie* das ...»

Häfeli wischte sich den Schweiss von der Stirn. «Äh ..., eigentlich wollte ich nur sagen, aber ich komme ja nicht zu Wort, Lena verlässt uns, auf eigenen Wunsch und wechselt ...»

«Was wechselt die jetzt schon wieder, ihren Freund, Geliebten oder was auch immer.»

«Lassen wir's gut sein», stöhnte er. Resigniert. Nun wäre wieder einmal Deeskalieren angesagt. Nur jetzt nicht überstürzt Blumen versenden, oder Pralinés nach Hause bringen. Jetzt nicht! Ab in die Winterpause? Schweigen.

Dorothea Engels, Nachbarin und pensionierte Sängerin, würde es schaffen, wenn das so weiter ging. Ihre unzähligen Weihnachtsbeleuchtungs-Accessoires im Garten aufzubauen, bevor Häfelis Zaun endlich repariert worden war. Meist begann sie bereits Ende Oktober mit ihrer Beleuchtungseuphorie: Schneemänner,

Samichläuse, Gartenzwerge, Weihnachtskühe und -kälber, Lichterketten und Girlanden, tanzende und singende Weihnachtsbären, künstliche Riesenkerzen – alles was möglichst schrill leuchtete kam in Frage. Wenn bloss kein Sturm aufkam, der Samichlaus und Co. durch die Luft wirbelte. Dann brauchte es keine Rentiere mehr. Und auch keine Engel.

Weihnachten im Disneyland, in Häfelis Quartier. Wie jedes Jahr. So farbig und grell, so leuchtend und kitschig, der ganze Garten taghell ausgeleuchtet. Schneesicher und elektrisch durchdacht. Sicherheitsdispositive gegen Einbrecher in dunklen Stunden. Nur einmal musste sich Frau Engels beim Aufbau kurz ins kühle Gras legen – eine defekte Elektroschaltung hatte ihr den Kreislauf zünftig verwackelt. Oder ausgeleuchtet. Der Schaden hielt sich in Grenzen.

Weihnachten war noch längst nicht in Sicht, aber die Herbstferien, und etwas Abkühlung. Dann würde wie jedes Jahr die OLMA zelebriert werden, an verschiedenen Orten und mit ganz unterschiedlichen Ergebnissen und Folgen, auch für die Leber. Danach kam zuerst noch der Samichlaus, so konnte sich die Stadt auf die Adventszeit vorbereiten, spätestens wenn die riesige Tanne von irgendwoher per Helikopter auf dem Klosterplatz gelandet war, um anschliessend gebührend geschmückt oder verkleidet zu werden.

Vorher nicht!

Egalisiert.

Die Suche nach dem Bauunternehmer Rudolf Admiral blieb erfolglos, keine Spur, nichts. «Sofort zur Fahndung ausschreiben, international», befahl Häfeli. Kraienbühl wollte nochmals im Büro der Baufirma nachfragen, zur Sicherheit, wie er sagte.

Häfeli war von dieser Idee weniger begeistert. «Du würdest mir gscheiter[93] helfen, eine tüchtige Person als persönliche Mitarbeiterin für EFD, und natürlich zu uns passend, zu finden. Wir sollten diese Stelle extern besetzen, meint Freiluft-Dieterle; du, der wird langsam nervös. Und es könne auch ein Mann sein.»

«Ein Mann, tatsächlich? Ich arbeite daran. Vielleicht ist Larissa Schneider eine valable Option, ich mache mal einen Augenschein, wenn du nichts dagegen hast. Im Übrigen ergab die Ortung der Handys der Gebrüder Admiral nichts Auffälliges: Oft ausgeloggt, manchmal tagelang.»

Impertinent.

«Beide? Seltsam. Dann viel Glück!

Du, Freiluft-Dieterle erwartet eine schnelle Lösung für unser Sekretariat – wir sollten uns anstrengen.

Das ist das Wichtigste. Jetzt.»

«Nein, warte mal, Post für dich, hier!» Kraienbühl fuchtelte mit einem roten Couvert vor Häfelis Nase herum. «Persönlich, steht da. Ein verspäteter Liebesbrief, etwa gar von Sabrina? Sehr privat, wie mir scheint, da hast du ihn.» Kraienbühl zog sich diskret an seinen Schreibtisch zurück und schaute erwartungsvoll zu, wie sein Vorgesetzter den Brief öffnete, langsam zu lesen begann und einen roten Kopf bekam.

«Hör mal, das glaubst du nicht!

Ich lese vor, wenn es dir recht ist, gell.

Häfeli räusperte sich ausgiebig.

---

[93] *Dialekt: klüger.*

«Eheverkündigung!

Verklärtverliebt verkündigen wir euch allen grosse Freude. Wir heiraten! Wir geben uns das diamantene Ja-Wort, definitiv und unwiderruflich, für alle Ewigkeit: Am 13. November in der Katholischen Kirche St.Fiden, 14.30 Uhr. Kommt alle und begleitet uns ins Paradies!

Paolo D'Abruzzi und Priska Flückiger-Klein-D'Abruzzi.

In Erwartung geheimnisvoller Geschenke und freudiger Ereignisse an der Falkensteinstrasse 269. Willkomm!

Und handschriftlich steht hier noch:

Wir brauchen dringend Polizeischutz für diese Session, wir fühlen uns in Sankt Gallen nicht mehr sicher!»

«Weshalb denn das?» Kraienbühl lachte. «Und das Kärtchen, Sie sind herzlich zum Trauermahl eingeladen?»

«Fehlt. Frechi Sieche. Impertinent!» Häfeli zerknüllte Brief und Couvert und warf beides in den Papierkorb. Knapp daneben.

Leise klopfte jemand an Häfelis Bürotür. Angelina. «Gut, dass du kommst», sagte der Kommissar. «Ich möchte mit dir über Verschiedenes reden, deine Rache-Geschichte, die Leiche im Hexenhaus und dein Untertauchen bei Schnepperer – da muss es doch einen Grund geben; deine Liebe zu Motorrädern reicht mir nicht. Und bitte keine Märchenstunde. Du kannst wählen, bitte erzähl.»

«Nein, beginnen Sie, das ist schon in Ordnung. Nur eine Frage zuerst: Ist der Name der verschwundenen Leiche aus dem Hexenhauswald im Galgentobel inzwischen bekannt?»

«Ja, ein Mann, Jürg Admiral, Textildesigner und Unternehmer. Kennst du ihn, oder seinen Bruder Rudolf, der hat ein Bauunternehmen in Sankt Gallen, mit seegrünen Fahrzeugen?»

«Nein, kenne ich beide nicht; die Baustellentafeln dieser Firma habe ich schon gesehen, und ihre Fahrzeuge, klar. Aber sonst, ist das ja nicht gerade meine Welt, die Bauerei …, ich habe das im

Schulhaus erlebt, wie das herauskommt: Staub und Dreck, so viel du willst. Lärm. Und es geht nicht vorwärts. Kein Ende in Sicht. Sehr ärgerlich.»

«Lassen wir das.»

Pause.

Optimistisch demaskiert?

«Wie geht es dir mit der Berufswahl, der Lehrstelle und so? Habt ihr vier Jugendlichen – oder darf ich noch Kinder sagen – den Schock dieser Leiche im Galgentobel einigermassen verdaut, wenn man das so sagen darf?»

«Mir geht es gut, ich freue mich unglaublich auf meine Lehre bei Herrn Schnepperer; Motorräder sind meine Welt. Ich warte auf den Lehrvertrag, bin für meine Zukunft gerüstet und optimistisch. Das wird gut! Und dann habe ich auch noch Simon, meinen Freund, der hilft mir im Notfall. Das zu wissen ist schön, dass da noch jemand ist. Das Verhältnis mit meinen Eltern ist leider noch etwas angespannt, aber das ist wohl normal, in meinem Alter. Sie sind oft *sehr* schwierig, und streiten um irgendwelchen Chabis, unglaublich, wie Kinder. Nonsens nonstop. Reden nicht *Sie* immer von Chabis?» Angelina machte eine Pause, überlegte kurz.

«Immerhin haben sie sich sehr gefreut, dass ich wieder nach Hause gekommen bin. Beide haben mich fest umarmt – das hat es schon lange nicht mehr gegeben.

Die Leiche? Meine erste. Ich versuche, nicht mehr an sie zu denken.»

«Und die Rache?» fragte Häfeli.

«Diese Geschichte war für mich eine Konstruktion für die Schule, fiktiv, eine Provokation, wie weit darf ich gehen, was akzeptieren die noch als Klassenarbeit? Irgendetwas musste ich ja schreiben. Gut, dann verlangte die Schule, dass ich die Geschichte etwas umschreibe, Tempo und Blut herausnehme. Aber mit mir hat das eigentlich nichts oder nur sehr wenig zu tun. Wie sagen die Erwachsenen? Makulatur. Es hat mir trotzdem viel

Spass gemacht, vor allem auch wegen der Aufregung, die entstanden ist.» Angelina schmunzelte.

«Auch die Sache mit dem Kinderfest war echt lustig. Krass. Sie erinnern sich doch, die schwarzen Hüte und Schirme, und die übersprayten Dächlis auf dem Kinderfestplatz. Haben Sie die Täter gefasst?»

«Der Schulleiter hat auf eine Anzeige verzichtet», sagte Kraienbühl, «obwohl er zu drakonischen Strafen greifen wollte. Nach meiner Meinung waren da kleine Galgenvögel am Werk.»

«Von mir aus, wenn Sie meinen …

Drakonisch, was ist das? Eine Farbe? Oder ein Gespenst? Der Müggli tappt im Dunkeln, wie so oft. Was die am Computer im Technikraum geänderte Bestellung der Hüte und Schirme betrifft, haben wir ebenfalls eine Verdächtige, für mich ist die Sache klar. Es muss ein Lehrer oder eine Lehrerin gewesen sein. Mehr sage ich Ihnen nicht.»

Häfeli wollte gerade antworten, dies sei ihm eigentlich egal, begann das Mädchen wieder zu erzählen.

«Übrigens: Unsere Klassenlehrerin, Géraldine, seit dem Abschlussfest sind wir alle per Du, mit dem Müggli natürlich nicht, das möchte aber gar niemand, ist eine coole Frau. Und taff.

Mutig.»

«Ok. Und die Sprayer auf dem Kinderfestplatz?»

«Wir haben auch da eine Idee, oder zwei. Überlegen Sie mal: Schaffte es eine einzige Person, alle unsere Dächlis schwarz zu übersprayen? Unwahrscheinlich. Also: Die waren echt mutig. Und geschickt. Ja, wir kennen sie, klar, tüchtige Leute. Sie kennen sie ebenfalls. Aber es gibt keine Beweise, keine schwarzen Hände, keine Spuren, ätsch … Keine Schwätzer und keine Tratscherinnen[94].

Es war niemand. So einfach ist das. Oder der Heilige Geist. Kennen Sie den?» Das Mädchen stand auf.

---

[94] *Dialekt: Klatschtanten.*

«Warten Sie, einen Moment; das muss ich Ihnen auch noch erzählen, Herr Häfeli, wenn Sie Zeit haben». Angelina setzte sich wieder auf den Stuhl: «In diesem Sommer haben wir Sie zu Hause besucht, im Garten. Simon, Himba, Barki und ich. In der Nacht, oder nein, es war eher gegen Morgen, wir haben in Ihrem Swimmingpool gebadet. Cool, eine erfrischende Abkühlung …»

«Wir haben keinen Swimmingpool», sagte Häfeli.

«Wirklich? Dann haben wir Brombeeren geerntet, grosse süsse, fast zehn Kilo, alle für die Schule. Barki hat sie auf einer seiner Touren durch das Quartier entdeckt. Wow, gab das feinen Brombeerkuchen, für unseren Abschlussabend mit den Eltern. Hervorragend! Sie müssen doch bemerkt haben, dass die Brombeeren fehlten; wir liessen nur unreife, überreife und faule Beeren an den Stauden …»

«Hatte es in diesem Garten zwei grosse Palmen aus Plastik?»

Ja, ja, genau, und einige farbige Liegestühle, aber so genau haben wir nicht hingeschaut. Wir waren beschäftigt.»

«Liebe Angelina, ich muss dich enttäuschen, das war nicht unser Grundstück – wie gesagt, wir haben keinen Swimmingpool, und auch keine Brombeerstauden. Das ist die Villa meines Nachbarn, Bankdirektor Hugelshofer. Er rief mich an jenem Sonntagmorgen an, weckte uns in aller Herrgottsfrühe, wollte Anzeige erstatten gegen die Brombeerdiebe, die ihm in der Nacht alle Beeren gestohlen hatten».

«Oh …, das tut mir leid!»

«Das seid ihr gewesen? Köstlich!»

«Ja, die Beeren waren wirklich köstlich. So süss, einfach verdammt lecker. Aber sagen Sie, Sie werden uns doch nicht verraten, oder hat das alles noch Konsequenzen für uns?»

«Ich denke nicht. Und Hugelshofer hat es wohl längst vergessen. Aber nächstes Mal …»

«Bringen wir Ihnen auch einen Brombeerkuchen vorbei, so lecker. Versprochen!»

Häfeli lächelte. «Gell, wir müssen uns keine Sorgen um dich machen; das freut mich sehr!» Er hatte keine weiteren Fragen. «Dann wünsche ich dir alles Gute für die Zukunft und deine Lehre. Euch allen. Wenn wieder mal was ist, du kennst jetzt mein Büro, melde dich ungeniert. Und bitte rechtzeitig.

Jederzeit.»

«Äh, ich hätte da doch noch eine Frage: Wie geht es Fréderique Kleeli, unserem Schulkollegen; haben Sie ihn inzwischen gefunden? Wir haben nämlich nichts mehr von ihm gehört. Schade.»

«Ja. Die Appenzeller Kollegen haben ihn in Haslen bei seiner Tante entdeckt, nicht ganz zufällig. Keine schöne Geschichte.»

Angelina blickte den Kommissar fragend an. Was soll und darf ich dem Mädchen erzählen, zumuten, fragte sich dieser.

«Fréderique kommt vorläufig nicht mehr zur Schule, er ist in ärztlicher Behandlung. Eigentlich dürfte ich dir das gar nicht sagen, aber du wirst es in der Schule ohnehin erfahren: Ja, er wollte sich das Leben nehmen.» Seit dem Selbstmord seiner Mutter sehe er alles schwarz, am Kinderfest habe es ihm vollends abgelöscht. Dass Fréderique Angst vor dem Schulschluss und der Lehre gehabt habe, schwarze Dächlis in seiner Seele und überall, verschwieg er.

Ängste. Zweifel. Mutlosigkeit.

Pause.

«Am Kinderfest verschwand er, unauffällig. Im Sittertobel hatte er seine Trompete, die ihm auf einen Stein gefallen war, arg lädiert weggeworfen.» Ein Weihnachtsgeschenk, das sich die Eltern vom Munde abgespart hatten. So wollte er nicht mehr nach Hause. Auch das erzählte der Kommissar nicht. Und dass er bei seiner Tante versuchte habe, zur Ruhe zu kommen und ihm das nicht gelungen war, ebenfalls nicht.

«Ärztliche Behandlung? Sehen Sie, lieber Herr Häfeli: Genau solche Hilfe brauche ich nicht, trotz Rache-Geschichten. Und darüber bin ich sehr froh. Nochmals vielen Dank für alles!

Auf Wiedersehen.»

«Mach's guet und bhüeti!»

Leise schloss Angelina die Türe.

Häfeli hatte ein gutes Gefühl. Ob er sich heute auf der Terrasse eine Zigarre anzünden sollte? Ausnahmsweise.

Oder Hugelshofer zu einem selbst gebackenen Brombeerkuchen mit Brennesseltee einladen? Aus gefrorenen Beeren. Sabrina würde ihm diesen Wunsch nicht abschlagen. Später könnten sie dann immer noch über ihre Pläne und Projekte sprechen. Die Halbtagsstelle in der Kita globiundmaus. Den Tanzperformancekurs in Amsterdam. Den Ballettunterricht von Patrizia und das neue Fahrrad für Roberto. Die neue Polstergruppe. Die Herbstferien, dafür war es bereits etwas spät, vielleicht ein Lastminute-Angebot? Oder dann halt über die Winterferien, wenn es denn sein musste.

Die Admaryllis.

«Der Admiral Hoch- und Tiefbau AG geht's nicht gut», erzählte Kraienbühl nach seiner Erkundungstour. «Offenbar hat der Technische Leiter und Finanzchef, Sigi Stahel, über Jahre hinweg Geld unterschlagen – und niemand hat es bemerkt, sagt Larissa, äh…, Frau Schneider. Eine Katastrophe!»

«Seltsam. Und bis heute wurde noch keine Anzeige eingereicht, niemand verhaftet? Ist der Patron deshalb verschwunden, gibt's noch andere Neuigkeiten?» Häfeli trommelte mit den Fingern auf der Tischplatte herum.

«Nein. Der Chef ist wie vom Erdboden verschluckt. Ein Konkurs sei nicht mehr abzuwenden, wenn nicht noch ein Wunder geschehe, vermutet Larissa Schneider. Das ist an sich noch vertraulich, aber sie weiss es.»

Pause.

«Du, diese Frau Schneider wäre tatsächlich eine Option für uns, sie ist hell auf der Platte, wirkt lebendig und agil, sehr gute Computerkenntnisse – und ist attraktiv. Das nur nebenbei. Sie wird nicht mehr lange für diese Baufirma arbeiten können, und ist im besten Alter …»

«Was immer das auch heissen mag. Auch wir haben leider noch nicht herausgefunden, wo dieser Rudolf Admiral steckt.»

«Arbeitet Freiluft-Dieterle noch bei uns», fragte Kraienbühl. «Ist der schon an der OLMA, in den Weihnachtsferien oder gar in Pension gegangen? Der verhält sich merkwürdig ruhig. Nicht? Oder ist er schon wieder bei einem neuen Coach?»

«Pssst! Das ist vertraulich. Aber du hast recht, irgendwie komisch ist es schon, andererseits plant er wohl wieder einmal den ultimativen Durchbruch, mindestens im Sekretariat oder daheim, da ist ebenfalls Handlungsbe …»

Unvermittelt und ebenso überraschend für den späten Nachmittag riss der Polizeivorstand mit hochrotem Kopf und Schweiss auf der Stirn die Türe zu Häfelis Büro auf, wie gewohnt, ohne anzuklopfen – hatte seine geliebte Sabrina nun doch dessen Frau angerufen oder zum Kaffee getroffen? Häfeli verschlug es beinahe die Sprache.

Abwarten.

«Sie beide, so, so; gemütlich am Tisch, fehlt nur noch das Bier. Unerhört, was Sie beide sich leisten! Ich habe eine Reklamation bekommen, von der Admiral Hoch- und Tiefbau AG. Sie würden die Firma durcheinanderbringen, und vor allem die Sekretärinnen; ich muss wohl nicht fragen, von wem hier die Rede ist. Ich muss schon bitten, meine Herren, so geht das nicht! Pietätslos, der Bruder des Besitzers ist doch kürzlich erst ermordet worden, und da haben Sie nichts Besseres zu tun, als …»

«Genau diesen Beisitzer, äh, Besitzer natürlich, Rudolf Admiral, suchen wir seit Tagen», unterbrach Kraienbühl den Polizeivorstand. «Wissen Sie, wo der steckt, vielleicht aus Ihrem Club, dem Ravioli-Club?»

«Werden Sie nicht frech, und nicht geschmacklos, Kraienbühl! Ich mag keine Ravioli. Aus der Büchse schon gar nicht. Nein, der stellvertretende Geschäftsführer und Technische Leiter, eines florierenden Unternehmens, davon können Sie beide nur träumen, dieser Herr Stichel oder Stachel hat sich bei mir beschwert. Klar und unüberhörbar.

Aber woher soll ich wissen, wo dieser Admiral steckt, auf seinem Schiff am Bodensee, in der Seeger Bar, auf dem Säntis oder im Pfefferland. Mir ist es egal. Machen Sie vorwärts. Der ganze Club sitzt mir schon im Nacken. Los, los!»

Polizeivorstand Edmund Freiluft-Dieterle entfernte sich geräuschvoll, gereizt, wie gewohnt, und wie er gekommen war, ohne Adieu zu sagen. Und Häfeli konnte aufatmen.

«Der ganze Club sitzt mir im Nacken, ganz wichtige Leute, ha, ha», höhnte Kraienbühl.

«Du kennst doch den Alten, da ist nicht mehr viel zu machen. Aber er hat uns etwas Wichtiges gesagt …, unbeabsichtigt.» Häfeli hatte sich wieder beruhigt; offenbar hatte Sabrina ihre Drohung nicht wahrgemacht.

«Dass er Prügelknabe in diesem fröhlichen Selbstinszenierer-Club ist? Rotario. Ein Swingerclub, Freiklempner oder was? Oder ist er gar Präsident des Familiengartenvereins Ruckhalde geworden? Dort hat es sich so oder so ausgeruckelt. Das Gelände wird überbaut.»

«Das würde passen – aber, du verwechselst da was. Das sind Serviceclubs, und dann gibt es Freimaurerlogen – was die auch immer mauern oder einmauern bleibt offen, vielleicht sich selbst. Undsoweiter!

Chabis. Nein, wir sollten auf dem Bodensee nachschauen, sagte EFD, wir brauchen das Kennzeichen von Admirals Schiff und wo es stationiert ist. Schnell. Dann den Hafenmeister und die Seepolizei.»

Am Radio lief Sina, ‚Wänn nit jetzt, wänn dänn?' Genau! Häfeli mochte Sina, das Wallis, mit seinem prägnanten Dialekt, den

Bergen: S'Wallis, ins Herz gmeisslet! Ganz speziell. Und all die Platters, Infantillos und Constanttintos, hoch dotierte Plauderer und Plapperer, das waren auch Walliser. Alles noch schlimmer als an der HSG oder bei der Raiffeisen Bank oder der Postauto AG? Aber lassen wir das. Und ein Fribourger Fondue passte Häfeli immer noch besser als Walliser Raclette. Seien wir gnädig, wenigstens bei Fondue und Raclette. Beides auch im Hochsommer köstlich, im Garten – statt Schweinebraten?

«Also, an die Arbeit!»

Häfeli und Kraienbühl fuhren nach Rorschach, nicht ins Wallis; der Hafenmeister teilte Ihnen mit, Rudolf Admiral sei mit seiner Jacht, der Admaryllis auf dem See, werde vermutlich aber bald zurückehren: «Sturmwarnung, sehen Sie den Leuchtturm, meine Herren!»

«Oder sollen wir die Seepolizei losschicken?» fragte Kraienbühl.

«Glaube nicht, dass das notwendig wird», sagte der Hafenmeister. «Was liegt denn gegen Jürg Admiral vor?»

«Was, Jürg Admiral? Die Jacht ist doch auf Rudolf Admiral zugelassen.»

Pause.

«Guter Mann, das stimmt schon, aber das Schiff gehört nicht mehr dem Bauunternehmer, sondern dem Textildesigner, der es auch mehrheitlich benützt, und dort seine Parties veranstaltet, auf dem See. Ja, so ist das. Heute ist aber sein Bruder, Rudolf, hinausgefahren. Wo ist eigentlich Jürg Admiral, ich habe ihn schon einige Zeit nicht mehr gesehen.»

Meinungsverstärker.

«Er ist in Gewahrsam», sagte der Kommissar. Kurz und bündig. «Aber sagen Sie mal, dieser Rudolf, schien der Ihnen heute normal, wie immer, oder irgendwie anders? Damit es klar ist, ich rede von Selbstmord …; was meinen Sie dazu, verehrter Herr Hafenmeister?»

Dieser schüttelte den Kopf. «Wer weiss das schon so genau, wann jemand auf die Idee kommt, sich selbst zu töten. Und, was ist denn heute schon normal? Aber nein, ich glaube nicht …»

Häfeli bat die Seepolizei, mit ihnen zusammen auf dem See nach Admirals Schiff zu suchen. Als diese bereit zum Ablegen war, rief ihnen der Hafenmeister zu: «Dort drüben, das ist die Admaryllis.» Tatsächlich näherte sich ihnen ein stattliches Schiff, herrschaftlich beinahe. Ohne Hast und Eile legte Rudolf Admiral an, stieg aus, auf den Schultern einen riesigen, länglich geformten Kürbis – ein echter Meinungsverstärker, oder ein Totschläger? dachte Kraienbühl. Dies alles erinnerte ihn verblüffend an Halvar, den Wikinger Chef, Grobian und Vater von Wickie, aus der gleichnamigen Fernsehserie, die mit den starken Männern. Manchmal sind Männer etwas doof. Einfach gestrickt halt. Und nicht immer stark,

Das kommt vor.

Admiral bemerkte die misstrauischen Blicke der Polizisten: «Ein Wunderding, ganz richtig, haben Sie etwa Angst davor? So was kaufe ich rasch ennet der Grenze, für mich ein Katzensprung mit dem Schiff, bei meinen Hoflieferanten, mit grossem Angebot, nicht nur Kürbisse, Frischfleisch und Fische, aber ich mag Kürbissuppe. Vegetarisch. Ich freue mich schon darauf. Was wünschen die Herren von mir?»

«Grüezi Herr Admiral, wir suchen Sie seit einiger Zeit, ebenso Ihre Firma. Schön, dass wir Sie treffen: Mitkommen, nach Sankt Gallen, ins Kommissariat, es geht um Ihren Bruder.»

«Mein Bruder? Haben Sie ihn endlich gefunden, da bin ich froh. Wo ist er? Und was wollen Sie von mir, mich ausfragen? Dann hätte ich im Moment grad gar keine Zeit, ich muss dringend in die Firma …»

«Das eilt jetzt auch nicht mehr so sehr. Wir werden sehen, ob Sie bei uns übernachten, wenn's recht ist.»

Und zu Kraienbühl: «Lass diesen Herrn Stichel, den Technischen Leiter und immer so diskreten Finanzheini der Admiral Hoch-

und Tiefbau AG ebenfalls ins Kommissariat bringen. Den Meinungsverstärker legen wir besser in den Kofferraum.

Basta!»

Rudolf Admiral protestierte lautstark.

Erfolglos.

Galgenvögel.

«Bitte, Herr Admiral, nehmen Sie Platz», Häfeli deutete auf einen Stuhl, vis-à-vis seines Pults, neben Kraienbühl. «Kaffee ist aus, Automatengetränke können wir Ihnen noch anbieten, ist ja schon etwas spät.»

«Für Sie vielleicht, das ist mein Alltag! Mein tägliches Brot. Nein danke, Automatenkaffee erträgt mein Magen nicht. Machen wir's kurz, ich möchte nach Hause, hatte wieder einen strengen Tag, Sie auch?» Admiral grinste maliziös.

«Kraienbühl, nimm bitte rasch die Daten unseres Gastes auf. Dann können wir beginnen. Wir machen die Vernehmung gemeinsam, bitte geben Sie auf unsere Fragen kurz und klar Auskunft. Wir nehmen das Gespräch auf, Sie haben wohl nichts dagegen. Nebenan sitzt Herr Stichel, Ihr Mitarbeiter, jederzeit für ein Gespräch oder eine Gegenüberstellung bereit.»

«Stahel heisst der, Siegfried Stahel, er ist ein loyaler, tüchtiger und vertrauenswürdiger Mitarbeiter.»

«So so. Sind Sie sicher?» fragte Häfeli.

Zuerst sah es so aus, als wolle Admiral aufbrausend antworten, schliesslich verzichtete er darauf – und gönnte sich eine Pause.

«So, Herr Admiral: Zuerst zu Ihrer Baufirma, wie geht es dort zu und her, genug Arbeit, und finanziell? Und persönlich, seitdem Ihr Bruder verschwunden ist. Mysteriös, nicht?»

«Na ja, ich kann nicht klagen. Probleme gibt es natürlich immer wieder; mal fällt ein Bagger aus, dann sind einige Mitarbeiter krank, oder feiern Montag, so ist das halt. Ich lasse mich nicht so schnell ins Bockshorn jagen, von jedem Windstoss gleich entmutigen, so ist das Leben. Im Galgentobel kann Admiral Hoch- und Tiefbau AG demnächst eine grössere Deponie für Inert-Stoffe bauen, eine saubere Sache: Aushub, Gartenabraum, nichts Problematisches; trotzdem machen die Umweltfuzzis auf Widerstand. Penetrant laut. Sehr ärgerlich! Meinen Bruder vermisse ich nicht, der nützt mich nicht viel. Das ist so und war schon immer so.»

«Und wenn sich dieser Auftrag verzögert, oder die Deponie an der Steinach gar nie zustande kommt, man hört da einiges munkeln, was dann?»

«Dann habe ich ein Problem!» Admirals Gesicht wurde ganz käsig. Sein aufgesetztes Lächeln war verschwunden.

«Wo ist Ihr Bruder?» fragte Häfeli weiter.

«Woher soll ich das wissen? Er wird mit Madame Brigitte irgendwo unterwegs sein. Das geht mich nichts an. Ein so enges Verhältnis haben wir nun auch wieder nicht, mein Bruder und ich. Eigentlich schade.

«Vielleicht in Singapur?»

«Von mir aus in Singapur, am Katzensee oder am Blüttle[95] an einem der letzten FKK-Strände in Österreich. Dort fahren die beiden jeweils hin, nach Fussach, so heisst der Ort, glaube ich, wenn es sie gelüstet. Obwohl: Die Füsse spielen beim Nacktbaden ja nicht die Hauptrolle, oder wie sehen Sie das? Wie dem auch sei, die beiden lieben es, sich zünftig rösten zu lassen. Hautkrebs hin oder her. Ich nicht.

Ich ziehe gebratene Maroni vor, bald ist wieder Maroni-Zeit.

Mögen Sie Maroni?»

«Machen Sie keine Witze. Haben *Sie* Jürg zum Flughafen gebracht, damit er den Flug nach Singapur noch erreicht?»

«Ja, das stimmt, aber ich war in Eile und habe ihn an der Departure-Zufahrt ausgeladen. Rasch, rasch. Wissen Sie, wir küssen uns schon seit langer Zeit nicht mehr.»

---

[95] *Dialekt: nackt baden.*

«Das ist uns egal, wir sind keine Moralisten. Trotzdem fragen wir Sie nochmals: Wo ist Ihr Bruder, Sie wissen es; und vor allem, wo haben Sie sein Handy versteckt?»

«Sie reden in Rätseln, meine sehr verehrten Bürokraten aus dem Amtshaus. Suchen Sie sich Ihre Antworten selbst – irgendwo und anderswo, aber nicht bei mir, ich kann Ihnen leider nicht helfen.»

«Ok, wie Sie wollen, Herr Admiral. Max, bring Herrn Stahel herein.»

Nun sassen sie zu dritt vor Kommissar Häfelis Pult – dem eichenen Schreibtisch eines früheren Polizeivorstandes, den er übernommen hatte, knorrig, und mit vielen Erlebnissen behaftet, schönen und anderen: Admiral, Stahel und Kraienbühl. Häfeli steckte seinem Assistenten einen Zettel zu, worauf dieser im Nebenzimmer verschwand, um «rasch zu telefonieren», wie er sagte. «Handy Jürg Admiral anrufen lassen. Und Notruf auslösen, dringend. Wir brauchen Verstärkung», stand auch noch auf dem Zettel.

Häfeli wartete, bis Kraienbühl zurückkam und beobachtete in der Zwischenzeit die Männer vor seinem alten Pult – er hatte nie einen neuen gewollt.

Höchst verdächtig, die Kerle, dachte er. Beide.

Galgenvögel.

Ohrfeigengesichter.

«So Herr Stahel, was möchten Sie uns erzählen, wo beginnen wir – bei den Unterschlagungen in der Buchhaltung, oder wie wollen Sie starten …?»

«Ich will Ihnen nichts erzählen und durchstarten schon gar nicht; ich fahre auch keine Skirennen mehr, das war einmal. Vorgestern. Unterschlagungen? Sie träumen – davon weiss ich nichts, tut mir leid», sagte Stahel. «Was fällt Ihnen eigentlich ein? So eine Frechheit. Unanständig!»

«Meine Herren, Ihre Firma ist offensichtlich pleite, höre ich. Sehen Sie das ebenfalls so?»

Pause.

Die beiden Männer blickten sich an, Rudolf Admirals Finger der linken Hand verkrampften sich, machten eine Faust, mit der anderen schlug er heftig auf den Tisch. Fast sah es so aus, als gäbe es in Kürze eine zünftige Schlägerei zwischen den «Geschäftsfreunden». Wie Blitze zuckte die Erregung über sein rotes Gesicht.

Pause.

Notschlachtung.

Und dann kam der Donner doch noch. Stahel versuchte vergeblich, das Gewitter aufzuhalten oder ihm wenigstens auszuweichen, so gut es eben ging. «Wir sollten jetzt Ruhe bewahren, verehrter Rudolf. Oder Schweigen. Oder unsere Anwälte kommen lassen. Blitzschnell.» Ohne Erfolg.

«Sigi, du bist ein Verbrecher, du Hund; du hast gestohlen, unterschlagen, im Casino verzockt und verspielt, mein Geld mit deinen Spielchen verprasst. Und ich hab's lange Zeit nicht bemerkt, weil ich dir vertraute!» Der Admiral schlug sich mit der flachen Hand auf die Stirn. «Kaum zu glauben!» Dann begann er sich aufgeregt, verwirrt und fahrig die Haare zu raufen. «Ich bin ein Dummkopf. Ein Dummkopf. Jürg hat es immer gesagt: Ein Dummkopf. Vermaledeit!»

Der 2. Admiral griff sich wieder in die Haare – und hielt sie plötzlich in den Händen. Die Haare. Wie ein Skalp. Stand da, mit nacktem Kopf.

Dachte ich es mir doch. Häfeli zwinkerte Kraienbühl zu. Da stimmte etwas nicht. Toupet Nummer drei! Scheint ein Sonderangebot gewesen zu sein.

Kraienbühl lachte: «Wie war das schon wieder mit FKK und so? Oben ohne total! Das ist aber lustig. Entweder tragen heutzutage alle Toupets, oder vergessen die Unterhosen.»

«Bitte wie? Ich verstehe nicht …» Auch Stahel schmunzelte, aber nur minim. «Ganz ruhig jetzt – oder möchtest du, dass ich mit Plaudern beginne? Du kannst das haben, du bist an allem schuld, nicht ich, du bist doch der …»

In diesem Moment summte und vibrierte ein Handy, kaum hörbar. Zunächst bemühte sich niemand, das Telefon hervorzunehmen.

«Tun Sie sich keinen Zwang an, Herr Admiral.» Dieser suchte in seinen Taschen. «Aha, ein dringender Anruf von Brigitte, Neuigkeiten von meinem Bruder? Sie entschuldigen.»

Rudolf Admiral nahm das Gespräch entgegen – und wurde kreidebleich!

«Wunderbar, Sie haben das Handy Ihres Bruders, mit dem Sie Ihrer Schwägerin die SMS in seinem Namen sandten noch im Sack? Etwas ungeschickt, nicht? aber das erleichtert uns die Sache ungemein. Immerhin waren Sie schlau genug, das Telefon auf Vibrieren zu stellen, abgenommen hätten Sie es ausserhalb unseres trauten Beisammenseins wohl nicht. Sie sind überführt, Sie haben Ihren Bruder ermordet. Es fehlen uns nur noch die Details …»

«Ich glaube, wir können die von Brigitte Admiral liebevoll zusammengestellte Namenliste weglegen…, zu den Akten, obwohl dort interessante Namen zu finden sind. Wir sind fast am Ziel.» Kraienbühl freute sich. «Also. Erzählen Sie, ungeniert!»

«Sind Sie wahnsinnig geworden? Das lasse ich mir nicht bieten», brüllte Admiral, schoss von seinem Stuhl auf – und hielt Sigi Stahel einen Revolver an die Stirne. «Lassen Sie uns gehen, Stahel ist meine Geisel, Stahel ist ein Betrüger. Handys sollte man verbieten! Den Kürbis können Sie behalten, soll ja gesund sein.»

Häfeli und Kraienbühl, die inzwischen nebeneinanderstanden, erschraken. Jetzt wurde es eng, und gefährlich, im stillen Amtshaus, um diese Zeit, da kaum noch jemand da war, ausser in der Einsatzzentrale, und die hatten anderes zu tun. Sollten Sie versuchen, nach ihren Pistolen zu greifen?

«Die Hände schön brav unten lassen, auf dem Tisch», befahl Rudolf Admiral, wie wenn er Häfelis Gedanken erraten hätte. «Her mit den Pistolen! Und legen Sie Ihre Handys und Schlüssel, Portemonnaies und Ausweise dazu – kommt alles in meine Sammlung. Vorwärts, aber ganz langsam. Ich werde Sie in diesem Büro einsperren, da können Sie beide die Nacht verbringen. Ganz gemütlich.» Gleichzeitig riss er das Kabel des Festnetzanschlusses aus der Wand und schloss die Türe zum Nebenzimmer ab. Ich werde Sie fesseln, eingebildete Knorrlis und Nudelsuppenkocher, her mit den Kabelbindern!»

Admiral band den beiden Polizisten die Hände zusammen.

«Los Sigi, wir gehen – auf Wiedersehen, meine Herren. Oder wollen Sie mir noch etwas mit auf den Weg geben?»

«Ja, warten Sie mal, da war noch etwas …» Häfeli überlegte fieberhaft, wie er etwas Zeit gewinnen könnte. Aschfahl im Gesicht. Wo blieb die Verstärkung?

Gleichzeitig bemerkte er, wie sich hinter Admiral und Stahel leise die Türe öffnete. Adjutant Tom Wichtelmann trat vorsichtig ins Büro, lautlos, in der Hand eine Bratpfanne. Zack, schlug er dem Admiral die Pfanne auf den Kopf. Lautlos sackte dieser in sich zusammen. Wichtelmann blieb drohend hinter Stahel stehen.

«Keine falsche Bewegung, wenn Ihnen Ihr Kopf etwas wert ist!»

«Oh …, das war aber knapp, vielen Dank. Ich dachte schon, du hättest meinen Notruf nicht gesehen. Gott sei Dank!» Der Kommissar atmete zuerst mal tief durch. «Wo warst du bloss so lange?»

«In der Gefängnisküche, ich grillierte gerade ein schönes Rinds-Steak, à point war das Ziel. Daher die gusseiserne Bratpfanne, eine schlagkräftige Waffe. Auch für zu Hause nicht ungeeignet», sagte Wichtelmann. «Ideal für Notfälle, wie du siehst. Ich habe nur rasch das Steak probiert, köstlich sage ich dir, und bin dann sofort rübergekommen. Jetzt ist es natürlich kalt geworden. Das Steak.»

«Gerade noch rechtzeitig», brummte der Kommissar. «Das hätte ins Auge gehen können, du und dein Steak ... Festnehmen die beiden Knorrlis, und abführen.

Untersuchungshaft.

Morgen sehen wir weiter; ich habe noch einige Fragen an unsere Gäste.

Gute Nacht.»

Zwei Polizisten begleiteten die «Gäste» in ihre Zellen im Untersuchungsgefängnis. Rudolf Admiral, immer noch erheblich benommen, mussten sie stützen, einen Notarzt brauche er nicht, sagte er, aber die Handys, die er allerdings mit seinen übrigen Effekten abgeben musste.

Nach einigem Hin und Her gestanden Rudolf Admiral und Sigi Stahel am nächsten Morgen den Mord an Jürg Admiral, sprachen dabei von einem Unfall, allenfalls Totschlag, aber eher nicht. Sie beide seien doch keine Gewalttäter. Aber Betrüger, das auf jeden Fall, dachte Häfeli. Hauptschuldiger sei jedoch der jeweils andere, sagten beide.

Der Bauunternehmer war mit seinem Bruder statt zum Flughafen zu seinem Werkhof gefahren, hatte ihm dort mit einer Finte das Handy abgenommen und ihn nochmals vor die Wahl gestellt, ihm einen zinslosen Kredit zur Sanierung seiner Firma zu gewähren, der durch die Unterschlagungen des Technischen Leiters Sigi Stahel, der inzwischen ebenfalls im Auto sass, notwendig geworden war.

«Wir fahren ins Galgentobel, sagte ich zu Jürg, du hast eine halbe Stunde Zeit zu überlegen, was du tun möchtest, gibst du mir das Darlehen oder nicht? Wenn nicht, hole ich mir einen Teil des Geldes, hole mir dein Vermögen auch so. Wir hetzen dich durch den Wald, wie du Rehe und Füchse; so erlebst du, wie das ist, bis du über eine Felswand stürzest, im Galgentobel hat es genug davon. Sigi hat sein Gewehr dabei, zur Sicherheit.»

Jürg sei jedoch uneinsichtig geblieben, «unkooperativ», dann hätten sie ihn im Wald ausgesetzt und ihm befohlen, zu fliehen, was dieser auch tat, in höchster Angst und Eile, die Gefahr für sein Leben vor Augen. Er, der berühmte Modedesigner, der kapitale Bock, in Anzug und Krawatte, in seinem eigenen Revier auf der Flucht – Jürg habe doch bei jeder Gelegenheit davon gefaselt. Aus heiterem Himmel sei er über eine Wurzel gestolpert und hingefallen, habe sich dabei ein Bein gebrochen. Was nun?

«Aus wenigen Metern Entfernung haben wir den Lump mit zwei Schüssen in den Rücken getötet; er hätte noch mehr verdient.»

«Niedergestreckt. Eine Notschlachtung», sagte Stahel.

«Das war nötig. Und richtig!»

Revierkämpfe.

«*Wir*? Das werden Sie uns alles im Wald noch genauer erklären und zeigen müssen», warf Kraienbühl ein. «Aber wer von Ihnen hat nun wirklich geschossen?»

Die Spannung im Büro stieg spürbar an. Doch Admiral und Stahel schauten sich böse an – und schwiegen.

Die Pause dauerte länger als erwartet. Häfeli bestellte für sich und Kraienbühl Kaffee.

«Sigi wollte meinen Bruder erschiessen», begann Rudolf Admiral schliesslich, zögernd und leise. «Um die Firma zu retten, und seinen Kopf aus der Schlinge zu ziehen; im Gegenzug hätte ich seine Unterschlagungen unter den Teppich kehren müssen. Wie Zwillinge wären wir bis ans Ende unseres Lebens aneinander gekettet gewesen. Diesen Plan haben wir miteinander ausgeheckt, das stimmt. Es war die einzige Lösung für unseren hochverschuldeten Betrieb, nachdem mir Jürg das Darlehen nicht geben wollte. Seine Leiche hätten wir irgendwo im Wald verscharrt. Ein hässlicher Plan zwar, aber immerhin brauchbar. Ich hätte meinen Bruder retten können, wenn ich Sigi die Waffe aus der Hand geschlagen oder ihn wegen der Unterschlagungen vor Gericht gebracht hätte.»

«Ich habe ja gar nicht geschossen», sagte Stahel.

«Weil du ein Weichei bist, eine Pussy – brachtest deine Finger nicht mal an den Abzug; ich weiss nicht weshalb. So habe ich die Sache selbst in die Hand genommen, eigentlich blieb mir auch nichts anderes übrig. Gemeinsam trugen wir Jürg danach zu dieser Remise beim Bahnwärterhäuschen ganz in der Nähe des Unfalls.» Admiral wirkte seltsam emotionslos.

«Dort war sie aber nicht, die Leiche», bemerkte Kraienbühl lakonisch. «Oder besser: Nicht mehr. Eine Jugend-Gang hatte sie zwar gefunden und uns alarmiert, aber als wir eintrafen, fanden wir in der Hütte nur noch einen halben Arm, angefressen, Blut und andere Spuren.»

Der Admiral zuckte zusammen, fasste sich an die Glatze, irgendwie ratlos. «Das kann ich mir wirklich nicht erklären. Wir haben Jürg in dieses Häuschen gelegt. Wieso …»

«Unfall? Sie haben Ihren Bruder getötet und in einer Abbruchbude entsorgt, wie Müll. Und wissen plötzlich nicht mehr, wo die Leiche hingekommen ist, sitzen hier, wie ich meine, doch recht entspannt. Ich kann das nicht nachvollziehen», bemerkte Häfeli.

«Wollen Sie uns das erklären?»

Pause.

«Ich stand stets in Jürgs Schatten, aber ich musste mich daran gewöhnen, zu Hause, bei unserer Mutter. Jürg war ihr Liebling, nicht ich. Und auch nicht mein Vater. Leider verhielt er sich meist neutral. Lästig, und ärgerlich. Mutlos und schwach. Mein lieber Vater.

Jürg hier, Jürg dort, was möchtest du zum Mittagessen? Jürg zuerst. Auch später und überall, immer erfolgreich. Gutaussehend. Eloquent. Reich. Lustig. Manchmal. Ich fand es meist nicht sonderlich lustig mit ihm. Aber eigentlich will ich Ihnen gar nichts erzählen. Das geht Sie nichts an. Und spielt auch keine Rolle mehr. Leider. Das Spiel ist gelaufen. Sie können mich jetzt festnehmen. Wir sind pleite.

Aber wo ist Jürg …, seine Leiche, jetzt?»

«In der Rechtsmedizin. Unser Problem ist nur, wer hat sie von dieser Hütte zurück in den Wald getragen, zu diesem Galgen, und dabei einen Arm vergessen? Extrem makaber, finden wir. Und das alles bei dieser Hitze, den vielen Mücken und Fliegen, dem Gestank des wabbeligen, faulenden Fleisches. Was meinen Sie Herr Admiral?»

«Ich weiss es nicht.»

Pause.

«Bitte. Wie Sie wollen, Herr Admiral. Vielen Dank für das Geständnis – das gibt dann eine Anklage wegen Mord und für Sie, Herr Stahel, Anstiftung zu Mord und anderes mehr. Viel Vergnügen im Gefängnis!»

Pause.

«Halt, Sie bleiben hier, verehrter Herr Stahel, die Suppe ist für Sie noch nicht gegessen», sagte Kraienbühl.

«Haltlose Verdächtigungen. Sie haben nichts in der Hand gegen mich», fauchte Sigi Stahel. «Ich will meinen Anwalt sprechen, sofort!»

«Wir werden weitere Spuren finden, und was weiss ich noch alles. Im Werkhof. Bei Ihnen zu Hause und bei Ihrer Frau. Irgendwo. Mit Sicherheit. Zusammen mit unseren Spezialisten. Wir sind noch nicht fertig mit Ihnen. Sie waren bis vor kurzem verheiratet …?

Doch das können Sie uns alles später noch erzählen. Abführen, zum Mittagessen.

Guten Appetit!»

Pause für die Galgenvögel.

Gab's da nicht mal eine Musikgruppe mit diesem Namen?

Aber die spielten doch nie im Galgentobel.

«Komm, wir gehen Kaffee trinken, das haben wir uns verdient», sagte Kraienbühl zu seinem Chef, nachdem im Büro endlich wieder Ruhe eingekehrt war. «Oder etwas Kleines essen, im Restaurant Alt Sankt Gallen?»

«Mir ist der Appetit vergangen.

Kaffee ist ok, und ein kleiner Spaziergang ebenfalls, zum Auslüften.»

Pause.

«Wer hat um Gottes Willen Jürg Admiral wieder weggetragen und an den Galgen im Wald gehängt? So tief, dass Wildschweine, Füchse oder ein Luchs bequem zugreifen konnten, von den Raben ganz zu schweigen. Wer tat sich das an? Ziel war ein nacktes, sauber freigelegtes Skelett an einem Baum, in einem dunklen, verwunschenen Waldstück.

Am Galgen im Galgentobel.»

«Ich glaube, dieser Rudolf war das nicht, so wie der reagierte.»

«Es muss sehr viel Hass im Spiel gewesen sein, ein veritables Beziehungsproblem? Stahel hatte gröbere Probleme, wie es scheint. Aber weshalb, was war das Motiv? Weshalb hat er sich die Mühe gemacht, die stinkende Leiche wieder wegzutragen. Alleine hat er das nicht geschafft. Zusammen mit wem? Hass als Triebfeder …» Häfeli schüttelte den Kopf.

«Nach dem Mittagessen nehmen wir ihn in die Zange.»

«Bringen Sie uns bitte Herrn Stahel wieder zum Verhör», befahl Kraienbühl einem Polizeigefreiten. Der machte sich dienstbeflissen auf den Weg und brachte den zermürbt wirkenden Sigi Stahel in Häfelis Büro zurück. Anschliessend fuhren sie zu Dritt zum alten Bahnwärterhäuschen, liessen sich zeigen und erklären, was sie eigentlich schon wussten. Rudolf Admiral blieb in seiner Zelle zurück.

«So, hier lag der Arm, wie gesagt, angefressen, wohl von Füchsen, das Blut sehen Sie noch.» Kraienbühl deutete auf die Flecken am Boden und an den Wänden.

«Und nun zeigen Sie uns, wo Sie die …, äh, vor sich hin faulende Leiche hingetragen und aufgehängt haben und wie! Bitte sehr.»

«Ich hänge nur Kleider auf, zum Trocknen. Und weiss im Übrigen nicht, wovon Sie sprechen. Bitte sehr!»

Die drei setzten sich auf die Holzbank vor dem Bahnwärterhäuschen, ketteten Stahels Handschelle an einen rostigen Pferdehalter, einen stabilen Eisenring, und starrten aufs Gleis. Im Schatten, bei schönstem Sommerwetter.

«Wir haben Sie im Verdacht, verehrter Herr Stahel», sagte Häfeli. «Eine schweinische Arbeit, den Toten wieder aus der Hütte herauszuzerren – und wegzukarren, nicht wahr. Oder wie haben Sie es getan?»

«Ich war das nicht. Sie irren sich.»

«Gut. Wir irren uns. Wie immer.

Bis vor kurzem waren Sie verheiratet und leben nun getrennt. Scheidung in Sicht. Zwei Kinder, Mädchen. Wir irren uns nicht. Erzählen Sie.»

«Da gibt es nichts zu erzählen, gar nichts …!» Stahel war zusammengezuckt, sichtlich nervös.

«Da sind wir uns eben nicht so sicher …», sagte Kraienbühl. «Ich kenne Ihre Frau, Reni, vom Restaurant Alt Sankt Gallen.»

«Ja, sie arbeitet dort an der Bar. Teilzeit. Ich weiss. Nicht ganz ohne, der Job. Ich sehe aber keinen Zusammenhang.»

«Wieso hat Ihre Frau Sie so überstürzt verlassen? Hals über Kopf, wir wissen davon … Das würde uns interessieren. Und sagen Sie jetzt nicht, das gehe uns nichts an, das kennen wir schon.»

«Das geht Sie nichts an. Punkt!»

«Lieber Kraienbühl, auf wann hast du Frau Stahel ins Kommissariat 2 bestellt?»

«Heute Nachmittag, 16 Uhr, im Amtshaus», antwortete Kraienbühl. Reni freue sich, endlich auszupacken, eine Erlösung, habe sie gesagt.

Stahel zuckte erneut zusammen. Überlegte fiebrig blinzelnd, mit einem Anflug von Wahnsinn in den Augen. Lauernd blickte er an den Polizisten vorbei. Ins Leere.

Die drei schauten den Zügen nach. Soeben raste der Eurocity nach München vorbei. Die Sonne schien immer noch.

«Möchten Sie Ihren Anwalt anrufen»? fragte Häfeli.

Stahel schüttelte den Kopf.

«Jürg Admiral ist ein Dreckskerl», sagte er schliesslich. «Wobei das noch ein vornehmes Wort ist. Wenn Sie meine Frau verhören, wird sie Ihnen rasch alles erzählen.

Jürg Admiral ist ein Dreckskerl. Ein Dreckskerl.»

20 Minuten alleine.

«Sie haben recht. Meine Reni ist ziemlich am Ende. Ich erzähle Ihnen die Scheisse ganz kurz, schemenhaft; sie ist bis heute noch am Dampfen. Das reicht. Jürg hat uns den Kredit für die Firma seines Bruders und mir – ich bin inzwischen Teilhaber – in Aussicht gestellt, wenn ich grosszügig sei, und verschwiegen. Grosszügig. Nur einmal.»

Stahel stockte. Zögerte. Holte tief Atem.

«Der eklige, eingebildete, aufgeplusterte Jürg wollte Sex mit meiner damals noch nicht mal 16-jährigen Tochter und mit meiner Frau, alle zusammen. Gleichzeitig. Er hat sie beide vergewaltigt und zwang mich, das Trauerspiel anzusehen. Schauderhaft war das.» Stahel nahm einen Schluck Wasser.

«Wo geschah das, um Himmels Willen?» fragte Kraienbühl.

«In der schicken Villa des schönen Jürg, ein riesiges Schlafzimmer, mit Whirlpool und allem was man will. Nur, wir wollten gar nichts von diesem Kerl, aber das störte ihn nicht. Seine Frau sei verreist, zur Erholung, in einer Schönheitsfarm, sagte er und lachte dreckig.

Ich höre dieses Lachen jetzt noch. In der Nacht. Und ihre Schreie. Im Traum. Wenn ich versuche, zu vergessen, mich zu entspannen.»

Pause.

«Reni hat mich mit den Mädchen sofort verlassen, ist in ein Hotel gezogen und hat die Scheidung eingereicht. Ich sei an allem schuld, sagte sie. Und hatte dabei nicht einmal Unrecht. Wir haben beide die Sache nie verarbeitet. Bis heute nicht.

Reni mochte Jürg nicht anzeigen. Das mache keinen Sinn, und wir würden alles noch einmal erleben, durchleiden, wie wenn es gestern wäre, und nochmals eine Niederlage einstecken. Gegen den smarten Schwätzer und seine Armada von Anwälten, meinte sie. Wir standen unter Schock, hatten bereits alles verloren. Nun auch noch den Respekt vor uns selbst. Und das Vertrauen unserer Kinder. Ich wollte mich umbringen, habe aber auch das nicht geschafft …»

Pause.

«Jürg Admiral wollte immer alles besitzen, selbst die Frauen seiner besten Freunde waren nicht vor ihm sicher. Das Geld für unsere Firma hat er uns dann doch nicht ausbezahlt.

Jürg war ein Dreckskerl. Ich sagte es bereits.»

«Was wir noch nicht verstehen, wieso haben *Sie* nicht geschossen?» fragte Kraienbühl.

«Ja, ich wollte, aber dann konnte ich es doch nicht, obwohl ich mir das hundertmal vorgestellt hatte, mit Hochgenuss! Ich schaffte es nicht, war wie blockiert. Rudolf musste es tun, aber *meine* Rache war trotzdem noch nicht gestillt. Es war wie ein innerer Zwang.

Ich habe alles verloren. Alles.

Doch der Hass blieb, wurde immer stärker, überfiel mich in der Nacht, liess mich nicht mehr los. Und begann mich zu zerfressen. Ich musste einfach etwas dagegen tun. Handeln.»

Die Polizisten schwiegen.

«Gemeinsam legten wir die Leiche in diese Remise dort hinten. Und gingen nach Hause. Jeder für sich. Alleine. Dort überfiel mich die ganze Geschichte von neuem, ich erzählte sie meinem Vater. Er ist schon alt und müde. Und rasch war mir klar: Diese

Strafe reicht noch nicht. Er sollte zerfressen werden, wie ich, innerlich. Der aufdringliche Modedesigner mit seinem protzigen Goldschmuck, ekelhaft und dekadent, von Füchsen und Wildschweinen angefressen, von Käfern und Würmern genüsslich verspiesen. Ein Festessen. Nur sein Schmuck bliebe übrig.

Auf meinen Spaziergängen hatte ich in jenem Waldstück diesen speziellen Baum bemerkt, der wie ein Galgen aussieht. Das war der richtige und finale Ort für den schönen Jürg: Der Galgen. Gut versteckt durch Gebüsch und Unterholz. So aufgehängt, damit sich alle hungrigen Tiere bedienen konnten. Wie an einem Buffet. Das hat ja bestens funktioniert, wie ich höre. Ein Trost. Das freut mich.»

«Und wie haben Sie die Leiche aus der Remise abtransportiert?» fragte Kraienbühl. «Alleine war das nicht möglich!»

«Zusammen mit einem Bekannten trugen wir den Kadaver weg. Pardon, es kommt von Herzen! Wir luden ihn im Wald auf einen Sackkarren, so ging es, mehr schlecht als recht. Den Namen sage ich Ihnen nicht. Das können Sie vergessen. Lassen Sie mich damit in Frieden.»

Pause.

«Nun möchte ich noch eine Viertelstunde hier alleine am Gleis sitzen; ich kann ja nicht fliehen. Gönnen Sie mir diese Ruhe, bitte. Ok?»

Häfeli nickte.

Die beiden Polizisten spazierten den Schienen entlang, in ihre Gedanken versunken. Plötzlich sagte Kraienbühl leise: «Du, irgendwie kann ich den Stahel verstehen … Seine Lage. Traurig. Aussichtslos. Hoffnungslos. Auch für Reni.»

«Der Vergewaltigungsanklage ist Jürg Admiral entgangen …, zu einem hohen Preis. Wir sollten Frau Stahel, Reni, unbedingt dazu bringen, doch noch eine Anzeige gegen ihn einzureichen, post mortem. Das nützt zwar nichts. Würde ihr aber zweifellos helfen, den Verarbeitungsprozess in Gang zu setzen. Und Ihrem Mann ebenfalls. Ex-Mann oder was weiss ich. Das sollten wir tun! Übernimmst du das?»

Kraienbühl nickte. Die beiden setzten sich auf einen alten Baumstamm an den Geleisen. Schwiegen. Kein Zug kam daher. Totenstille.

Nach 20 Minuten gingen Sie ohne Eile zum Bahnwärterhäuschen zurück und holten Sigi Stahel ab. Er hatte geweint, sie sahen es ihm an, an den Augen. Alleine auf dem Bänkli. Ein gebrochener Mann. Als die Polizisten hinzutraten, bäumte sich Stahel nochmals auf: «In fünf Minuten kommt der ‚Churer' – lassen Sie mich frei, rasch, und ich … Das Gleis ist so nahe. Das Ende. Das Beste, was mir passieren kann. Oder holen Sie ein Seil in Ihrem Wagen, und bringen mich zum Galgen. Sie können ja wegschauen. Bitte!»

Häfeli und Kraienbühl schüttelten den Kopf. «Sie wissen, dass das nicht geht. Wir kämen in Teufels Küche.»

Das tut uns alles leid, für Sie und Ihre Familie, hatten die beiden gedacht und Stahel die Hand gegeben. Sie schwiegen noch einige Minuten. Und lieferten Stahel im Untersuchungsgefängnis im Amtshaus ab.

Heute machten sie frühzeitig Feierabend und gingen ins Café Scherrer. Tranken schweigend Kaffee. Stocherten in ihren Tassen herum. Schauten sich an. Schüttelten immer wieder den Kopf. Seufzten. Hin und wieder.

Brudermord. Und eine stark verweste Leiche am Galgen. Angerichtet zum Abendmahl für die Tiere. Gestank. Und Hass. Ohne Ende.

Auseinandergefallen. Alles.

«Weisst Du, was mich noch interessieren täte», fragte Kraienbühl in die Stille hinein: «Wie hat Stahel das Seil um den Galgen gewickelt, diesen Baum? Fast ein Kunststück. Hinübergeschossen-geworfen? Und dann festgebunden, oder wie?»

«Das ist jetzt auch egal.» Häfeli schwieg wieder.

Vitorina, die hübsche Portugiesin, brachte noch eine zweite Runde Kaffee. «Wieso sind Sie beide heute so wortkarg?» fragte sie leise.

Kraienbühl zwinkerte ihr wortlos zu, ohne dass es der Kommissar bemerkt hätte. Ebenfalls bemerkte dieser nicht, dass soeben Sabrina mit einer anderen Frau zur Türe hereinkam und sich nach einem freien Platz umschaute. War das nicht die Gattin von EFD, dem Polizeivorstand?

«Ein Schmarren ist das alles». Häfeli fröstelte und zog seine alte Jacke enger um die Schultern.

«Morgen ist OLMA-Eröffnung», sagte Kraienbühl.

«Ob wir hingehen sollten?»

Epilog: Gespenster.

Häfeli hatte letzte Nacht wieder schlecht geschlafen; Sabrina schnarchte tüchtig, und wenn nicht, hatte sie ihn geweckt. «Bertold, du schnarchst wieder, so stark und laut – es ist nicht zum Aushalten!»

Unheil im Tunnel?

Irgendwann war er doch eingeschlafen, sass im Restaurant Alt Sankt Gallen, unter der Guillotine, welche dort seit Jahren steht und immer wieder neue Gäste anlockt. Unter dieser Guillotine fühlte er sich nicht wohl. Plötzlich öffnete sich knarrend die Türe und ein Mann polterte in die Gaststube, ruckartig. Ein Mann? Schwarz gekleidet wie üblicherweise Architekten oder andere Künstler, auch Lebenskünstler, mit einem knallroten Hut und der roten Krawatte etwas auffällig. Er rannte wortlos zur Theke und packte den Wirt am Kragen, würgte ihn bis dieser nur noch röchelnde Laute von sich gab.

Häfeli liess seine Hand schwer auf den Tisch fallen und sprang auf den Kerl zu – gleichzeitig fiel die Guillotine krachend herunter. Nahe bei jenem Tischchen sassen zwei Frauen und ein Mann, Blut spritzte an die Wände und in die Gesichter. Eine Frau kreischte. Gläser fielen klirrend zu Boden. Sabrina sass kerzengerade im Bett: «Was ist denn jetzt wieder los?»

«Nichts», brummte er. Und schlief wieder ein.

Der schwarz gekleidete Mann liess den Wirt los, versuchte die Türe vor Häfelis Nase zuzuschlagen und rannte Richtung Metzgertor und Grabenhalle davon. Plötzlich war er nicht mehr zu sehen. Häfeli suchte und fand den Eingang zum alten Stadttunnel, ein schwarzes Loch. Flüchtig konnte er sich daran erinnern.

«Bertold, was machst du im Bad, um diese Zeit? Mach das Fenster zu. Hallo, bist du wach?» Sabrina schüttelte ihn kräftig. Häfeli erwachte.

«Chabis. Ein wüster Traum, geh wieder ins Bett. Passt schon. Danke fürs Wecken!»

Der Kommissar versuchte sich zu erinnern und aus dem Gedächtnis einige Notizen zu machen, zu diesem finsteren Mann, dem Wirt im Restaurant Alt Sankt Gallen und zum ehemaligen Bahntunnel mit dem Weinkeller unter dem Blumenbergpatz, vor allem aber zum Eingang: Eine rostig rote Metalltüre. Ob diese tatsächlich unverschlossen war?

Häfeli konnte nicht mehr einschlafen und machte sich daher früher als üblich auf den Weg ins Büro. Erstaunlich unverdrossen. Spannend diese Träume, da gab es nichts zu deuteln, manchmal unheimlich.

Die schwarz gwandete[96] Gestalt mit dem roten Hut in der düsteren Gaststube unter der Guillotine ging ihm nicht mehr aus dem Kopf – war es eine Frau oder ein Mann? Und wenn er morgen in dieses Restaurant ginge, statt an die OLMA-Eröffnung? zusammen mit Kraienbühl, dort könnten sie ebenfalls schön was trinken, müssten nicht auf Showtime machen und dann doch mit Hinz und Kunz quatscheln[97].

Diese schwarze Person war ihm im Traum entwichen, durch den Stollen unter der Grabenhalle, ein modriges Loch, gar Einsturz gefährdet? Geflüchtet vor was, nach Osten oder nach Westen? Nächste Woche wollte er diesen Tunnel unter die Lupe nehmen. Wenn nichts dazwischenkam.

Der Tag verging schnell. Aktenarbeit. Polizei-Sekretär und Adjutant Fridolin Büttikofer verlangte einen Termin betreffend Besprechung grenzüberschreitender Handlungen und Befehle auf exterritorialem Gebiet. Dringend. «Du erinnerst dich – im Galgentobel.»

«Keine Zeit, lieber Fridolin, das Telefon klingelt gerade, gerne ein anderes Mal. Oder überlege es dir noch einmal, ein Trumpf für das Theaterspiel nächstes Jahr, nicht?»

---

[96] *Dialekt: gekleidet.*
[97] *Dialekt: schnorren, Smalltalk.*

Tatsächlich, das Telefon tönte irgendwie nervös, tönte nach Sabrina: «Wann kommst du endlich nach Hause? Wir wollten doch noch …»

«Ja, ja. Liebste. Bald!»

Dieser Tanzkurs in Amsterdam, im nächsten Jahr, da gab es wohl kein Pardon mehr für ihn. Ein «Selbstfindungskurs», hatte Sabrina gesagt. Damit musste er sich abfinden. Häfeli schwante Übles. Selbstfindung. Nachdem die dritte Pubertätsphase mit knapp 50 endlich vorbei war. Und nicht etwa einfach so. Ein Schmarren.

Vorbei? Eventuell dann im Altersheim, oder wann?

Und schon war die Ruhe wieder dahin.

Offiziell.

Und wohl für längere Zeit.

Roberto und Patrizia würden den nächsten Frühling geniessen. Dem sollte er sich anschliessen. Unbedingt!

Harztränen.

Und die Halbtagesstelle bei *globiundmaus?* Sabrina musste in eine zweite Runde. Wie das ausgehen würde? Häfeli hoffte, dass sie diese Stelle bekommen würde.

Zweifellos kam da einiges auf ihn zu, im kommenden Jahr.

Der Herbst war da, die roten und gelben Blätter.

So schön!

Im Wald, mit den reifen Beeren und Pilzen, den vielen Blättern vor den Füssen.

Rascheln.

Entspannte Nerven.

Vorfreude.

Herbststürme.

Urgewalten.

Rechtzeitig hatte er die riesige Tanne, die bei einem zünftigen Sturm drohte auf sein Haus zu stürzen, fällen lassen. Fallen gelassen? Ein Vernunftentscheid. Die Baumfäller erschienen eines schönen Morgens, die Motorsägen knatterten und röhrten. Wollüstig. Stück um Stück des stolzen Baums fiel zu Boden – ein trauriges Bild, an diesem sonnigen Herbsttag. Häfeli schaute zu. Ein bitterer Abschied, wie eine Beerdigung. Harztränen an den Händen, am Baumstrunk. Am Pullover. Er sicherte sich einige der sterblichen Überreste und legte sie beiseite. Relikte.

Wie alt war die Tanne geworden – 40 oder 60 Jahre? Sie hatte einige Stürme überlebt.

Neben dem dicken Baumstrunk erblickte er ein winziges Pflänzchen, eine Baby-Tanne, direkt neben der ermordeten Mutter, und freute sich.

Mord?

Gut so. Tannen gehören in den Wald, sagen andere.

Die elftägige OLMA-Trinkete nahte.

Unaufhaltsam. Und unverdrossen.

Der Trink- und Connect-Event weit und breit – inklusiv Jahrmarkt. Vom Feinsten. Sankt Galler Markenzeichen. Und gar nicht so brötig, die Sankt Galler-Seele, während der OLMA.

Der Umzug, mit viel Musik, Prominenten, Trachten und Masken, Volkstum und alten Bräuchen des Gastkantons, solange sich noch einer finden lässt, der nach Sankt Gallen kommt, mit Pferden, Kühen, Geissen. Da und dort ein Probiererli, oder ein Versucherli[98], ein Gläschen Wein. Ein Stück Käse.

Danach eine schöne Bratwurst.

Nicht schlecht.

Eigentlich.

---

[98] *Dialekt: Degustationsprobe.*

Die OLMA-Eröffnung im Theater. Das Highlight für Cervelat-Prominente[99] – wer nicht offiziell eingeladen wurde, war draussen, im Hinz- und Kunz-Status. Und ohne Cervelat. Ohne Witz. Ein Theater. Und die Geladenen? Zusammen mit Bundesrat und Säulis[100], vielen überaus wichtigen und übergewichtigen Männern, Politikern sowieso, Bier und Bussinesdamen und anderen. Manchmal ist man doch gerne unter sich. Oder alleine.

Häfeli wurde jedes Jahr eingeladen. Eine Ehre. Allerdings. Die er nicht so richtig zu schätzen wusste. Dachse waren nicht eingeladen. Frechdachse schon gar nicht.

Aber Füchse.

Bald würde der Dachs wieder beginnen, Häfelis Blumenwiese umzugraben. Nachts.

Wie jedes Jahr.

Ein schönes Tier.

Nicht ganz ungefährlich, wenn man es in die Enge trieb.

Rasen gab's schon lange nicht mehr bei den Häfelis.

Aber Wildblumen. Und Chabis.

Zoff natürlich ebenfalls.

Hin und wieder.

Aber nicht nur dort.

Und auch nicht immer.

Die schwarz gwandete Gestalt mit dem roten Hut und der roten Krawatte aus dem Restaurant Alt Sankt Gallen würde ihm wieder begegnen, davon war er überzeugt.

Irgendwann und irgendwo.

Todsicher.

---

[99] Dialekt: «Prominente», die sich als solche fühlen, es aber eigentlich nicht so richtig sind.
[100] Dialekt: gemeint sind Ferkel

Aber wo?

Und wieso schwarz gekleidet?

Ein Gespenst irgendwelcher verkorkster Träume? Gespenster gibt es an sich nicht, und wenn doch, tragen sie keine roten Hüte. Oder?

Au revoir – à la prochaine!

Im Weinkellertunnel unter dem Blumenbergplatz nahe beim Bahnhof?

Im Restaurant Alt Sankt Gallen?

Im Tröckneturm, bei den Burgweihern.

Im Sitterloch unten.

Und an der Urnäsch.

Oder am Thorenball. An der Fasnacht.

Im Wilden Westen Sankt Gallens.

Zur Geisterstunde.

Mitspielerinnen und Mitspinner.

Bert Häfeli, Oberleutnant, Kommissar Stadtpolizei Sankt Gallen.

Max Kraienbühl, Adjutant, Kommissar-Stellvertreter, geschieden, auch Chraie genannt, Tochter Laura.

Jürg Admiral, Textildesigner und Lebemann.

Brigitte Admiral, Ehefrau eines Lebemanns, aber durchaus selbständig.

Rudolf Admiral, Besitzer der Admiral Hoch- und Tiefbau AG, zur Zeit Single, auch 2. Admiral genannt.

Paolo D'Abruzzi, genannt Pollo, Hilfsweiherwart Voliere.

Angelina, Simon, Himba und Barki, jugendliche Ausreisser, Ost-Gang, Oberstufe Ost.

Willfried-Roger Bischof-Staubler, Event Manager.

Fridolin Büttikofer, Adjunkt, Polizeisekretär.

Priska Flückiger-Klein, Dentalassistentin Praxis Dr. Waldvogel, geschieden.

Edmund Freiluft-Dieterle, *EFD* genannt, Polizeivorstand, Stadtrat, dessen Frau nie in Erscheinung tritt. Aber es gibt sie.

Dr. Céline Fröhlich, Rechtsmedizinerin, alleinerziehend, Sohn Jerry.

Dorothea Engels, Sängerin und Sammlerin, Häfelis Nachbarin.

Bruno Grünpeter, Chef Gartenbauamt, Bauverwaltung.

Gipsy, Häfelis Katze.

Sabrina Häfeli, Ehefrau des Kommissars, durchaus selbständig, mit Roberto und Patrizia.

Johannes und Michael Häfeli, des Kommissars Brüder.

Gottfried P. Hugelshofer, Bankier, Häfelis Nachbar, und Gertrude, genannt Trudeli.

Jüst Kästli, Veterinär a.D., Präsident des Vereins Tag-Eulen.

Fréderique Kleeli, Schulkollege der Ost-Gang, Trompeter.

Ueli Meisterhans-Abendruh, Stadtbaumeister, Bauverwaltung.

Heribert Müggli, Schulleiter Oberstufenzentrum aus Konstanz.

Lena Rabenschwarz Bölsterli, Mitarbeiterin des Polizeivorstandes.

Karl Schnepperer, Motorradhändler.

Larissa Schneider, Sekretariat Admiral Hoch- und Tiefbau AG.

Siegfried Stahel, Technischer Leiter Admiral Hoch- und Tiefbau AG und seine Frau, Reni.

Géraldine Vetter, Klassenlehrerin, Oberstufe Ost.

Sebastian und Valéry Vonwanz-Zirkel, Häfelis Nachbarn.

Dr. Franz-Josef Waldvogel, Zahnarzt und Präsident Voliere-Förderverein, geschieden.

Walter, Schulvorstand, Stadtrat (hier ohne Familiennamen).

Patrick Weiss, Chef-Weiherwart Voliere.

Wellenberg GmbH, Bestatter (hier ohne Vornamen).

Tom Wichtelmann, Chef Kriminaltechnik, Adjutant, und Ehefrau Waltraud, genannt Waldi.

Claudia Wunderlich, Polizeimitarbeiterin.

Und weitere Personen wie Caroline (Caro), Onkel Hans und Tante Berta, Tante Jule, die Killers, Sadus und Geiers, Dieners, Silvys und Bettinas; die abstinenten Arbeiter, enthusiastische Erbsenzähler, etwas weniger abstinent zwar, und nicht zu vergessen Dr. Frohgemuth Fasswald, der weltbekannte Schönheitschirurg – hier allerdings für einmal in einer ungewohnten Nebenrolle, und andere Spassvögel.

Théo Buff in quirligen Daten.

Geschichtenerzähler. Original. Verwirrspieler. Philosoph. Historiker. Märchenfreund. Bücherwurm. Reisender. Lebenskünstler. Geniesser. Liebt Wortkreationen und Spiele. Üppig und opulent. Scharfzüngig. Mit Schalk.

Lic. phil. hist., Universität Bern. Bürger von Speicher AR. Geboren am 10. Mai 1956 in Sankt Gallen und dort aufgewachsen. Hier beschult, ohne echte Begeisterung. Aber sorgfältig und zuverlässig. Lebensschulen: zwei Berufslehren, Militär, Zweitwegmatura. Studierte in Bern und Sevilla Neuere Geschichte, Staatsrecht, Sozial- und Wirtschaftsgeschichte/Politologie, Soziologie und Sozialpsychologie.

Lehrbeauftragter Allgemeinbildende Fächer am GBS Sankt Gallen. Herzblut-Journalist beim St.Galler Tagblatt. Meist linke Hand des Bauvorstands der Stadt Sankt Gallen (Bausekretär-Stellvertreter). Engagierter Hofnarr, auch dazu braucht's Galgenhumor. Und nicht zu knapp. Mentor und Autor verschiedener Publikationen über seine Stadt. Heute im Unruhezustand. Aber weiterhin fröhlich. Und auf den Krimi gekommen.

Bücher von Théo Buff finden Sie unter www.theobuff.ch

Kommentare zu Endzeitzauber.

«Was kann einer Stadt Besseres passieren, als Menschen, die Geschichten aufschreiben, oder besser noch: Erfinden. Ins Blaue hinaus und natürlich so tun, als ob sie echt wären. So ist man plötzlich ein Beteiligter. Ob man will oder nicht. Und unversehens in einen Mord verwickelt. Oder zwei. Als Voyeur, schon ein bisschen. Denn Théo Buff macht dich zum Komplizen, formt mit seinen Texten, malt mit seinen Texten dir die Bilder in den Kopf.»
Werner Binotto, Kantonsbaumeister. Vernissage Endzeitzauber, November 2019.

«Endzeitzauber ist ein spannender Kriminalroman. Einer mit dem Reiz, dass er in der Gallusstadt angesiedelt ist und mit hiesigen Örtlichkeiten und Persönlichkeiten spielt. Auf der Suche nach den Mördern spazieren Kommissar Häfeli und sein Assistent durch St.Georgen und die Altstadt, vom Klosterbezirk bis zum Amtshaus an der Neugasse, auf der Suche nach den Mördern.»
Reto Voneschen, St.Galler Tagblatt, 2019.

«Ein fesselnder Kriminalroman, der zur Hauptsache in der Altstadt und der Mühlenschlucht spielt, fast ein Reiseführer, auch für Einheimische, mit vielen Anekdoten. Théo Buff nimmt mit feinem Humor Kleinstädtisches und leicht Philisterhaftes auf die Schippe, das sich im Gross-St.Gallen von heute noch abspielt. Auch diffuse Ängste und Minderwertigkeitsgefühle. Ein hochspannendes Buch.»
Franz Welte, St.Galler Nachrichten, 2019.

Endzeitzauber.

Mord in Sankt Gallen und andere Geschichten (1).

Endzeitzauber erschien im November 2019 und spielt in der Altstadt, im Klosterbezirk und in der Mühlenenschlucht – einem naturbelassenen, mystischen Ort, wild und unberührt. In dieser durchaus romantischen Umgebung geschehen kurz hinter einander zwei Morde – Sankt Gallen graut's, und das zur Weihnachtszeit. Schneegestöber. Eisiger Wind. Endzeitzauber im Eiszeitland. Jahre zuvor war hier schon einmal eine junge Frau verschwunden und nie mehr aufgetaucht.

Kommissar Bert Häfeli und sein Assistent Max Kraienbühl arbeiten nach eigenem Gusto, im Sankt Galler Amtshaus, mitten in der Altstadt. Die Geschichten sind historisch und satirisch gewürzt; auch das von Sankt Gallerinnen und Sankt Gallern gelegentlich wahrgenommene Gefühl der peripheren oder gar bedeutungslosen Lage ihrer Stadt schimmert da und dort durch – diffuse Ängste und Minderwertigkeitsgefühle.
Doch wer und wo sind die Mörder? Sankt Gallen – eine Mördergrube, so etwas geht natürlich gar nicht. Und so wird der Polizeivorstand zusehends nervös.

Mord in Sankt Gallen und andere Geschichten.

Lästern. Lieben. Lachen.

Aufwühlend. Erotisch.

Zwischenwelten.

Mord in Sankt Gallen und andere Geschichten (3).

Menschen sterben in der Stadt Sankt Gallen, immer wieder und unerklärbar viele. Verschwinden von der Bühne. Manche tauchen in irgendeiner Form wieder auf, im Tröckneturm und bei der Kapelle Schönenwegen an den lauschigen Burgweihern. Andere sind richtig tot. Selbstmord oder Mord, oder sonst was? Die Polizei ist sich nicht sicher. Ganz in der Nähe werden seltsame Geschäfte abgeschlossen: Drogenfrauenmedikamentefasnachtschüechli. Orangen und Mandarinli? Ein Geschäft mit dem Tod. Ein keltisches Ritual oder Russisches Roulette? Und das mitten in der Fasnachtszeit. Am einzigen noch verbliebenen Maskenball: Dem Thorenball. Im Westen der Stadt.

Kommissar Bert Häfeli ist von den Todesfällen überrascht – und ein wenig überfordert. So spielt er lieber bei der Theatergruppe Tablat eine geheimnisvolle, nicht mehr ganz junge Frau und entspannt sich auf diese Weise. Auch der Stadtrat plant den finalen Durchbruch, einen einzigartigen Theatercoup: Zusammen mit den letzten halbwegs originellen Beamten möchte er «Warten auf Godot» von Samuel Beckett in der Kellerbühne aufführen, um so die Finanzen aufzubessern. Der Vorverkauf laufe hervorragend, freut sich die Stadtkanzlei.

Schmunzeln erlaubt – und das in Sankt Gallen. Momoll!

Leben in verschiedenen Welten. Zwischen den Welten. Unheil im Westen.

Mord in Sankt Gallen und andere Geschichten.

Turbulent. Tabulos. Traumstark.

Mysteriös. Erotisch.